Die ultimative Managementbibliothek

»Die ultimative Managementbibliothek« ist eine Sammlung der 50 wichtigsten Bücher zum Thema Management. Nach einer thematischen Einordung der Werke durch *Gary Hamel* werden die Autoren und ihre Werke in alphabetischer Reihenfolge von *Stuart Crainer* zusammengefaßt und mit Kommentaren und Erklärungen zur Entstehung und Wirkung der darin entwickelten Gedanken ergänzt.

Stuart Crainer ist Journalist für Management- und Business-Themen. Er ist Herausgeber des Financial Times Handbook of Management.
Gary Hamel ist Professor an der Londoner Business School und ist Geschäftsführer von Strategos, einer Unternehmensberatung mit dem Schwerpunkt Strategie.

Stuart Crainer

Die ultimative Managementbibliothek

50 Bücher, die Sie kennen müssen

Vorwort und Kommentare von Gary Hamel
Aus dem Englischen von Wilfried Hof

Campus Verlag
Frankfurt/New York

Die Originalausgabe erschien 1997 unter dem Titel »The Ultimate Business Library« bei Capstone Publishing Limited, Oxford.

Die Deutsche Bibliothek – CIP-Einheitsaufnahme

Ein Titeldatensatz für diese Publikation ist bei
Der Deutschen Bibliothek erhältlich
ISBN 3-593-36435-2

Limitierte Jubiläumsausgabe 2000

Umschlaggestaltung: Frank Koschembar/Gute Kommunikation, Frankfurt
Umschlagmotiv: Reto Guntli
Satz: Leingärtner, Nabburg
Druck und Bindung: Friedrich Pustet, Regensburg
Gedruckt auf säurefreiem und chlorfrei gebleichtem Papier.
Printed in Germany

»Es gibt keine Antworten, bestenfalls
ein paar Vermutungen, die einen Versuch
wert sein könnten.«

Tom Peters

Inhalt

Vorwort von Gary Hamel

Sowohl zeitgemäß als auch zeitlos zu sein ist eine wunderbare Eigenschaft – und alle Bücher, die hier in einer kurzen Zusammenfassung dargestellt werden, besitzen sie. Jedes war zwar ein Produkt seiner Zeit und sprach die Probleme seiner Zeit an, aber jedes hat auch seine Zeit überdauert. Manager haben immer wieder auf diese Bücher zurückgegriffen, um darin Wahrheiten zu entdecken, die auch in unserer Zeit ihre Gültigkeit besitzen.

Das Durchblättern dieses Kompendiums gibt einen Überblick über die großen Probleme, die über die Jahrhunderte hinweg Manager und Wissenschaftler beschäftigt haben. Mehr noch als die Bücher, die hier vorgestellt werden, sind es diese Probleme, die damals wie heute den Kern der Managementtheorie und -praxis bilden. Welche Probleme sind das?

Management

Was bedeutet es, Manager zu sein? Welche Funktionen und Fähigkeiten unterscheiden »Manager« von anderen Mitarbeitern des Unternehmens?

Mit dem Abbau von Hierarchien und dem zunehmenden Einsatz kleiner, selbstbestimmter Teams verliert die Unterscheidung zwischen »Management« und »Mitarbeitern« immer mehr an Bedeutung. Die

Tatsache, daß heute fast jeder Arbeitsplatz eine Managementkomponente besitzt, führt dazu, daß immer mehr Menschen Organisations-, Integrations- und Koordinationsaufgaben übernehmen müssen – Aufgaben, die normalerweise mit »Management« assoziiert werden. Heute müssen wir eher von »managen« als vom »Management« sprechen. Unabhängig davon kann jeder, der eine Managerfunktion ausübt, viel lernen von:

Barnard: *The Functions of the Executive*
Parker Follett: *Dynamic Administration*
Fayol: *Administration Industrielle et Générale (General and Industrial Management)*
Carnegie: *Wie man Freunde gewinnt (How to Win Friends and Influence People)*
Drucker: *Die Praxis des Management (The Practice of Management)*
Mintzberg: *The Nature of Managerial Work*
Semler: *Das Semco-System (Maverick)*

Führung

Worin besteht der Unterschied zwischen Management und Führung? Was heißt es, andere zu führen? Werden Führungspersönlichkeiten als solche geboren oder dazu gemacht? Kann sich jeder zu einer Führungspersönlichkeit entwickeln?

Es gibt natürlich einen wesentlichen Unterschied zwischen Management und Führung, zwischen Organisatoren und Leitfiguren. Häufig ist die Klage zu hören, in vielen Unternehmen würde zuviel gemanagt und zuwenig geführt. Die Geschichte der Unternehmen ist die Geschichte großer Führungspersönlichkeiten. Während sich die Managementtechnik (Berichtswesen, Budgetierung, Controlling, Revision usw.) immer differenzierter entwickelt hat, haben wir nur einen sehr unklaren Begriff davon, was Führung bedeutet. Es geht dabei weniger darum, *was* man macht, sondern *wie* man es macht. Die Eigenschaften von Führungspersönlichkeiten aufzuzählen ist relativ einfach; Bürokraten in Führer zu verwandeln ist dagegen eine ziemlich entmutigende Aufgabe. Nicht jeder kann ein zweiter Henry Ford, Tom Watson oder Bill Gates werden. Dennoch werden diejenigen, die sich zu Führungspersönlichkeiten entwickeln wollen, Inspiration und wertvolle Hinweise finden in:

Machiavelli: *Der Fürst (Il Principe)*
Ford: *Mein Leben und Werk (My Life and Work)*
Burns: *Leadership*
Bennis/Nanus: *Führungskräfte (Leaders)*
Watson: *IBM. Ein Unternehmen und seine Grundsätze (A Business and Its Beliefs)*

Komplexität

Worin besteht die Logik des Unternehmens? Wo liegen seine Grenzen? Was sind die Vor- und Nachteile von Größe und Komplexität? Müssen sich Größe und Flexibilität gegenseitig ausschließen?

Die größte Erfindung der Neuzeit ist nicht die Glühbirne, das Telefon oder der Mikroprozessor, nicht einmal die Relativitätstheorie oder die Quantenphysik. Es ist vielmehr das moderne industrielle Großunternehmen. Diese Erfindung hat – mehr als alles andere – einem immer größeren Teil der Weltbevölkerung ungeahnten Wohlstand gebracht. Klein mag nett sein, aber groß hat seine Vorteile. Auch wenn heute viel vom virtuellen Unternehmen und von Unternehmensvernetzung gesprochen wird, behauptet sich das multinationale Mehrbereichsunternehmen – wie Johnson & Johnson, 3M oder die Citibank. Die Komplexität heutiger Konzerne ist atemberaubend. Sie hat sicher ihren Preis, aber unsere Fähigkeit, die Kosten der Komplexität zu minimieren und gleichzeitig den Nutzen von Größe und Umfang zu maximieren, hat in den letzten einhundertfünfzig Jahren einen Wirtschaftsboom ohnegleichen hervorgebracht. Wie ist das erreicht worden? Schauen Sie nach bei:

Weber: *Wirtschaft und Gesellschaft*
Sloan: *Meine Jahre mit General Motors (My Years with General Motors)*
Chandler: *Strategy and Structure*
Goold/Alexander/Campbell: *Corporate-Level Strategy*

Menschen

Dienen die Menschen dem Unternehmen, oder ist es umgekehrt? Kann man Menschen bei der Arbeit vertrauen, oder müssen sie kontrolliert werden? Kann ein Arbeitsplatz je mehr sein als ein Arbeitsplatz?

Ein Bekannter von mir machte einmal die Bemerkung: »Woran man bei Unternehmen denken muß, ist, daß sie aus Menschen bestehen, bis in die unterste Ebene.« Das kann in einer zunehmend technokratischen, entpersönlichten Welt leicht in Vergessenheit geraten. Unternehmen sind mehr als alles andere soziale Systeme – mit der Betonung auf *sozial.* Sie erinnern sich vielleicht an den alten Spruch: »Während im Kommunismus der Mensch den Menschen ausbeutete, ist es im Kapitalismus umgekehrt.« Trotz der häufig nur auf Unternehmensprozesse und Kostensenkungen gerichteten Veränderungen – Stichwort Downsizing und Reengineering – mit ihren Folgen für die Mitarbeiter im Unternehmen, hat sich heute die Erkenntnis durchgesetzt, daß (1) Menschen tatsächlich die wertvollste Ressource eines Unternehmens sind, (2) Reichtum tatsächlich eher aus der Ansammlung von Wissenskapital entsteht als aus der Akkumulierung physischen Kapitals, (3) jeder Mitarbeiter tatsächlich Verstand hat und (4) man in einer komplexen Welt, in der Befehl und Kontrolle einfach nicht möglich sind, den Mitarbeitern tatsächlich vertrauen muß, daß sie das Richtige tun. Es hat lange gedauert, bis diese Tatsachen allgemein akzeptiert wurden. Daß es überhaupt soweit gekommen ist, verdanken wir zum großen Teil den Werken von:

Belbin: *Managementteams (Management Teams)*
Herzberg: *The Motivation to Work*

McGregor: *Der Mensch im Unternehmen (The Human Side of Enterprise)*
Maslow: *Motivation und Persönlichkeit (Motivation and Personality)*

Kunden

Was wollen Kunden wirklich? Worauf beruht Kundentreue? Was bedeutet es, sich am Markt zu orientieren? Wie kann ein Unternehmen beständig die Kundenerwartungen übertreffen?

Der Sozialismus ist tot. Wenn Sie aufmerksam zuhören, können Sie seinen Tod in einigen von Europas sklerotischeren Volkswirtschaften röcheln hören. In China ist der Kommunismus nicht mehr als eine ideologische Politur über einem nahezu ungezügelten Kapitalismus. Überall auf der Welt ist die »unsichtbare Hand« von Adam Smith unermüdlich dabei, das Wohl der Verbraucher zu fördern. Wir sollten alle dankbar sein: In einer Marktwirtschaft bestraft die unsichtbare Hand jedes Unternehmen, das die Anbetung am Altar unserer Bedürfnisse versäumt. Der Zweck von Unternehmen, seien sie privat oder staatlich, besteht schließlich darin, die Kunden zufriedenzustellen. Diese Tatsache haben Deming und Juran erkannt. Und diesen beiden Qualitäts-»Gurus« haben die Verbraucher deshalb kaum weniger zu verdanken als Adam Smith. Trotzdem haben viele Unternehmen erst vor kurzem die Kundenreligion übernommen. Es ist noch nicht lange her, daß IBM »Das Jahr des Kunden« feierte. Man fragt sich, was das Unternehmen in den anderen Jahren gefeiert hat – vielleicht »Das Jahr des Affen«? Während Adam Smith die philosophischen Grundlagen der Marktwirtschaft legte, haben die Professoren Kotler und Levitt Tausenden von Unternehmen geholfen, wirklich marktorientiert zu werden. Falls Sie daran erinnert werden müssen, daß der Markt die oberste Instanz ist, die über unternehmerischen Erfolg entscheidet, wenden Sie sich am besten an:

Smith: *Der Wohlstand der Nationen (The Wealth of Nations)*
Deming: *Out of the Crisis*
Juran: *Handbuch der Qualitätsplanung (Juran on Planning for Quality)*

Kotler: *Marketing-Management (Marketing Management)*
Levitt: *Innovation in Marketing*

Globalisierung

Was bedeutet es, ein globales Unternehmen zu sein? Muß ein Unternehmen global sein? Wie erreicht man in einem globalen Unternehmen Zusammenhalt? Wann sollte man lokale Unterschiede respektieren? Wann sollte man sie ignorieren?

Unternehmen wie Ford, IBM, Shell, Unilever und Nestlé betrachten sich schon seit langem als Weltbürger. Aber erst in den letzten Jahren haben sie erkannt, daß sie wirklich global werden müssen. Sich angleichende Kundenbedürfnisse, politische Integration, weltumspannende Medien und die Vorteile globaler Größe kann man nicht ignorieren. Der Trend zur Globalisierung kann nicht mehr umgekehrt werden. Die Unternehmen stehen natürlich selbst in vorderster Linie dieses Trends – sie bringen Kapital, Technologie und Managementfähigkeiten in die entlegensten Volkswirtschaften. Interdependenz ist unvermeidlich. Länder, die vor zehn Jahren multinationalen Unternehmen feindselig gegenüberstanden, erkennen heute, daß diese Ablehnung bedeutet, auf den wirtschaftlichen Fortschritt zu verzichten. Nebenbei bemerkt: Global zu sein heißt unter anderem, bereit und in der Lage zu sein, von anderen Managementkulturen zu lernen. Westliche Unternehmen haben in den letzten Jahren viel von ihren asiatischen Konkurrenten gelernt – über Qualität, Einbeziehung der Zulieferer, Orientierung am Massenmarkt und beschleunigte Produktentwicklung. Engstirnigkeit und Arroganz sind in der globalen Wirtschaft gefährlich. Wenn Sie sich immer noch fragen, was Globalität bedeutet, werden Sie Antworten finden in:

Porter: *Nationale Wettbewerbsvorteile (The Competitive Advantage of Nations)*
Bartlett/Ghoshal: *Internationale Unternehmensführung (Managing Across Borders)*
Ohmae: *Die neue Logik der Weltwirtschaft (The Borderless World)*

Pascale/Athos: *Geheimnis und Kunst des japanischen Managements (The Art of Japanese Management)*
Trompenaars: *Handbuch Globales Managen (Riding the Waves of Culture)*

Die Zukunft

Wie wird unsere Welt in Zukunft aussehen? Wie ändert sich der Kontext des Managements? Können wir zukünftige Entwicklungen vorhersehen? Können wir uns auf sie vorbereiten?

Manche Manager und auch manche Unternehmen scheinen die Zukunft besser vorhersehen zu können als andere – sie leben anscheinend weit in der Zukunft. Sie halten die Nase in den Wind und können offensichtlich die Veränderungen riechen. Sie handeln, während andere nur reagieren. Ich glaube nicht, daß die Manager dort alle Kristallkugeln haben. Falls Gott jemandem die Zukunft enthüllt, dann gewiß nicht den Managern der *Fortune*-500-Unternehmen. Dennoch gibt es unter ihnen einige, die über eine gewisse Art von Vision verfügen – sie sehen Dinge, die bereits geschehen, die aber noch nicht in das allgemeine Bewußtsein eingedrungen sind. Wie William Gibson, Autor von *Neuromancer*, es so treffend ausgedrückt hat: »Die Zukunft ist bereits geschehen, sie ist nur ungleich verteilt.« Mein Rat ist, wenn Sie einen Blick in die Zukunft werfen wollen, schauen Sie dorthin, wo andere nicht hinsehen. Drucker, Handy und Toffler haben, jeweils zu ihrer Zeit, unsere Aufmerksamkeit auf einen Punkt gelenkt, der die Zukunft von der Vergangenheit unterscheidet. Hamel und Prahalad sagen Ihnen, wie Sie Ihren Weg in die Zukunft finden. Wenn Sie einen Beweis dafür haben wollen, daß ein Weitwinkelobjektiv Ihnen helfen kann, die Zukunft erfolgreich zu meistern, finden Sie ihn auf den Seiten von:

Drucker: *Die Zukunft bewältigen (The Age of Discontinuity)*
Handy: *The Age of Unreason*
Toffler: *Die Zukunftschance (The Third Wave)*
Hamel/Prahalad: *Wettlauf um die Zukunft* (*Competing for the Future)*

Erneuerung

Was sind die Geheimnisse fortdauernder unternehmerischer Vitalität? Warum florieren einige Unternehmen aufgrund von Änderungen, während andere daran scheitern? Ist es möglich, die Energien eines großen Industrieunternehmens umzulenken?

Die vielleicht größte Herausforderung für ein Unternehmen jeglicher Größe besteht darin, in einer durcheinandergeratenen Welt seine Position zu halten. Niemals ist die Lücke zwischen alten Lösungen und neuen Problemen größer gewesen. Niemals sind so viele Unternehmen ihrem Umfeld so entfremdet gewesen. Das ist keineswegs überraschend – die Welt verändert sich sehr viel schneller als früher. Daher wurden »organisatorische Veränderungen« für Management-Gurus und Unternehmensberater zu einem florierenden Geschäft. Aber das »Vitalitätsproblem«, wie ich es nenne, kann auf zwei Ebenen angesprochen werden: (1) Wie kann man kranke Unternehmen revitalisieren? und: (2) Wie kann man in gegenwärtig erfolgreichen Unternehmen die Vitalität erhalten? Ich meine, die zweite Frage ist weitaus interessanter als die erste. Ich wünsche Ihnen, lieber Leser, daß Sie nie eine dramatische Kehrtwende durchmachen müssen, genauso wie ich Ihnen wünsche, daß Sie nie von einer lebensbedrohenden Krankheit heimgesucht werden. Viel besser ist es natürlich, überhaupt nicht krank zu werden. Über Prävention finden Sie etwas in:

Kanter: *The Change Masters*
Peters/Waterman: *Auf der Suche nach Spitzenleistungen (In Search of Excellence)*
Pascale: *Managen auf Messers Schneide (Managing on the Edge)*
Peters: *Jenseits der Hierarchien (Liberation Management)*
Schein: *Unternehmenskultur: Ein Handbuch für Führungskräfte (Organizational Culture and Leadership)*
Argyris/Schon: *Organizational Learning*
Senge: *Die Fünfte Disziplin (The Fifth Discipline)*

Wettbewerb

Wie kann sich ein Unternehmen dauerhafte Wettbewerbsvorteile verschaffen? Welche Strategien gibt es, um auf einem umkämpften Markt zu gewinnen? Wie erzielt man einen überproportionalen Gewinnanteil in einer Branche oder einem Branchensegment?

Ein vor kurzem erschienenes Buch mit dem optimistischen Titel *The End of Competition* wurde nicht in diesen Band aufgenommen. Denn wenn sich auch neue, auf Zusammenarbeit gerichtete Formen betrieblicher Organisation mehr und mehr durchsetzen, ändert dies nichts an der Tatsache, daß der Markt ein Dschungel ist, in dem Darwins Gesetze herrschen. Sicher, Unternehmen arbeiten zusammen, aber sogar wenn sie das tun, stehen sie im Wettbewerb, um sich die Fähigkeiten des anderen anzueignen, um ihren Anteil am Gewinn zu maximieren und innerhalb der Partnerschaft ihre eigenen Ziele zu verfolgen. Wenn der Krieg Diplomatie mit anderen Mitteln ist, ist die Kooperation von Unternehmen Wettbewerb mit anderen Mitteln. In einer Welt knapper Ressourcen wird es immer Wettbewerb geben, ob zwischen Mikroben oder multinationalen Konzernen. Der Wettbewerb ist so alt wie die Menschheit – er reicht von der ersten Faust, die im Streit um das Eigentum erhoben wurde, bis zu ausgeklügelten Schlachten um Patentrechte. Natürlich ist das Ziel des Wettbewerbs immer das gleiche: Land zu gewinnen und zu besetzen, seien es die Zinnen auf einem Hügel oder das Betriebssystem für den PC. Kämpfen müssen wir also. Und wenige können besser erzählen, wie man das macht, als:

Sun Tsu: *Über die Kriegs-Kunst (The Art of War)*
Porter: *Wettbewerbsstrategie (Competitive Strategy)*

Effizienz

Wie können wir mit weniger Aufwand mehr erreichen? Wie können wir das Verhältnis von Output zu Input maximieren? Wie können wir zum Produzenten mit den niedrigsten Kosten werden?

In einer globalen Wirtschaft ist einfach kein Platz für Ineffizienz. Ein großer Teil des Wettbewerbs ist darauf gerichtet, die Kosten auf Null zu bringen. Frederick Winslow Taylor hätte Wal-Mart, Sony oder Federal Express geliebt – heutige Paradebeispiele für Effizienz. Hammer und Champy sind genauso leidenschaftliche Apostel der Unternehmenseffizienz. In den kommenden Jahrzehnten wird die Welt Ineffizienz immer weniger tolerieren. Mit Online-Einkauf und Handel per Computer werden die Kunden über umfassende Preisinformationen verfügen. Wir können sogar damit rechnen, daß die Verbraucher einen immer größeren Teil ihrer Einkäufe mit Hilfe des PCs ausschreiben werden: »Hier ist das aufgelistet, was ich in dieser Woche kaufen möchte – wer bringt es mir zum niedrigstmöglichen Preis?« Aber das Ziel ist nicht einfach Kostenminimierung, sondern Wertmaximierung. Für ein Unternehmen, das den Wettbewerb nur auf Kosten bezieht und seinen Kunden keinen einzigartigen Nutzen bieten kann, wird es sehr schwierig, wenn nicht gar unmöglich werden, Geld zu verdienen. Kein Kunde kauft allein aufgrund des Preises – eine Erfahrung, die Amerikas Billigfluglinien zu spüren bekamen, als die Kunden sie aus Sorge um die Sicherheit verließen. Aber wenn Sie Kosteneinsparungen und Leistungskürzungen gut finden, werden Sie hoch begeistert sein von:

Taylor: *Die Grundsätze wissenschaftlicher Betriebsführung (Scientific Management)*
Hammer/Champy: *Business Reengineering (Reengineering the Corporation)*

Strategie

Wohin gehen wir? Was ist unsere Bestimmung? Was verbindet uns? Was versuchen wir aufzubauen? Wo und wie können wir gewinnen?

Das sind Fragen, die dem Strategen Sorgen machen. Antworten darauf zu finden ist jedoch schwierig. Die traditionelle strategische Planung ist diskreditiert. Wie Henry Mintzberg es so treffend formuliert: Planung erzeugt Pläne, aber keine Strategie. Das ist das kleine schmutzige Geheimnis der Strategiebranche. Denn während wir eine brillante Strategie erkennen, wenn wir sie sehen, wissen wir noch lange nicht, wo sie herkommt. Wir haben ein ganzes Strategiegebäude (Planung, Unternehmensberatungsfirmen, MBA-Kurse) errichtet, ohne eine Theorie der Strategieerzeugung zu haben! Vielleicht ist der beste Rat, den man geben kann, bis elf Uhr abends zu warten, ein höllisch scharfes Curry-Gericht zu essen und zu hoffen, daß Ihnen um drei Uhr morgens blitzartig eine Strategie einfällt. Aber vielleicht können wir es doch etwas besser machen. Daher empfehle ich dem Leser, da Ansoff und Mintzberg untereinander gegen Windmühlenflügel kämpfen, die Bücher von Ohmae und (noch einmal) von Hamel und Prahalad – denn darin finden sich die Vorläufer der strategischen Unternehmensführung. Also, lesen Sie:

Ansoff: *Management-Strategie (Corporate Strategy)*
Mintzberg: *Die strategische Planung (The Rise and Fall of Strategic Planning)*
Ohmae: *Japanische Strategien (The Mind of the Strategist)*
Hamel/Prahalad: *Wettlauf um die Zukunft (Competing for the Future)*

Spaß

Muß das Leben in einem Unternehmen eintönig sein? Müssen wir uns selbst so ernst nehmen? Müssen Bereichsleiter langweilig sein? Wenn es keinen Spaß macht, ist es dann der Mühe wert?

Wir wollen uns hier etwas Humor gönnen. Wann haben Sie das letzte Mal aus vollem Herzen bei der Arbeit gelacht, anstatt sich nur zu ärgern? Ich sollte es wahrscheinlich nicht erwähnen, aber das am meisten verkaufte Wirtschaftsbuch aller Zeiten schaffte es nicht in unsere Top-50-Liste: *Das Dilbert-Prinzip: Die endgültige Wahrheit über Chefs, Konferenzen, Manager und andere Martyrien* wird gegenwärtig mit einer Geschwindigkeit von 50 000 Exemplaren pro Woche verkauft. Diese respektlose und beißend witzige Sammlung von Cartoons und Management-Bonmots hat sogar den Leuchtturm der Hoffnung *Auf der Suche nach Spitzenleistungen* im Absatz übertroffen. Hoffnung ist gut, Spaß ist besser. Hier ist ein Beispiel, das ein Konzept offenbart, das mir sehr am Herzen liegt: Mr. Manager fragt Dogbert, den Berater: »Also, worin besteht unsere Kernkompetenz?« »Sie werden erfreut sein zu erfahren, daß Ihre Kernkompetenz darin besteht, Geld an Berater zu bezahlen«, erwidert Dogbert nonchalant. »Aber das kann doch sicher nicht das einzige sein, worin wir gut sind?« protestiert Mr. Manager. Dogbert runzelt die Stirn: »Also, ich nehme an, wir könnten Jammern dazuzählen.« Sie konnten kaum erwarten, daß wir ein Buch mit Comics in diesen Band aufnehmen – das wäre vielleicht doch etwas zuviel des Guten. Sie werden sich aber amüsieren bei der Lektüre von:

Parkinson: *Parkinsons Gesetz (Parkinson's Law)*
Townsend: *Hoch lebe die Organisation (Up the Organization)*

Das wäre es also – fünfzig Bücher und mehrere Jahrhunderte Managementweisheit. Sie könnten sich mit der Geschwindigkeit von einem Buch pro Woche durch diese Liste durcharbeiten und immer noch Weihnachtsferien machen. Viel Spaß beim Lesen!

Prof. Gary Hamel
Chairman von Strategos
Gastprofessor an der London Business School
November 1996

Vorwort

Die ultimative Managementbibliothek ist eine objektive Auswahl von Managementbüchern. Meinungen über die Auswahl wurden auf beiden Seiten des Atlantiks eingeholt. Manche Bücher enthalten den Keim einer großen Idee, andere sind wirklich genial. Einige hatten trotz offensichtlicher Mängel großen Einfluß, andere waren kommerzielle Mißerfolge, enthalten jedoch Ideen, die sich als wertvoll für die Praxis erwiesen haben.

Natürlich schließt jede Auswahl Bücher aus, die hätten aufgenommen werden können – und manchmal sollen. Um unser Gewissen zu beruhigen, haben wir im Anschluß an den Hauptteil weitere fünfzig Bücher mit jeweils einer kurzen Inhaltsangabe aufgeführt. Um das Auffinden zu erleichtern, sind die Bücher in beiden Teilen alphabetisch nach Autor(en) geordnet.

Beim Durchgehen der Titel fällt auf, daß nur wenige Bücher von praktizierenden Managern oder Frauen geschrieben wurden. Bücher von Managern liefern den Beweis dafür, warum die Autoren eine Karriere in der Wirtschaft anstatt im Medienbereich gewählt haben: Sie sind oft aus einer egozentrischen Perspektive und schlecht geschrieben. Unsere Auswahl umfaßt gerade etwas mehr als eine Handvoll Manager (Chester Barnard, Alfred P. Sloan, Thomas Watson Jr., Henry Ford, Henri Fayol, Robert Townsend und Ricardo Semler) sowie einige Wissenschaftler, die als Manager in der Industrie gearbeitet haben (Igor Ansoff, Joseph M. Juran, Abraham Maslow und Frederick W. Taylor). Die Mehrzahl der Bücher wurde von Wissenschaftlern der führenden Business Schools der USA geschrieben.

Kritiker von Managementbüchern sagen, hierin liege das Problem. Wissenschaftlern und Unternehmensberatern wird immer vorgeworfen, sie seien mit der Unternehmensrealität nicht vertraut. Für einige trifft das zweifellos zu. Aber wegen der breiten Perspektiven und der wissenschaftlichen Studien, die in viele dieser Arbeiten eingeflossen sind, sollten sie gelesen werden. Die individuellen Erfahrungen eines einzelnen Managers eines bestimmten Unternehmens werden wahrscheinlich kaum bemerkenswerte Hinweise für Führungskräfte in sehr verschiedenen Situationen bieten.

Der Mangel an Autorinnen ist eine Reflexion traditioneller Vorurteile. Auch jetzt noch werden Bücher über Management und Wirtschaft überwiegend von Männern – und für Männer – geschrieben. Es gibt ein paar Ausnahmen. Rosabeth Moss Kanter steht einsam an der Spitze als die führende Managementtheoretikerin unserer Zeit. Wenige andere Frauen haben es geschafft, bedeutende Beiträge zur Managementtheorie zu leisten. Zu nennen ist hier beispielsweise die Harvard-Absolventin Mary Parker Follett, deren brillante Arbeiten und Karriere zu Beginn dieses Jahrhunderts erst heute breitere Anerkennung finden.

Jede Auswahl hat Nachteile und Mängel und ist von Vorurteilen beeinflußt. Aber die fünfzig Bücher, die hier vorgestellt werden, haben zweifellos tiefgreifende Wirkungen auf Manager und Unternehmen in der ganzen Welt gehabt. Und, wie heute jeder weiß: Was Auswirkungen auf die Unternehmen hat, hat Auswirkungen auf uns alle.

Stuart Crainer
November 1996

Einführung

Die ultimative Managementbibliothek ist eine Zusammenstellung der fünfzig berühmtesten Bücher über Management. Zusammen mit einem Kommentar von Gary Hamel und einer Kurzbiographie des Autors wird jedes Buch in einer Zusammenfassung vorgestellt. Unsere Absicht dabei war, Ihre Neugier zu wecken und Sie zu ermuntern, sich die Originale zu besorgen (auch wenn das in vielen Fällen nicht leicht ist) – oder die deutsche Ausgabe, sofern sie existiert. *Die ultimative Managementbibliothek* wird Sie auch in die Lage versetzen, Ihr Wissen über die Grundgedanken und Themen der jeweiligen Autoren auf den neuesten Stand zu bringen.

Vor zwanzig Jahren wäre die Zusammenstellung von fünfzig der berühmtesten Bücher über Management eine einfache Sache gewesen. Das einzige Problem hätte vielleicht darin bestanden, fünfzig Bücher zu finden. Die Zeiten ändern sich. In den letzten zwei Jahrzehnten ist das Interesse an Wirtschafts- und Managementbüchern sprunghaft gestiegen. Sie tauchen regelmäßig in Bestsellerlisten auf, lösen öffentliche Diskussionen aus und bescheren ihren Autoren ein hohes Einkommen. Im Laufe der Zeit haben sie auch – eher durch eine allmähliche Veränderung der Perspektiven als durch eine plötzliche Kehrtwende – die Art und Weise verändert, in der Manager managen.

In der handlungsorientierten, unter Druck stehenden Unternehmenswelt führen Bücher zu Veränderungen: Sie ändern Wahrnehmungen, sie ändern das Verhalten, sie ändern Erwartungen und Bestrebungen. In keinem anderen Bereich spielen Bücher eine so zentrale Rolle in der Verbreitung der besten Methoden und neuer Konzepte. Unterstützt durch die Tatsache, daß die Unternehmen immer globaler werden und Managementfähigkeiten oft universal sind, finden Bücher ihren Weg rund um die Welt und formen das Management der Zukunft.

Natürlich ändern Bücher nicht notwendigerweise die Dinge zum Besseren. Die Interpretation zukünftiger Entwicklung durch einen Autor ist nicht unbedingt die richtige für Sie oder Ihr Unternehmen. Trotz all der Bücher ist die Mehrzahl der Führungskräfte, die in selbstbestimmten Teams perfekte Unternehmensstrategien aushecken, nicht sonderlich gut im Umgang mit der eigenen Zeit. Und sie arbeiten auch nicht in virtuellen Unternehmen, die die neuesten Kommunikations- und Informationstechnologien nutzen. Ideen und unsere Interpretation dieser Ideen sind selten identisch. Und viele Ideen sollte man ohnehin am besten ignorieren.

Erinnern Sie sich nur an die Begeisterung für das Reengineering-Konzept, eine Lehre, die Anfang der neunziger Jahre den Managementbüchermarkt dominierte. Die Meinungen gehen auseinander, ob Reengineering der Weg zum Unternehmensnirvana oder eine exzessive Zeit- und Energieverschwendung ist. Ganz gleich, wie Sie darüber denken, es gibt keinen Zweifel an der Wirkung, die Reengineering gehabt hat. Auf dem Höhepunkt seiner Popularität ergab eine Untersuchung, die CSC Index bei 624 Unternehmen durchführte (*The State of Reengineering*), daß 75 Prozent der europäischen Firmen mindestens ein Reengineering-Projekt begonnen hatten und daß die Hälfte derjenigen, die noch keines in Angriff genommen hatten, ein solches Projekt für die nahe Zukunft planten.

James Champy, der mit Michael Hammer das Konzept verbreitete, schätzte 1993, daß sich 50 Prozent der US-amerikanischen Großunternehmen im Reengineering-Prozeß befanden.[1] Viele haben das Reengineering-Konzept unbrauchbar gefunden – und werden weiterhin nichts damit anfangen können –, aber das ändert nichts an der Wirkung dieser Idee, die Änderungen der Wahrnehmung, des Verhaltens und der Praxis hervorbrachte. Auch negative Erfahrungen sind Erfahrungen. (Im Falle des Reengineering schätzt James Champy, daß mehr als zwei Drittel der Initiativen nicht zu den erwarteten Erfolgen führten. Eine kürzlich durchgeführte Studie zeigte, daß nur ein Zehntel der Unternehmen eine deutliche Leistungsverbesserung erzielte und daß die Mehrzahl der vollendeten Projekte »nur mäßige Verbesserungen brachte«.)[2]

All diese Projekte und Aktivitäten sind weitgehend die Folge des Bestsellers von Hammer und Champy *Business Reengineering* (1994) – ein Buch, das die Phantasie der Manager auf eine Weise anregte, wie es auch eine Reihe nachfolgender Bücher in den letzten Jahren getan hat. Das Buch aber, das auf dem Managementbuchmarkt den Zündfunken darstellte, war zweifellos *Auf der Suche nach Spitzenleistungen* (1984) der zwei McKinsey-Berater Thomas J. Peters und Robert H. Waterman. Das Erscheinen des Buches in den USA im Oktober 1982 markierte einen Wendepunkt im Wirtschaftsbuch und – manche würden sagen – im Management.

Auf der Suche nach Spitzenleistungen ist bis heute rund sechsmillionenmal verkauft worden. Sein Erfolg hat alle überrascht – am meisten die Autoren selbst. Vor der Veröffentlichung verteilten Peters und Waterman 15 000 Fotokopien des Buches an Interessenten. Ihr Verlag war entsetzt. Es schien, als ob die beiden mehr Kopien weggegeben hatten, als der Verlag voraussichtlich verkaufen würde. Als das Buch auf den Markt kam, mit oft lauwarmen Rezensionen, setzte jedoch eine wahre Verkaufswelle ein. Die 15 000 Freiexemplare erwiesen sich als nicht beabsichtigte brillante Marketingaktion – ihre Empfänger waren so beeindruckt (oder dankbar), daß sie eilends ein Exemplar kauften. Das Buch hatte einen Erfolg beim Publikum, den niemand erwartet oder vorher erlebt hatte. Bald darauf verkaufte die Buchhandlung Basking Ridge in New Jersey, in der Nähe der AT&T-Zentrale, wöchentlich 2 000 Exemplare.

Mit dem Erfolg des Buches wurde aus Thomas J. Peters der populäre und freundliche Tom Peters, Multimillionär, um die Welt reisender Management-Guru, der eigentliche Nutznießer des Booms auf dem Managementbuchmarkt – und, nicht zu vergessen, sein Initiator. (»Wir sollten alle Tom dankbar sein«, sagte mir ein Autor von Wirtschaftsbüchern.) Nachdem *Auf der Suche nach Spitzenleistungen* die Bestsellerlisten erobert hatte, folgten rasch andere Bücher. Bald waren Wirtschaftsbücher in allen Buchhandlungen zu sehen. Bücherstände in Flughäfen verfrachteten die Harold-Robbins-Knüller in die hinterste Ecke und füllten ihre Regale mit den jüngsten Ergüssen von

Beratern, Wissenschaftlern, Journalisten, pensionierten Managern, Scharlatanen und Schreibern, die begierig auf den Zug aufspringen wollten.

Der neue Wissensimperativ

Es wird immer noch darüber diskutiert, ob *Auf der Suche nach Spitzenleistungen* ein gutes Buch ist oder nicht. Aber sein Einfluß ist unbestritten. Unter einer etwas weiter gefaßten Perspektive kann der plötzliche und unerwartete Boom der Managementliteratur auch auf eine Reihe anderer Faktoren zurückgeführt werden: Seit 1945 sind wir Zeugen einer zunehmenden »Professionalisierung« des Managements (manche haben sogar gemeint, wir seien Zeugen der Professionalisierung fast aller Berufe). Der Managerberuf hat sein ehemals etwas zweifelhaftes, ja anrüchiges Image verloren und gilt heute als eine ehrenhafte und potentiell lukrative Art und Weise, seinen Lebensunterhalt zu verdienen. Manager galten früher als eine Art Überwacher, Schmalspurdiktatoren; jetzt sind sie Führungskräfte, die um die Welt reisen, intelligent, hochqualifiziert und selbstbestimmt ihre Funktion ausübend.

Sie mögen Profis sein, aber Manager stehen dem Ansehen ihres Berufes eher distanziert gegenüber und fühlen sich in ihrer Position oft unbehaglich. Manager fühlen sich genötigt, sich in einer Weise zu rechtfertigen, in der es Anwälte und Ärzte nicht tun. Sie sind Profis, aber es fehlt das öffentliche Ansehen. Schließlich äußern heute kleine Kinder nicht den heißen Wunsch, Manager zu werden – und die es tun, werden eher als Fall für den Psychologen betrachtet.

Manager rechtfertigen sich häufig durch ihre Visitenkarte und ihre Stellenbezeichnungen. Sie rechtfertigen sich durch ihre Firmenwagen und die verblüffende Vielfalt an Vergünstigungen, die mit ihrer Position einhergeht. Und sie suchen Legitimität durch den Erwerb von Wissen.

Manager sehnen sich nach klaren Richtlinien bezüglich der Fähigkeiten und Kenntnisse, die notwendig sind, um Manager zu werden.

Wenn ihre Tätigkeit ein Beruf ist, dann hätten sie gerne berufliche Qualifikationen dafür. Es gibt eine immer wiederkehrende und weitgehend fruchtlose Diskussion um den mythischen »Diplom-Manager« – als ob eine einzige Qualifikation eine Führungskraft befähigen könnte, ein Stahlwerk in Illinois, eine Kette von Schuhgeschäften in Spanien oder ein Weinimportgeschäft in Neuseeland zu leiten.

Früher war das Streben nach Wissen – neuen Instrumenten, Methoden und Ideen – Teil des Prozesses der Professionalisierung. Heute ist es notwendig, um zu überleben.

Wenn Wissen Überleben bedeutet, können und sollten Manager nicht für ihre unermüdliche Suche nach neuen Ideen und Konzepten kritisiert werden. Aber zu oft ähnelt diese Suche einem Wettlauf um die neueste glänzende Erfindung und dem Versuch, die endgültige Lösung für alle betrieblichen Probleme zu finden. Manager sind süchtig nach den neuesten und besten Ideen. Sie kaufen die Bücher, die gerade in Mode sind, und wechseln dann innerhalb von Monaten, vielleicht sogar Wochen, zur nächsten Mode. Für die Verlage ist das natürlich eine tolle Sache.

Für Manager bedeutet es das weitgehend aussichtslose Bemühen, auf dem laufenden zu bleiben und mit dem jeweils aktuellsten Denken vertraut zu sein. Bücher und Artikel werden verschlungen und genau studiert. Es ist ein aussichtsloser Kampf, aber sie müssen ihn führen: »Es gibt nur eins, was noch schlimmer ist als das sklavische Befolgen der Managementtheorie: sie völlig zu ignorieren«, schrieb *The Economist* am 26. Februar 1994.

Richard Pascale, Autor von *Managen auf Messers Schneide*, gehört zu denen, die die Begeisterung der Manager für Modewellen und schnelle Lösungen immer kritisiert haben. In dem genannten Buch beschreibt er die Modewellen seit den fünfziger Jahren. Nach seiner Schätzung sind in diesem Zeitraum über zwei Dutzend Methoden aufgekommen und wieder verschwunden – davon die Hälfte allein zwischen 1985 und 1990. Pascale glaubt, daß dieser Trend voraussichtlich weiter anhält. »Es ist ein Geschäft mit abgepackten Waren. Es gibt einen unstillbaren Hunger nach neuen Lösungen. Wenn man annimmt, wie ich es tue, daß Unternehmen die dominante soziale Institution unserer Zeit sind, muß man damit rechnen, daß sie sehr einflußreich sind. Mit ihnen sind gewisse Statussymbole verbunden. Sie gehören zu dem Drum und Dran, das diese Institutionen umgibt. Damit geht eine konstante Materialversorgung einher, um die Unternehmenshäuptlinge zu füttern. Aufgrund ihrer Prominenz in der Gesellschaft wird das immer so sein, obwohl sich unter den Firmenleitern, mit denen ich rede, ein gewisser Zynismus breitgemacht hat, was das Material angeht.«[3]

Rodney Turner vom britischen Henley Management College meint, daß es verschiedene Reaktionen auf die Äußerungen der Managementtheoretiker gibt: »Es gibt jene, die die Gurus völlig ignorieren und sich starrköpfig weigern, ihren Managementstil zu ändern. Sie haben das Management in der Schule des Lebens gelernt und haben keine Zeit für das ›Lernen aus Büchern‹. Am anderen Ende gibt es diejenigen, die sklavisch allem folgen, was die Gurus sagen, und deren Ideen häufig blind und unangemessen anwenden und gewöhnlich ein Chaos damit anrichten. Im Mittelfeld sind jene, die lesen, was die Gurus zu sagen haben, die einige gute Ideen herausgreifen, sie entsprechend ihrer individuellen Situation modifizieren und zum Funktionieren bringen. Sie bleiben aber manchen Thesen der Gurus gegenüber skeptisch, und sie erkennen auch, daß es keinen Stein der Weisen gibt, der unter allen Umständen Blei in Gold verwandelt; sie wissen, daß allgemeine Konzepte immer an die konkrete Situation angepaßt werden müssen.«[4]

Die Wahrheit ist, daß trotz des Werberummels und der endlosen Modewellen die großen Managementideen bereits seit einiger Zeit vorhanden sind – manche würden sogar sagen, daß die Grundlagen des Managements seit Urzeiten existieren. Ideen, die vorgeben, intelligent und neu zu sein, sind oft farbenprächtige Imitationen jahrhundertealter Konzepte. (Wenn Sie den ersten Verkaufsschlager eines Managementbuchs finden wollen, müssen Sie bis 1832 zurückgehen, als von *On the Economy of Machinery and Manufactures* von Charles Babbage vermutlich 10000 Exemplare verkauft wurden.)

Hinzu kommt, daß viel von dem, was geschrieben wird, unbrauchbar ist. Der Ökonom John Kay beschreibt das Rezept für einen Artikel in der *Harvard Business Review*: »Eine Idee pro Artikel, obwohl sie nicht ernst genommen wird, wenn sie mit weniger als 3000 Worten ausgedrückt wird. Setzen Sie keine Vorkenntnisse voraus ... keine

Witze – unsere Leser haben keinen Sinn für Humor –, aber plazieren Sie häufige Hinweise auf Topmanager wie John Harvey-Jones und Akio Morita.«[5]

Das Schreiben von Wirtschafts- und Managementbüchern ist ständig mit solchen Widerhaken versehen. Besser als jeder andere wissen Manager, daß Quantität nicht gleich Qualität ist. Es gibt eine Menge schlechter Managementbücher – angefüllt mit wohlklingenden Fachwörtern, modischen Phrasen und schönen Fallstudien. Man darf dabei allerdings nicht vergessen, daß das gleiche für die Literatur irgendeiner anderen Berufsgruppe zutrifft. Nicht alle juristischen Fachbücher sind bedeutende Werke – viele sind unlesbar und in einem Fachchinesisch geschrieben wie die schlechtesten Managementtexte.

Die Erwartungen an Managementbücher sind außerordentlich hoch. Ein Manager in Rutland, Vermont, liest ein Buch eines französischen Wissenschaftlers, gespickt mit Fallstudien über schweizerisch-schwedische Konzerne, und erwartet Lösungen für seine Probleme.

Die Skeptiker haben also recht, den praktischen Nutzen von vielem, das veröffentlicht wird, in Frage zu stellen. »Als Theoretiker kann man sehr kühn sein. Gute Theorien sind wie gute Kunst. Ein Praktiker muß Kompromisse schließen«, sagt Warren Bennis.[6] Dennoch steckt die Managementliteratur voller Ideen, die umgesetzt wurden und die das Leben und die Leistung von Millionen von Managern beeinflußt haben. »Jeder der Schöpfer großer Unternehmen, die wir kennen – von den Medici und den Gründern der Bank von England bis zu Thomas Watson von IBM in unserer Zeit –, hatte eine fest umrissene Idee, ja, hatte eine klare Theorie über das Unternehmen, von der seine Handlungen und Entscheidungen bestimmt wurden«, schreibt Peter Drucker in *Neue Management-Praxis*. Läßt man den Ausschuß weg, findet man eine Fülle sorgfältig recherchierter, gut geschriebener Bücher voller Einsichten über das, was in Managern und ihren Unternehmen vorgeht.

Der *Harvard Business Review* mag es an Humor und Kürze mangeln, aber ein großer Teil der dort publizierten Theorien und Konzepte ist kenntnisreich und in der Praxis brauchbar. Es gibt Wirtschaftsbücher, die die Zeit überdauert und sich als nützlich erwiesen haben. Sie sind keine Placebos, sondern kraftvolle Medikamente.

Und nicht zu vergessen: Bücher und die ihnen zugrundeliegenden Untersuchungen und Theorien geben den Anstoß zu Veränderungen. Denken Sie nur an die Rolle, die W. Edwards Deming für den wirtschaftlichen Erfolg Japans spielte. Denken Sie an den Einfluß von Michael Porters Arbeit über die Wertkette, die von Unternehmen in der ganzen Welt aufgegriffen wurde, sowie seine Arbeit über nationale Wettbewerbsfähigkeit, die die ökonomischen Perspektiven ganzer Länder beeinflußt hat. Porter wurde von so unterschiedlichen Ländern wie Portugal und Kolumbien eingeladen, um deren Wettbewerbsfähigkeit zu untersuchen. Wer hat vor Peters und Waterman daran gedacht, daß die Orientierung an Kundenbedürfnissen ein wesentlicher Wettbewerbsfaktor ist? In der Wirtschaftswelt sind Bücher mehr als schmückende Regalfüller.

Und ihr Einfluß nimmt zu. Vor seiner Wahl zum Sprecher des Repräsentantenhauses sandte Newt Gingrich seinen republikanischen Kollegen eine Liste mit wichtiger Literatur. Sie enthielt Arbeiten von sieben Managementtheoretikern. Präsident Clinton gründete 1993 die *National Performance Review* und unterstützte die Schaffung eines MBA im öffentlichen Sektor. Der Einfluß der besten Managementpraxis und des progressiven Denkens durchdringt in zunehmendem Maße alle Bereiche.

Die fünfzig wichtigsten Managementbücher

Management-Frühgeschichte

Sun Tsu	*Über die Kriegs-Kunst*, 1990 *(Sun Tsu Ping Fa)*	5.-3. Jh. v. Chr.
Niccolò Machiavelli	*Der Fürst*, 1804 *(Il Principe)*	1513
Adam Smith	*Der Wohlstand der Nationen*, 1776/78 *(The Wealth of Nations)*	1776

1900-1929

Frederick W. Taylor	*Die Grundsätze wissenschaftlicher Betriebsführung*, 1913 *(The Principles of Scientific Management)*	1911
Henri Fayol	*Administration Industrielle et Générale*	1916
Max Weber	*Wirtschaft und Gesellschaft*, 1922	
Henry Ford	*Mein Leben und Werk*, o. J. *(My Life and Work)*	1923

Die dreißiger Jahre

Dale Carnegie	*Wie man Freunde gewinnt*, 1949 *(How to Win Friends and Influence People)*	1937
Chester Barnard	*The Functions of the Executive*	1938

Die vierziger Jahre

Mary Parker Follett	*Dynamic Administration*	1941

Die fünfziger Jahre

Abraham Maslow	*Motivation und Persönlichkeit*, 1977 *(Motivation and Personality)*	1954
Peter F. Drucker	*Die Praxis des Management*, 1956 *(The Practice of Management)*	1954
C. N. Parkinson	*Parkinsons Gesetz*, 1958 *(Parkinson's Law)*	1957
Frederick Herzberg	*The Motivation to Work*	1959

Die sechziger Jahre

Douglas McGregor	*Der Mensch im Unternehmen*, 1970 *(The Human Side of Enterprise)*	1960
Ted Levitt	*Innovation in Marketing*	1962
Alfred Chandler	*Strategy and Structure*	1962
Thomas Watson Jr.	*IBM: Ein Unternehmen und seine Grundsätze*, 1964 *(A Company and Its Beliefs)*	1963

Alfred P. Sloan	*Meine Jahre mit General Motors*, 1965	
	(My Years with General Motors)	1963
Igor Ansoff	*Management-Strategie*, 1966	
	(Corporate Strategy)	1965
Philip Kotler	*Marketing-Management*, 1974	
	(Marketing Management)	1967
Peter F. Drucker	*Die Zukunft bewältigen*, 1969	
	(The Age of Discontinuity)	1969

Die siebziger Jahre

Robert Townsend	*Hoch lebe die Organisation*, 1970	
	(Up the Organization)	1970
Henry Mintzberg	*The Nature of Managerial Work*	1973
Chris Argyris, Donald Schon	*Organizational Learning*	1978
James MacGregor Burns	*Leadership*	1978

Die achtziger Jahre

Michael Porter	*Wettbewerbsstrategie*, 1983	
	(Competitive Strategy)	1980
Alvin Toffler	*Die Zukunftschance*, 1980	
	(The Third Wave)	1980
Richard Pascale, Anthony Athos	*Geheimnis und Kunst des japanischen Managements*, 1982	
	(The Art of Japanese Management)	1981
Tom Peters, Robert Waterman	*Auf der Suche nach Spitzenleistungen*, 1984	
	(In Search of Excellence)	1982
Kenichi Ohmae	*Japanische Strategien*, 1986	
	(The Mind of the Strategist)	1982

W. Edwards Deming	*Out of the Crisis*	1982
Rosabeth Moss Kanter	*Change Masters*	1983
Meredith Belbin	*Managementteams*, 1996 (*Management Teams*)	1984
Warren Bennis, Burt Nanus	*Führungskräfte*, 1985 (*Leaders*)	1985
Edgar Schein	*Unternehmenskultur*, 1995 (*Organizational Culture and Leadership*)	1985
Joseph M. Juran	*Handbuch der Qualitätsplanung*, 1989 (*Juran on Planning for Quality*)	1988
Christopher Bartlett, Sumantra Ghoshal	*Internationale Unternehmensführung*, 1990 (*Managing Across Borders*)	1989
Charles Handy	*The Age of Unreason*	1989

Die neunziger Jahre

Kenichi Ohmae	*Die neue Logik der Weltwirtschaft*, 1991 (*The Borderless World*)	1990
Michael Porter	*Nationale Wettbewerbsvorteile*, 1991 (*The Competitive Advantage of Nations*)	1990
Richard Pascale	*Managen auf Messers Schneide*, 1991 (*Managing on the Edge*)	1990
Peter Senge	*Die Fünfte Disziplin*, 1996 (*The Fifth Discipline*)	1990
Tom Peters	*Jenseits der Hierarchien*, 1993 (*Liberation Management*)	1992
Ricardo Semler	*Das Semco-System*, 1993 (*Maverick*)	1993
Michael Hammer, James Champy	*Business Reengineering*, 1994 (*Reengineering the Corporation*)	1993

Fons Trompenaars	*Handbuch Globales Managen*, 1993 (*Riding the Waves of Culture*)	1993
Henry Mintzberg	*Die strategische Planung*, 1995 (*The Rise and Fall of Strategic Planning*)	1994
Michael Goold, Marcus Alexander, Andrew Campbell	*Corporate-Level Strategy*	1994
Gary Hamel, C. K. Prahalad	*Wettlauf um die Zukunft*, 1995 (*Competing for the Future*)	1994

Igor Ansoff

1 Management-Strategie

Corporate Strategy 1965

Hamel über Ansoff

»Der Pate der Unternehmensstrategie. Auch wenn Ansoffs Ansatz heute überstrukturiert und deterministisch erscheinen mag, schuf er die Sprache und die Verfahren, die es modernen Industrieunternehmen zum ersten Mal erlaubten, die tiefgründigen Fragen der Unternehmensstrategie explizit anzusprechen – wie ein Unternehmen wachsen soll, wo es koordinieren muß, welche Stärken es besitzen muß und so weiter.«

Igor Ansoff (1918 in Wladiwostock geboren) ist seit 1983 Professor für Strategisches Management an der US International University von San Diego, President von Ansoff Associates und Mitglied des Boards von Gemini Consulting.

Ansoff wurde als Ingenieur und Mathematiker ausgebildet. Nachdem er die Brown University verlassen hatte, arbeitete er bei der RAND Corporation und dann bei Lockheed, wo er Vice President war. Er verließ 1963 die Industrie, um eine akademische Laufbahn einzuschlagen. Er begann an der Carnegie Mellon's Graduate School of Business Administration, wurde Gründungsdekan und Professor für Management an der Graduate School of Management der Vanderbilt University und später Professor am European Institute for Advanced Studies in Management in Belgien. Ansoff hat auch an der Wirtschaftshochschule in Stockholm gelehrt.

Management-Strategie war Ansoffs erstes Buch. Ihm folgte eine Reihe wissenschaftlicher Studien, unter anderem *Strategic Management* (1979) und *Implanting Strategic Management* (2. Aufl. 1990). Eine überarbeitete Version von *Management-Strategie* wurde 1988 unter dem Titel *New Corporate Strategy* veröffentlicht.

Igor Ansoffs *Management-Strategie* ist kein leicht zu lesendes Buch. Auf den Leser der neunziger Jahre, der an konkrete Ratschläge und persönliche Erinnerungen gewöhnt ist, wirkt das Buch über weite Strecken schwierig und unzugänglich. Dennoch war sein Einfluß erheblich – und ist es weiterhin.

Ansoff beschrieb die Entstehung des Buches wie folgt (Ansoff 1994): »*Management-Strategie* hat Konzepte strategischer Planung, die unabhängig voneinander in einer Reihe führender amerikanischer Unternehmen, einschließlich Lockheed, entwickelt worden waren, miteinander verbunden. Das Buch stellte auch eine Reihe neuer theoretischer Konzepte vor wie die unvollständige Information, strategische Entscheidung, Profile der Leistungsfähigkeit sowie Synergie. Ein Konzept, die Produkt-Verwendungsbereich-Matrix, wurde besonders populär, weil es einfach war und zum ersten Mal die Unterschiede zwischen strategischer Expansion und Diversifizierung darlegte.«

Die Entstehung des Buches geht auf einen Urlaub zurück, in dem sich Ansoff einen Bart wachsen ließ, einen halben Kasten schottischen Whisky trank und über Strategie nachdachte. Er hatte die Absicht, seine Erfahrungen bei Lockheed festzuhalten und zu verallgemeinern. Das Buch will »praktisch verwendbare Begriffe und Methoden (...) entwickeln, die es den Unternehmensleitern ermöglichen sollen, wirksame strategische Entscheidungen zu formulieren«, schreibt Ansoff in seinem Vorwort.

Management-Strategie kam genau zum richtigen Zeitpunkt: »Es wurde in einer Zeit weitverbreiteter Begeisterung für strategische Planung veröffentlicht, und immer mehr Unternehmen setzten dieses Instrument ein«, erinnert sich Ansoff (1994). Bis zum Erscheinen des Buches war strategische Planung ein kaum verstandenes Ad-hoc-Konzept. Es wurde in der Praxis angewandt, während die Theorie weitgehend unerforscht blieb.

In *Management-Strategie* liefert Ansoff ein rationales Modell, mit dessen Hilfe strategische und Planungsentscheidungen getroffen werden können. Ansoff untersucht strategische, administrative und operative Entscheidungen. (Das Modell konzentriert sich auf Unternehmensexpansion und Diversifizierung und nicht auf strategische Planung als Ganzes.) Daraus entsteht das Ansoff-Modell der Strategischen Planung, eine komplexe Folge von Entscheidungen, oder wie Ansoff es nennt, »eine Kaskade von Entscheidungen, beginnend mit generellen und übergehend zu den spezifischeren«.

Ein zentraler Punkt für diese Kaskade ist das Konzept der Lückenanalyse: Feststellen, wo man steht; definieren, wo man stehen möchte, und die Maßnahmen bestimmen, die einen dorthin bringen. Ansoff erläutert: »Jede Stufe der ›Kaskade‹ weist einen ähnlichen Vorgang auf:

1. Eine Gruppe möglicher Ziele wird zusammengestellt.
2. Der Abstand zwischen der gegenwärtigen und der zu erzielenden Position des Unternehmens wird kalkuliert.
3. Es werden Vorschläge hinsichtlich der Strategie – eine oder mehrere mögliche ›Aktions-Routen‹ – ausgearbeitet.
4. Diese Vorschläge werden hinsichtlich ihrer Eignung, den Abstand zu verringern, untersucht. Eine Maßnahme ist dann akzeptabel, wenn sie den Abstand weitgehend verringern kann – kann sie es nicht, so werden neue Alternativen versucht.«

Mit *Management-Strategie* wurde auch der Begriff »Synergie« in das Managementvokabular eingeführt. Er wurde später oft überstrapaziert, obwohl Ansoffs Erklärung (»2+2=5«) denkbar einfach ist. Ansoff untersuchte auch »Unternehmensvorteile«, lange bevor Michael Porter in den achtziger Jahren diesen Aspekt so meisterhaft analysierte.

Obwohl *Management-Strategie* für seine Zeit ein bemerkenswertes Buch war, wurden seine Schwächen allgemein erkannt – nicht zuletzt von Ansoff selbst. Das Buch ist hochnormativ und propagiert starkes Vertrauen in die Analyse. Folglich litten seine Anhänger unter einem Phänomen, das Ansoff »Paralyse durch Analyse« nannte – je mehr Informationen sie besaßen, desto mehr glaubten sie zu benötigen. In diesem Teufelskreis verfingen sich viele Unternehmen, die voller Begeisterung Ansoffs Konzept der strategischen Planung aufgriffen.

Die strategische Planung, wie sie von Ansoff vorgeschlagen wird, liefert mehr Fragen als Antworten. Das wurde von Ansoff selbst zugegeben (1994), der strategische Planung als eine »unvollständige Erfindung« betrachtete, obwohl »ich intuitiv davon überzeugt war, daß strategische Planung ein von Natur aus nützliches Managementwerkzeug ist«. In den letzten dreißig Jahren versuchte Ansoff zu beweisen, daß dies der Fall ist und daß strategisches Management nicht notwendigerweise normativ und unhandlich sein muß, sondern ein effektives Instrument sein kann, um mit der Dynamik turbulenter Märkte ebenso umzugehen wie mit einem Zustand wirtschaftlicher Stabilität, wie er in *Management-Strategie* beschrieben wird.

Chris Argyris, Donald Schon

2 Organizational Learning. A Theory of Action Perspective

1978

Hamel über Argyris und Schon

»Wenn Ihr Unternehmen das Lernen in zwei Schleifen noch nicht beherrscht, ist es bereits ein Dinosaurier. Niemand kann daran zweifeln, daß organisatorisches Lernen der größte Wettbewerbsvorteil ist. Wir schulden Argyris und Schon großen Dank für das, was sie uns über die Fähigkeit des Lernens zu sagen haben.«

Chris Argyris (1923 geboren) ist Professor an den Harvard Graduate Schools of Business and Education. Er ist ein überragender Intellektueller, sogar gemessen an den hohen Harvard-Standards. Bevor er 1971 nach Harvard ging, lehrte er an der Yale University. Zu seinem Arbeitsbereich gehören Psychologie, Ökonomie und das Verhalten von Organisationen. Von seinen Büchern sind zu nennen: *Personality and Organization* (1957), *Overcoming Organizational Defenses* (1990), *On Organizational Learning* (1993) und *Wissen in Aktion* (1997).

Donald Schon (1930 geboren) studierte an den Universitäten Yale, Sorbonne und Harvard. Er lehrte zunächst an den Universitäten von Los Angeles (UCLA) und Kansas Philosophie, ging 1957 zu Arthur D. Little und arbeitete später im US-Handelsministerium. Danach war er Präsident der Organisation für Soziale and Technische Innovation am MIT, wo er auch Professor für Urban Studies and Education wurde. Schon leistete Pionierarbeit für das Konzept der »Handlungswissenschaft« (action science), ein Forschungsansatz, um mit Problemen und Fehlern umzugehen. (Der Untertitel von *Organizational Learning* lautet »A theory of action perspective«.) Schon hielt 1970 für den BBC die Reith Lectures, aus denen das Buch *Beyond the Stable State* (1978) entstand.

Argyris und Schon haben auch zusammen das Buch *Theory in Practice: Increasing Professional Efficiency* (1974) geschrieben.

Chris Argyris' Werk basiert auf einem fundamentalen – manche würden sagen unbegründeten – Glauben an die menschliche Natur. Seine früheren Arbeiten wurden wohlwollend aufgenommen, aber nur als sorgfältig ausgearbeitete wissenschaftliche Studien; sie waren gedankenreich und tiefgründig, entsprachen aber nicht unbedingt der wirtschaftlichen Realität.

Im letzten Jahrzehnt wandelte sich die allgemeine Einstellung jedoch in Argyris' Richtung. Plötzlich waren seine Ideen in Mode. Das zeigt sich am deutlichsten an dem starken Interesse am Konzept der lernenden Organisation. *Organizational Learning* erschien 1978, aber erst der Bestseller von Peter Senge vom MIT *Die Fünfte Disziplin* (1996), der 1990 erschien, verhalf dem wissenschaftlichen Konzept der lernenden Organisation zu allgemeiner Akzeptanz. (Die Welt hat sich natürlich nicht sofort geändert. Manager mögen der Idee zwar zustimmen, sie führen aber gewöhnlich die lernende Organisation mit all ihren Konsequenzen nur ungern ein.)

Wenn Sie die Ursprünge der lernenden Organisation zurückverfolgen wollten, würden Sie unweigerlich auf *Organizational Learning* von Argyris und Schon stoßen.

Das Buch behandelt zentrale Zielkonflikte innerhalb der Unternehmenskultur, zum Beispiel, wie individuelle Initiative und Kreativität in einem betrieblichen Umfeld funktionieren können, wo immer Regeln existieren werden, und wie Teamwork und individuelle Arbeit fruchtbar koexistieren können. Die Zusammenarbeit der beiden Autoren liefert interessante Sichtweisen dieser immer wiederkehrenden Probleme – Schon ist eher Philosoph, Argyris Psychologe. *Organizational Learning* entstand aus dem von den Autoren zuvor schon gemeinsam verfaßten Werk *Theory in Practice* von 1974. »Ursprünglich hatten wir geplant, in einem Kapitel dieses Buches die Theorie der Handlungsperspektive auf das Problem der Lernfähigkeit von Organisationen anzuwenden. Aber wir konnten das Kapitel nicht schreiben; es erforderte eine konzeptionelle Brücke, die wir noch nicht errichtet hatten – eine Brücke zwischen dem Bereich des interpersonalen Verhaltens und dem Bereich der Organisation«, schreiben Argyris und Schon. »Im vorliegenden Werk vertreten wir den Standpunkt, daß Organisationen keine Ansammlungen von Individuen sind, die nur in

Begriffen der Sozialpsychologie des Gruppenverhaltens verstanden werden können.«

Organizational Learning fungiert daher als theoretische Brücke zwischen verschiedenen Disziplinen. »Es besteht ein dringendes Bedürfnis nach alternativen Visionen der Wissenschaft, und die Arbeiten von Schon und Argyris liefern einige der besten Ideen und Antworten. Nur wenige sind so weit gegangen beim Versuch einer Vermittlung zwischen den isolierten akademischen Festungen der Naturwissenschaften und der Geisteswissenschaften«, kommentiert Charles Hampton-Turner vom Judge Institute of Management der Universität von Cambridge die Leistung der Autoren.

Argyris und Schon untersuchen zwei grundlegende Organisationsmodelle. Modell 1 basiert auf der Annahme, daß wir die Welt in Übereinstimmung mit unseren individuellen Bestrebungen und Wünschen manipulieren und formen wollen. Manager setzen in erster Linie Ziele für sich selbst. Sie bleiben für sich und äußern sich nicht über Probleme oder diskutieren unterschiedliche Standpunkte. Es muß eine Kultur des stillen Einverständnisses geschaffen und aufrechterhalten werden, in der jeder pflichtgemäß schweigt und zustimmt. Verteidigung ist die Hauptaktivität in einer Modell-1-Organisation, auch wenn gelegentlich Angriff die beste Verteidigung ist. Modell-1-Manager verlangen von anderen Veränderungen, widerstehen selbst aber jedem Versuch, ihr Denken und ihre Arbeitsweise zu ändern. Modell-1-Organisationen sind durch etwas gekennzeichnet, das Argyris und Schon »Lernen in einer Schleife« (single-loop learning) nennen (»wenn Aufdeckung und Korrektur von organisatorischen Fehlern dem Unternehmen erlauben, seine gegenwärtige Politik fortzusetzen und seine jetzigen Ziele zu erreichen«).

Im Gegensatz dazu lernen Modell-2-Organisationen in zwei Schleifen (double-loop learning), was Argyris und Schon so beschreiben: »Wenn organisatorische Fehler in einer Weise aufgedeckt und korrigiert werden, die die Änderung der zugrundeliegenden Normen, Verfahren und Ziele einbezieht.« In der Modell-2-Organisation handeln Manager aufgrund von Informationen; sie diskutieren über Probleme, reagieren auf Veränderungen und sind bereit, sie in die Praxis umzusetzen. Sie lernen von anderen. So entsteht ein Zyklus aus Lernen und

Verstehen. »Die meisten Organisationen sind im Lernen in einer Schleife ganz gut, haben aber Schwierigkeiten mit dem Lernen in zwei Schleifen«, schlußfolgern die Autoren.

Zusätzlich schlagen sie eine letzte Form des Lernens vor, die eine noch größere Herausforderung darstellt, das »deutero-learning« (etwa mit »zweites Lernen« zu übersetzen), das sie als »Untersuchung des Lernsystems, durch das eine Organisation ihre Fehler aufdeckt und korrigiert«, beschreiben. In dieser Untersuchung der Lernsysteme lassen sich leicht die Ursprünge der gegenwärtigen Konzepte der lernenden Organisation entdecken.

Seit *Organizational Learning* untersucht und beschreibt Argyris die Mängel der Lernprozesse und die natürliche Neigung von Organisationen und Personen, sich auf das Lernen in einer Schleife zu beschränken, anstatt die anspruchsvolleren Alternativen zu nutzen. Es sei dringend geboten, das Lernen in all seinen Dimensionen besser zu verstehen, betont Argyris (1991): »Jedes Unternehmen, das im härter gewordenen wirtschaftlichen Wettbewerb der neunziger Jahre Erfolg haben will, muß zuerst ein grundsätzliches Problem lösen: Erfolg auf dem Markt hängt zunehmend von der Lernfähigkeit ab, doch die meisten Menschen wissen nicht, wie man lernt. Außerdem sind diejenigen Mitarbeiter des Unternehmens, von denen viele annehmen, sie seien die besten im Lernen, in Wirklichkeit nicht sehr gut darin.« Die Herausforderung – und das Geheimnis – des Lernens ist weiterhin sehr groß.

Chester Barnard

3 The Functions of the Executive

1938

Hamel über Barnard

»Jede neue Generation bildet sich ein, die Probleme, denen sie gegenübersteht, seien einzigartig. Jeder, der Barnards Wälzer, vor fast sechzig Jahren veröffentlicht und ein Meilenstein der Managementliteratur, erneut liest, wird rasch erkennen, daß der Kontext des Managements sich schneller ändert als die ›Funktionen der Führungskraft‹. Da wir dem Kult des Neuen verfallen sind, ist es manchmal hilfreich, zur Weisheit des Alten zurückzukehren.«

Chester Barnard (1886-1961) war eine Rarität: ein Managementtheoretiker und auch ein erfolgreicher Praktiker. Nach einer Tätigkeit an der Harvard-Universität ging er zu American Telephone and Telegraph, wo er zuerst als Statistiker arbeitete. Er verbrachte sein gesamtes Arbeitsleben bei dem Unternehmen und wurde schließlich 1927 President von New Jersey Bell. Dort blieb er bis zu seiner Pensionierung im Jahr 1952.

Seine Interessen waren vielseitig. Während des Zweiten Weltkrieges arbeitete er als Sonderassistent des Finanzministers und war Mitautor eines Berichts, der die Grundlage der US-Atomenergiepolitik bildete.

Barnards Werk ist weitgehend ignoriert worden, abgesehen von einem gelegentlichen Aufflackern des Interesses, wenn ein zeitgenössischer Management-Guru ein Exemplar von *The Functions of the Executive* entdeckt.

Chester Barnards *The Functions of the Executive* ist aus seinen Vorträgen über Management hervorgegangen. Die Sprache ist veraltet, der Ansatz umständlich, aber umfassend. »Es ist zu bezweifeln, ob irgendein anderes Buch seit Taylors *Die Grundsätze wissenschaftlicher Betriebsführung* einen größeren Einfluß auf das Denken ernsthafter Unternehmensleiter über das Wesen ihrer Arbeit gehabt hat«, bemerkte Barnards Zeitgenosse, Lyndall Urwick.

Es gibt tatsächlich viele Botschaften in diesem Buch, die mit heutigem Managementdenken übereinstimmen. Barnard hebt zum Beispiel die Notwendigkeit der Kommunikation hervor. Er argumentiert, daß jeder wissen muß, was und wo die Kommunikationskanäle sind, so daß jeder Mitarbeiter in die Ziele des Unternehmens eingebunden werden kann. Er plädiert auch für kurze und direkte Kommunikationswege. »Die Grundaufgaben [der Führungskraft] sind erstens die Schaffung eines Kommunikationssystems, zweitens die Förderung von anhaltendem Einsatz und Leistung und drittens die Formulierung und Festlegung von Zielen des Unternehmens«, schreibt er.

Für Barnard ist der Unternehmensleiter kein Diktator, der an kurzfristigen Ergebnissen interessiert ist. In seiner Verantwortung liegt es vielmehr, die Werte und Ziele des Unternehmens zu pflegen. Werte und Ziele müssen in Maßnahmen umgesetzt werden, anstatt in bedeutungslose Phrasen der Motivierung: »Es wurde schon darauf hingewiesen, daß das Ziel, strenggenommen, durch die Gesamtheit der Handlungen genauer umrissen wird als durch alle verbalen Erklärungen.«

Das liegt ganz auf der Linie von Peters und Waterman, die in *Auf der Suche nach Spitzenleistungen* schrieben, daß *The Functions of the Executive* »als vollständige Managementtheorie gelten kann«. Die Breite von Barnards Werk wurde auch von dem Harvard-Ökonomen Kenneth Andrews in seiner Einführung zu einer Jubiläumsausgabe des Buches anerkannt (Andrews 1968): »Barnard setzte sich ein anspruchsvolles Ziel. Wie er in seinem eigenen Vorwort schreibt, will er eine umfassende Theorie des kooperativen Verhaltens in formalen Organisationen aufstellen. Kooperation ergibt sich aus dem Bedürfnis des einzelnen, Aufgaben zu bewältigen, denen er allein biologisch nicht gewachsen ist.«

Darin steckt ein Hauch von Taylors *Die Grundsätze wissenschaftlicher Betriebsführung*, aber Barnard schreibt der Arbeitswelt auch eine moralische Dimension zu (die Taylor sicher nicht erkannt hat): »Das Unterscheidungsmerkmal der Führungsverantwortung besteht darin, daß sie nicht bloß die Übereinstimmung mit einem komplexen Moralkodex erfordert, sondern auch die Aufstellung moralischer Grundsätze für andere«, schreibt Barnard.

Barnard verfolgt das, was heute ein holistischer Ansatz genannt würde, wenn er sagt, daß »in einer Gemeinschaft alle Handlungen von Personen und Organisationen direkt oder indirekt miteinander verbunden und voneinander abhängig sind«. Dennoch war Barnard, trotz seiner modern klingenden Ideen, ein Mann seiner Zeit: Er vertrat die These, daß das Unternehmensinteresse über dem des Individuums steht und die Loyalität zum Unternehmen von äußerster Wichtigkeit ist.

Christopher Bartlett,
Sumantra Ghoshal

4 Internationale Unternehmensführung. Innovation, globale Effizienz, differenziertes Marketing

Managing Across Borders, 1989

Hamel über Bartlett und Ghoshal

»Viele der Unternehmen, die in den ersten Jahrzehnten des zwanzigsten Jahrhunderts international expandierten, erwachten in den siebziger und achtziger Jahren und fanden sich weit hinter der Integrationskurve, als die Handelsbarrieren fielen und die Kundenbedürfnisse sich anglichen. Bartlett und Ghoshal beschreiben das Streben dieser Unternehmen, zu ›transnationalen Organisationen‹ zu werden. Indem sie die Unternehmen dazu drängen, dichte Kommunikationsnetze zu entwickeln, Lernprozesse zu fördern und einen Sinn für Reziprozität in den weit auseinanderliegenden Unternehmenseinheiten zu verankern, geben sie dem Konzept des grenzenlosen Unternehmens eine greifbare Bedeutung.«

Christopher Bartlett wurde 1943 in Australien geboren. Er ist Professor für Business Administration an der Harvard Business School.

Sumantra Ghoshal (1948 geboren) ist seit 1994 Professor für Strategische Führung an der London Business School. Vorher war er Professor für Unternehmenspolitik bei INSEAD und Gastprofessor an der Sloan School des MIT. Er ist Autor von *Transnational Management: Text, Cases and Readings* (1990), *Organization Theory and the Multinational Corporation* (mit Eleanor Westney, 1993) und *The Strategy Process: European Perspective* (mit Henry Mintzberg und J.B. Quinn, 1995).

Christopher Bartlett und Sumantra Ghoshal sind vielleicht diejenigen Autoren, die das Geschehen auf der globalen Unternehmensbühne am umfassendsten kommentieren. In ihrem Werk liefern sie wohldurchdachte Argumente, verbunden mit einer starken historischen Perspektive. Sie beschreiben überzeugend die neue Weltordnung der späten neunziger Jahre und betrachten sie im Gesamtzusammenhang der Unternehmensumwelt der Nachkriegszeit. Die Autoren stellen fest, daß die neunziger Jahre durch langsames Wachstum und Überkapazitäten in vielen Schlüsselindustrien gekennzeichnet sind – sie schätzen, daß beispielsweise in der Automobilbranche die Überkapazität 40 Prozent beträgt, in der Stahlindustrie 50, bei chemischen Grundstoffen 100 und bei Computern 140 Prozent.

In einer solchen Situation, wie sie in *Internationale Unternehmensführung* beschrieben wird, sind historische Lösungen nicht mehr anwendbar. Bartlett und Ghoshal belegen diese These unter anderem mit dem Hinweis auf die Schwierigkeiten, die das Wachstum der Unternehmen mittels Akquisitionen mit sich bringt, und dem gefährlich hohen Niveau der Diversifizierung überall dort, wo mit dem Ziel der Expansion wahllos Unternehmen erworben wurden. Ebenfalls obsolet ist in den neunziger Jahren die Annahme, daß Unternehmen, Technologien und Märkte voneinander unabhängig sind – ein zentraler Punkt in der Struktur der meisten divisionalisierten Unternehmen. Solche Unabhängigkeit, sagen Bartlett und Ghoshal, wirkt dem Hauptziel der Integration und Schaffung »eines kohärenten Systems der Wertlieferung« entgegen.

Bartlett und Ghoshal beobachten – und begrüßen – das Ende der Spartenstruktur, favorisiert unter anderem von Alfred P. Sloan. Sie erkennen jedoch, daß »die multidivisionale Organisation vielleicht die wichtigste administrative Innovation war, die es den Unternehmen ermöglichte, weit über die Grenzen der funktionalen Organisation, die sie ersetzte, hinaus zu wachsen und zu diversifizieren«.

Die Mehrbereichsform, sagen sie, ist dadurch benachteiligt, daß es in ihr »keinen Prozeß gibt, durch den institutionalisierte Wahrheiten in Frage gestellt, die Basis des Wissens grundlegend verändert und die Daten neu strukturiert werden können. Ohne diese Möglichkeit werden diese Unternehmen durch das Festhalten an konventionellen

Ansichten und Methoden, die zu heiligen Kühen geworden sind, allmählich unbeweglich und durch veraltetes Wissen und Fachkenntnisse, die keinen Bezug mehr zu ihrer sich rasch wandelnden Umwelt haben, in ihren Handlungsmöglichkeiten beschränkt.«

Die Autoren beschreiben das Konzept des nach Sparten gegliederten Unternehmens als »Doktrin – es ist mehr als nur eine besondere Form der Organisationsstruktur: Es beschreibt auch die Rollen und Verantwortlichkeiten der Manager auf Konzern-, Bereichs- und Betriebseinheitsebene, den relativen Status und die Verhaltensnormen der Stabs- und Linienfunktionäre, die Mechanismen und Verfahren für die Zuteilung der Ressourcen und im allgemeinen die ›Spielregeln‹ innerhalb des Unternehmens. Im Laufe der letzten zehn Jahre haben eine Vielzahl von Änderungen auf den Märkten, in Technologien und im Wettbewerb diese Doktrin obsolet gemacht, und die Probleme, denen Großunternehmen gegenüberstehen, stammen, zumindest teilweise, aus dem Festhalten an diesem Erfolgsrezept der Vergangenheit, das die Grenzen seiner Nützlichkeit überschritten hat.«

Bartlett und Ghoshal meinen, im Gegensatz zu anderen, daß neue, lebendige Organisationsformen entstehen können – und bereits entstehen. Dafür entscheidend ist die Einsicht, daß multinationale Unternehmen aus unterschiedlichen Weltregionen ihr eigenes Managementerbe besitzen, jeweils mit einer unterschiedlichen Quelle des Wettbewerbsvorteils.

Die erste Form, die Bartlett und Ghoshal identifizieren, ist das *multinationale* Unternehmen beziehungsweise das Unternehmen mit mehreren Binnenmärkten. Seine Stärke liegt in einem hohen Maß an Reaktionsfähigkeit. Es ist ein dezentralisierter Verband lokaler Unternehmen (wie z.B. Unilever oder Philips), die durch ein Netzwerk auf der Ebene des Topmanagements miteinander verbunden sind (Führungskräfte des Unternehmens im Mutterland besetzen Schlüsselpositionen im Ausland).

Das *globale* Unternehmen wird von US-Firmen wie Ford zu Anfang des Jahrhunderts oder japanischen Unternehmen wie Matsushita verkörpert. Seine Stärken sind Größen- und Kostenvorteile. Riesige Produktionsstätten, häufig im Mutterland zentralisiert, stellen standardisierte Produkte her, während die ausländischen Betriebe als Vertriebskanäle fungieren, um globale Marktchancen zu erschließen. Die Zentrale übt dabei eine starke Kontrollfunktion aus, was Entscheidungen, die Verteilung von Ressourcen und die Nutzung von Informationen betrifft.

Das *internationale* Unternehmen ist der dritte Typ. Seine Wettbewerbsstärke liegt in der Fähigkeit, Kenntnisse und Fachwissen in weniger fortgeschrittene Standorte im Ausland zu transferieren. Es handelt sich dabei um einen koordinierten Verband lokaler Unternehmen, die durch hochentwickelte Managementsysteme und die Konzernführung kontrolliert werden. Die Muttergesellschaften neigen zu einer gewissen Engstirnigkeit, gefördert durch das überlegene Know-how im Zentrum. Das ist das Erbe vieler amerikanischer und einiger europäischer Unternehmen. Bartlett und Ghoshal meinen, daß der globale Wettbewerb viele dieser Unternehmen dazu zwingt, zu einem vierten Modell überzugehen, das sie das *transnationale* Unternehmen nennen. Diese Unternehmensform muß die Reaktionsfähigkeit auf lokaler Ebene mit globaler Effizienz und der Fähigkeit, das Know-how besser, billiger und schneller zu transferieren, kombinieren.

Das transnationale Unternehmen ist ein integriertes Netzwerk aus spezialisierten oder unterschiedlichen Einheiten, wobei den integrativen Verbindungen zwischen den lokalen Firmen und der Zentrale besondere Bedeutung zukommt. Die Tochtergesellschaft wird zu einem nicht mehr beliebig austauschbaren, wichtigen Faktor, anstatt nur ein verlängerter Arm der Muttergesellschaft zu sein. Fertigung und Technologie-Entwicklung sind dort angesiedelt, wo es vernünftig ist, aber es besteht eine explizite Konzentration auf den Einsatz des lokalen Know-hows, um weltweite Marktchancen zu nutzen.

Zum Einsatz dieser unterschiedlichen Organisationsformen vertreten Bartlett und Ghoshal die Meinung: Unternehmen sollten das tun, was für sie vernünftig ist, anstatt den Organisationsmodellen der Vergangenheit mit den Extremen Zentralisation und Dezentralisation zu folgen.

Nach Ansicht der Autoren besitzen die meisten Unternehmen »eine ausgeprägte Organisations-Psychologie« – »eine Reihe expliziter und impliziter gemeinsamer Werte und Überzeugungen –, die sich genauso wirkungsvoll entwickeln und steuern läßt wie ihre Anatomie und Physiologie. Für Organisationen, die in einem internationalen Umfeld agieren, ist diese Eigenschaft besonders wichtig.« Laut Bartlett und Ghoshal gibt es in transnationalen Unternehmen drei Methoden, die für die Gestaltung der Organisationspsychologie von besonderer Bedeutung sind. Die erste Methode besteht darin, »den Mitarbeitern die Aufgaben und Ziele des Unternehmens nahezubringen«. Die zweite ist das Verhalten der Topmanager in der Öffentlichkeit. Das dritte Mittel ist die Personalpolitik: »Multidimensionale und flexible Organisationsprozesse können nur entstehen, wenn geeignete Mitarbeiter und erwünschte Verhaltensweisen gefördert werden.«

Seit dem Erscheinen von *Internationale Unternehmensführung* haben Bartlett und Ghoshal ihr Konzept weiterentwickelt und beschreiben nun ein neu aufkommendes Organisationsmodell – den unternehmerischen Konzern. Er beruht auf drei zentralen Prozessen: dem *unternehmerischen Prozeß*, der die nach Chancen suchende, nach außen gerichtete Fähigkeit des Unternehmens, neue Tätigkeitsbereiche zu eröffnen, fördert; dem *Integrationsprozeß*, der es ihm ermöglicht, seine verstreuten Ressourcen und Kompetenzen miteinander zu verbinden und zu steigern, um ein erfolgreiches Unternehmen aufzubauen; und dem *Erneuerungsprozeß*, der die Fähigkeit des Unternehmens bewahrt, seine Überzeugungen und Methoden in Frage zu stellen und sich ständig zu erneuern, um dauerhaft seine Position zu sichern.

Jeder Prozeß erfordert laut Bartlett und Ghoshal bestimmte organisatorische Infrastrukturen und Mechanismen. Alle drei Prozesse gleichzeitig durchzuführen erfordert ein Managementverständnis, das grundverschieden ist von dem, das in den letzten fünf Jahrzehnten so stark durch die Doktrin des Mehrbereichsunternehmens geprägt wurde.

Meredith Belbin

5 Managementteams. Erfolg und Mißerfolg

Management Teams. Why they Succeed or Fail 1984

Hamel über Belbin

»Leistungsfähige Unternehmen glauben in zunehmendem Maße, daß Teams statt Unternehmenseinheiten oder Einzelpersonen die Basis eines erfolgreichen Unternehmens sind. Belbin gebührt großer Dank dafür, daß er uns Einsicht in die Voraussetzungen erfolgreicher Teamarbeit vermittelt hat.«

Der britische Wissenschaftler *Meredith Belbin* ist der Nestor der Theorie der Teamarbeit. Er lehrte Altphilologie und Psychologie an der Cambridge University, bevor er Forscher am Cranfield College of Aeronautics wurde. Er arbeitete außerdem in Paris für die OECD und bei einer Reihe von Fertigungsunternehmen.

Von Belbins weiteren Büchern sind *Team Roles at Work* (1993) und *The Coming Shape of Organization* (1996) zu nennen.

In seinem Vorwort zu *Managementteams* schreibt Antony Jay: »Firmen beschäftigten sich mit den Qualifikationen, Erfahrungen und Leistungen der Individuen. Sie widmeten sich der Auswahl, Entwicklung, dem Training, der Motivation und Beförderung einzelner. Sie diskutierten und erörterten Stärken und Schwächen einzelner, und das, obwohl alle in ihrem Inneren wußten, daß es das ideale Individuum für eine zu besetzende Stelle nicht gibt. Eine solche Person kann nicht gefunden werden, weil sie nicht existiert.« Jay zieht daraus die Schlußfolgerung: »Deswegen ist nicht das Individuum jenes Instrument eines dauerhaften und anhaltenden Managementerfolgs, sondern das Team.«

Das britische Henley Management College führte 1967 in einem seiner Kurse ein Computer-Unternehmensplanspiel ein. In diesem Spiel, als »Executive Management Exercise« bekannt, konkurrierten »Unternehmens«-Teams miteinander, um gemäß den im Spiel festgelegten Kriterien die höchste Punktzahl zu erreichen. Das College vereinbarte eine Zusammenarbeit mit Belbin und der Industrial Training Research Unit am University College in London.

Belbin war an der Gruppenleistung interessiert und wie sie durch die Art der Gruppenmitglieder beeinflußt werden könnte. Die an dem Spiel Beteiligten wurden auf freiwilliger Basis und vertraulich gebeten, sich einem Persönlichkeitstest sowie einem Test im Problemlösungsdenken zu unterziehen. Aufgrund der Testergebnisse entdeckte Belbin, daß bestimmte Kombinationen von Persönlichkeitstypen erfolgreicher waren als andere. Er konnte daraufhin den Gewinner des Spiels vorhersagen und erkannte, daß er bei adäquaten Informationen über die persönlichen Merkmale und Fähigkeiten der Teammitglieder mittels psychometrischer Tests den wahrscheinlichen Erfolg beziehungsweise Mißerfolg bestimmter Teams vorhersagen konnte. Folglich können die Leistungen nicht erfolgreicher Teams verbessert werden, indem man die Schwächen ihrer Teamstruktur analysiert und geeignete Änderungen vornimmt.

Belbins erste praktische Anwendung seiner Arbeit umfaßte einen Fragebogen, den Manager für sich ausfüllten. Er wurde dann analysiert, um die Funktionen zu zeigen, die die Manager in einem Team auszuüben glaubten. Das hatte einen Nachteil: Was *Sie* zu tun glauben besitzt keinen großen Wert, falls die anderen, mit denen Sie zusammenarbeiten, darüber anderer Ansicht sind. Belbin verfeinerte seine Methoden und arbeitete mit anderen zusammen, um ein Computerprogramm für die Auswertung zu entwerfen. (Seine Arbeit ist jetzt auf CD-ROM erhältlich.)

Aus seinen eigenen Beobachtungen im einzigartigen »Labor« bei Henley leitete Belbin acht Schlüsselrollen im Team ab, mit ihren typischen Eigenschaften, Stärken und zulässigen Schwächen:

- *Umsetzer* – konservativ, pflichtbewußt, berechenbar. Setzt Ideen in die Tat um. Etwas unflexibel, lehnt unbewiesene Ideen ab.
- *Vorsitzender* – selbstsicher, vertrauensvoll. Stellt schnell die individuellen Talente der Gruppenmitglieder fest, hat ausgeprägten Sinn für Ziele. Nicht überdurchschnittlich intelligent und kreativ.
- *Macher* – dynamisch, aufgeschlossen, stark angespannt. Fordert heraus, übt Druck aus, bekämpft Trägheit und Ineffizienz. Neigt zu Provokationen.
- *Neuerer/Erfinder* – individualistisch, unorthodox, ernst. Genial, phantasievoll, großes Denkvermögen. Oft mit seinen Gedanken woanders, neigt dazu, praktische Details zu mißachten.
- *Wegbereiter/Weichensteller* – extravertiert, begeistert, kommunikativ. Greift neue Ideen auf, stellt gern Kontakte her, reagiert auf Herausforderungen. Verliert nach anfänglicher Begeisterung das Interesse.
- *Beobachter* – besonnen, strategisch, scharfsinnig. Urteilsfähigkeit, Diskretion, Nüchternheit. Mangel an Antrieb und der Fähigkeit, andere zu inspirieren.
- *Teamarbeiter/Mitspieler* – umgänglich, sanft, empfindsam. Fähigkeit, mit unterschiedlichen Situationen und Menschen fertig zu werden, fördert Teamgeist. Nicht entscheidungsfähig bei Zerreißproben.
- *Perfektionist* – sorgfältig, ordentlich, gewissenhaft, ängstlich. Fähigkeit zur vollständigen Durchführung, Perfektionismus. Tendenz, sich schon über kleine Dinge zu sorgen.

Diese Kategorien haben sich als stabil erwiesen und werden immer noch in einer Vielzahl von Unternehmen benutzt. Das stark gestiegene Interesse an Teamarbeit in den letzten zehn Jahren hat zu einem gesteigerten Interesse an Belbins Arbeiten geführt. Er hat seine Theorien inzwischen in mehreren Büchern erweitert und verfeinert.

Warren Bennis, Burt Nanus

6 Führungskräfte. Die vier Schlüsselstrategien erfolgreichen Führens

Leaders. The Strategies for Taking Charge
1985

Hamel über Bennis und Nanus

»Hier finden wir die Antithese einer technokratischen Sicht des Managements. Das ist wirklich ein Buch über Führungspersönlichkeiten, nicht über Manager. Auch wenn Bennis und Nanus tatsächlich die einzelnen Aspekte der Führung herausgearbeitet haben, bin ich nach wie vor nicht davon überzeugt, daß Führung gelehrt werden kann. Ich bin aber dennoch absolut davon überzeugt, daß wir alle danach streben müssen, uns zu Führungspersönlichkeiten zu entwickeln. Ein herzliches Dankeschön an Warren und Burt für die Perspektiven, die sie uns eröffnet haben.«

In seiner langen Karriere war *Warren Bennis* auf dem Gebiet der Ausbildung, als Autor von Büchern, in der Beratung und in der Verwaltung aktiv. 1925 geboren, war er im Zweiten Weltkrieg der jüngste Infanterieoffizier im Einsatz in Europa, er studierte Gruppendynamik in den fünfziger Jahren, war Futurologe in den sechziger und der erste Führungstheoretiker der Welt in den siebziger und achtziger Jahren.

Bennis studierte bei Douglas McGregor am Antioch College und wurde später Hochschulleiter – er war Dekan am SUNY, Buffalo (1967-1971) und Präsident der University of Cincinnati (1971-1978). Er ist jetzt Professor für Business Administration an der University of Southern California und Gründer und Leiter des Leadership Institute der Universität. Der Psychologe Abraham Maslow beschrieb Bennis als »einen der olympischen Geister unserer Zeit«. In seinem Buch *Der Zukunftsschock* meinte Alvin Toffler: »Wenn Max Weber als erster das Wesen der Bürokratie definierte und ihren Triumph voraussagte, dann wird Warren Bennis vielleicht in die soziologischen Lehrbücher als der Mann eingehen, der als erster überzeugend den Untergang der Bürokratie ankündigte und die Organisationen skizzierte, die an ihre Stelle treten werden.«

Burt Nanus war Bennis' Mitautor und Gründer sowie Direktor des Center of Futures Research an der University of Southern California.

Das Buch *Führungskräfte. Die vier Schlüsselstrategien erfolgreichen Führens* von Warren Bennis und Burt Nanus ist ein durch und durch populistisches Buch, das dem konventionellen Rezept folgt, von erfolgreichen Personen zu lernen, wie man erfolgreich wird. Es beruht auf Bennis' Befragung von neunzig amerikanischen Führungspersönlichkeiten. Auch wenn das Rezept des Buches abgedroschen ist, wird ihm durch die ungewöhnliche Auswahl der Personen eine besondere Dimension verliehen. Zu ihnen gehören Neil Armstrong, der Coach der Los Angeles Rams, Dirigenten und Unternehmer wie Ray Kroc von McDonald's. »Bei einem Teil dominierte die rechte und beim andern die linke Gehirnhälfte, es gab Große und Kleine, Dicke und Schlanke, Eloquente und Wortkarge, selbstbewußt und bescheiden Auftretende, für den Erfolg und für den Mißerfolg Gekleidete, demokratisch und autokratisch Führende«, schreiben Bennis und Nanus. Was sie alle verbindet, ist die Fähigkeit zur »Beherrschung vorhandener Unordnung«. Damit soll gesagt sein, daß Führungsqualitäten von der konkreten Situation unabhängig, also allgemeiner Natur sind und jedem offenstehen.

Bei den neunzig Führungspersönlichkeiten werden vier »Führungskompetenzen« festgestellt:

»1. Mit einer Vision Aufmerksamkeit erzielen.
2. Sinn vermitteln durch Kommunikation.
3. Eine Position einnehmen und damit Vertrauen erwerben.
4. Entfaltung der Persönlichkeit durch ein positives Selbstwertgefühl ...«

Aufmerksamkeit zu erregen ist laut Bennis eine Frage der Vision. Er benutzt folgende Definition der Führung: »Die Fähigkeit, eine überzeugende Vision zu entwerfen und sie in Maßnahmen umzusetzen und aufrechtzuerhalten.« Erfolgreiche Führer haben eine Vision, an die die anderen glauben und die sie als ihre eigene betrachten.

Eine Vision zu haben ist eine Sache, sie in erfolgreiche Maßnahmen zu verwandeln eine andere. Die zweite Fähigkeit, die Bennis' Auswahl von Führungspersönlichkeiten gemeinsam hat, ist Sinn vermitteln durch Kommunikation. Eine Vision ist nur von begrenztem praktischen Nutzen, wenn sie in einem 400 Seiten dicken langweiligen Buch versteckt ist oder hinter einem mit Papier übersäten Schreibtisch hervor gemurmelt wird. Bennis ist der Überzeugung, daß effektive Kommunikation vom Gebrauch von Analogien, Metaphern und anschaulichen Beispielen sowie von der Vermittlung von Gefühlen, Vertrauen, Optimismus und Hoffnung abhängt.

Der dritte von Bennis identifizierte Aspekt der Führung ist Vertrauen, das er als »das emotionale Bindemittel, das Führungspersonen und Nachgeordnete vereint« beschreibt. Führungspersönlichkeiten müssen sich als konsequent und berechenbar erweisen.

Das letzte verbindende Element, das die neunzig Führungspersönlichkeiten auszeichnet, die von Bennis untersucht wurden, ist »kreative Entfaltung der Persönlichkeit oder des Selbst«. Sie bezeichnen nicht einfach Charisma oder Zeitmanagement als Basis ihres Erfolges. Sie betonen vielmehr Beharrlichkeit und Selbsterkenntnis, Risikobereitschaft, Engagement und das Annehmen von Herausforderungen, vor allem aber die Lernfähigkeit und -bereitschaft. »Der Lernende freut sich auch über Mißerfolg oder Fehler«, sagt Bennis. »Das Schlimmste in der Führung ist grundsätzlich früher Erfolg. Dann gibt es keine Gelegenheit, aus Widerstand und Problemen zu lernen.«

Führungspersönlichkeiten haben eine positive Selbstachtung, die Bennis »emotionale Weisheit« nennt. Sie ist charakterisiert durch die Fähigkeiten, andere so zu akzeptieren, wie sie sind, an Beziehungen und Probleme nur gegenwartsbezogen heranzugehen, jeden, auch enge Kontaktpersonen, mit höflicher Aufmerksamkeit zu behandeln, anderen zu vertrauen, auch wenn es riskant erscheint, und ohne ständige Zustimmung und Anerkennung seitens anderer auszukommen.

Führung kann nach Bennis' Überzeugung erlernt werden. Er ist Optimist, und das steht im Zentrum seiner Arbeit, insbesondere von *Führungskräfte.* »Jeder muß in seinem Leben einen echten Beitrag leisten. Arbeit ist eines der Hauptinstrumente, das zu erreichen. Ich bin immer mehr davon überzeugt, daß einzelne Führungspersönlichkeiten eine menschliche Gemeinschaft aufbauen können, die langfristig gesehen zu den besten Unternehmen führen wird.«[1]

Wenn dies erreicht werden soll, muß mit fünf Legenden über Führung aufgeräumt werden: An erster Stelle steht die Erkenntnis, daß Führungsqualitäten keine seltenen Fähigkeiten sind; zweitens, daß

Führer eher gemacht als geboren werden und drittens meist gewöhnliche – beziehungsweise anscheinend normale – Menschen sind anstatt charismatische; viertens muß sich die Einsicht durchsetzen, daß Führung sich nicht auf diejenigen an der Spitze des Unternehmens beschränkt – sie ist für alle Ebenen relevant –, und fünftens, daß es bei Führung nicht um Kontrolle, Herrschen und Manipulation geht, vielmehr verfügen Führungspersönlichkeiten über die Fähigkeit, die Energien anderer auf ein attraktives Ziel zu konzentrieren.

Führungskräfte war ein Bestseller und festigte Bennis' Ruf als einer der führenden Führungstheoretiker der Welt. Die Bedeutung des Buches liegt weniger in der Beschreibung der gemeinsamen Merkmale von Führungspersönlichkeiten, die in ihm dargestellt werden, sondern in der Überwindung des Mythos von Führern als Helden. Bei Bennis und Nanus sind Führungsqualitäten grundsätzlich allen Menschen zugänglich und erreichbar.

Bennis hat sich diesem Thema auch in seinen nachfolgenden Büchern gewidmet und seine Grundthesen weiterentwickelt, unter anderem in: *Führen lernen* (1990), *Why Leaders Can't Lead* (1989) und *Organizing Genius: The Secrets of Creative Collaboration* (1997).

James MacGregor Burns

7 Leadership

1978

Hamel über Burns

»Kein Thema in der Managementliteratur ist so dauerhaft wie Führung. Von den zahlreichen Beiträgen, die Burns zu unserem Verständnis der Führung leistet, scheinen zwei zentral zu sein: Führung muß eine moralische Grundlage haben, und Führungsverantwortung ist nicht die Sache einiger weniger. Egoistische Autokraten, gleich ob politische oder unternehmerische, ignorieren diese Wahrheiten auf eigene Gefahr.«

James MacGregor Burns ist Politikwissenschaftler. Er ist kein bloßer Theoretiker, sondern hat – erfolglos – als Demokrat bei Kongreßwahlen kandidiert und arbeitete bei John F. Kennedys Präsidentschaftskampagne mit.

Zu seinen Veröffentlichungen gehören: *Congress on Trial* (1949), *Government by the People* (mit Jack Peltason, 1950), *Roosevelt: The Lion and the Fox* (1956), *John Kennedy: A Political Profile* (1960), *The Deadlock of Democracy* (1963), *Presidential Government: The Crucible of Leadership* (1965), *Roosevelt: The Soldier of Freedom* (1970), *Uncommon Sense* (1972) und *Edward Kennedy and the Camelot Legacy* (1976).

»Die heutige Führungskrise besteht in der Mittelmäßigkeit beziehungsweise Verantwortungslosigkeit so vieler Männer und Frauen in Machtpositionen, aber Führung benötigt Macht selten in vollem Maß. Die fundamentale Krise, die der Mittelmäßigkeit zugrunde liegt, ist eine intellektuelle. Wenn wir zuviel über unsere Führer wissen, wissen wir viel zuwenig über Führung«, schreibt James MacGregor Burns im Prolog zu *Leadership*.

Es gibt buchstäblich Hunderte von Definitionen für »Führung«. Burns meint, daß folglich »Führung als Konzept sich in kleine und getrennte Bedeutungen aufgelöst hat. Eine Unmenge von Einzelheiten über Führungspersönlichkeiten charakterisieren die Theorien über Führung«. Doch Burns liefert in *Leadership* unerschrocken eine weitere Definition – aber eine, die sich als dauerhafter erwiesen hat: »Führung von Menschen wird dann ausgeübt, wenn Personen mit bestimmten Motiven und Zielen – in Konkurrenz oder im Konflikt mit anderen – institutionelle, politische, psychologische und andere Ressourcen mobilisieren, um die Motive und Ziele anderer anzusprechen, sie einzusetzen und zu befriedigen.«

Für Burns ist Führung nicht das Privileg der Wenigen oder die Tyrannei der Massen. »Der Führungsansatz neigt oft unbewußt dazu, elitär zu sein; er projiziert heroische Figuren auf den dunklen Hintergrund trister, machtloser Massen. Die Idee der Anhängerschaft neigt dazu, in ihrer Ideologie populistisch oder antielitär zu sein; sie nimmt die Massen, auch in demokratischen Gesellschaften, als mit kleinen, sich überlappenden Zirkeln konservativer Politiker, Militärs, Hierokraten und Unternehmern verbunden wahr. Ich beschreibe hier Führung nicht als bloßes Spiel unter Eliten und nicht als bloße populistische Reaktion, sondern als eine Handlungsstruktur, die in unterschiedlichem Umfang Personen auf allen Ebenen und Gesellschaftsschichten einbezieht. Nur die Trägen, Entfremdeten und Machtlosen sind nicht beteiligt.« Für Burns ist Führung immanent mit Moral verbunden, und »moralische Führung entsteht aus den fundamentalen Wünschen und Bedürfnissen, Bestrebungen und Wertvorstellungen der Anhänger und kehrt immer zu ihnen zurück.«

Abgesehen von seiner tiefsinnigen Definition stellt Burns in *Leadership* zwei wesentliche Linien der Führung vor: Transformierende Führung und transaktionelle Führung.

Transformierende Führung liegt dann vor, »wenn eine oder mehrere Personen mit anderen so zusammenwirken, daß Führer und Geführte einander zu höherer Motivation und Moral verhelfen. Ihre Ziele, die zu Anfang verschieden, wenn auch verwandt gewesen sein können, verschmelzen jetzt. Machtgrundlagen werden miteinander verbunden, nicht als Gegengewichte, sondern zur wechselseitigen Förderung gemeinsamer Ziele. Diese Art der Führung wird mit unterschiedlichen Bezeichnungen belegt: erhebend, mobilisierend, inspirierend, beflügelnd, ermunternd, bekehrend. Die Beziehung kann natürlich rein moralistisch sein. Letzten Endes wird transformierende Führung aber insofern moralisch, als sie beim Führer wie beim Geführten das menschliche Verhalten und den ethischen Anspruch auf eine höhere Ebene hebt und damit auf beide transformierend wirkt ... Transformierende Führung ist dynamisch in dem Sinne, daß die Führer sich auf eine Beziehung zu den Geführten einlassen, die sich dadurch ›erhöht‹ fühlen und oft selbst aktiver werden, wodurch eine neue Führungsgeneration entsteht.«

Die transformierende Führung spricht gleichermaßen Gefühl und Verstand an. Sie hilft allen Beteiligten, stärkere Motivation, größere Befriedigung und ein höheres Bewußtsein für Leistung zu erreichen. Sie wird von Vertrauen, Sorge und Moderation anstatt direkter Kontrolle getragen. Die erforderlichen Fähigkeiten betreffen die Entwicklung langfristiger Visionen, die Befähigung von Menschen zur Selbstkontrolle, das Unterstützen und Fördern von anderen sowie die Fähigkeit, einen Wandel in der Unternehmenskultur herbeizuführen. Die Macht der Führungskraft beruht auf Verständnis und Vertrauen.

Die transaktionelle Führung basiert dagegen auf der Reziprozität, das heißt auf der Idee, daß die Beziehung zwischen Führern und Geführten sich aus dem Austausch von Belohnungen, wie Leistungseinstufungen, Bezahlung, Anerkennung und Lob, entwickelt. Sie bezieht Führer ein, die eindeutige Ziele vorgeben und mittels Kommunikation in Zusammenarbeit mit ihren Mitarbeitern Aufgaben und Tätigkeiten festlegen, um sicherzustellen, daß weitergehende Unternehmensziele erreicht werden. Eine solche Beziehung stützt sich auf Hierarchie und die Fähigkeit, auf der Basis von Tauschbeziehungen zu arbeiten. Sie erfordert Führungsqualitäten, wie die Fähigkeit, Ergebnisse zu erzielen, mittels Strukturen und Prozessen zu kontrollieren, Probleme zu lösen sowie innerhalb der Grenzen des Unternehmens zu planen, zu organisieren und zu arbeiten.

In ihrem scheinbar gegenseitigen Ausschluß ähneln die transformierende und transaktionelle Führung den Theorien X und Y von Douglas McGregor. Das Geheimnis effektiver Führung liegt in der Kombination beider Elemente, so daß gemeinsame Ziele, Ergebnisse und Verfahren entwickelt werden.

Burns' Buch liefert eine wichtige Verbindung zwischen Führungskonzepten in der Politik und den Unternehmen. Trotz aller Bücher über Führung werden diese beiden Aktivitätsbereiche gewöhnlich als sich gegenseitig ausschließend angesehen. Burns' Untersuchung der transformierenden und transaktionellen Führung stimulierte auch die weitere Diskussion über Führung, zu einer Zeit, als sie eine eher geringere Rolle spielte. In den achtziger Jahren rückte das Thema Führung in der Managementliteratur wieder als ein der Untersuchung würdiger Gegenstand mehr in den Vordergrund.

Dale Carnegie

8 Wie man Freunde gewinnt

How to Win Friends and Influence People 1937

Hamel über Carnegie

»Kürzlich nahm ich an einer Konferenz mit dem Titel ›Die Umsetzung von Strategien durch Menschen‹ teil. Ich fragte den Veranstalter, ob es eine Alternative gäbe – ob man vielleicht Strategien durch Hunde umsetzen lassen könne. Wenn sich heute alles um Technologie, Strukturen und Prozesse dreht, kann man leicht die zutiefst persönliche Natur des Managements aus dem Blickfeld verlieren. Obwohl Dale Carnegies Rat manchmal an Manipulation grenzt, ist es die herzliche und weiche Art der Manipulation eines eifrigen Verkäufers. Welch ein Kontrast zu der harten Manipulation mittels Gehalt, die Tausenden von angsterfüllten Überlebenden der Unternehmensumstrukturierung vertraut ist.«

Geboren auf einer Farm in Missouri, begann *Dale Carnegie* sein Arbeitsleben mit dem Verkauf von Speck, Seife und Schweineschmalz für Armour & Company in Süd-Omaha. Er machte sein Absatzgebiet zum nationalen Spitzenreiter des Unternehmens, ging dann aber nach New York, um an der American Academy of Dramatic Arts zu studieren, und zog später mit einem Wandertheater als Dr. Hartley in *Polly of the Circus* durch das Land. Da er die Grenzen seines schauspielerischen Talents erkannte, wurde er schließlich wieder Verkäufer und verkaufte Lastwagen. Zu der Zeit gelang es ihm, von der YMCA-Schule in New York die Gelegenheit zu erhalten, einen Rednerkurs für Geschäftsleute durchzuführen.

Carnegies Reden wurden äußerst erfolgreich. Er schrieb *Die Macht der Rede* (1940) und eine Reihe weiterer Variationen dieses Themas: *Sorge Dich nicht – lebe* (1975), *Freu Dich des Lebens* (1990), *How to Develop Self-Confidence and Influence People by Public Speaking*. Am bekanntesten wurde er jedoch durch sein Buch *Wie man Freunde gewinnt*, von dem über 15 Millionen Exemplare verkauft wurden (die erste Auflage betrug lediglich 5 000). Dale Carnegie starb 1955.

Dale Carnegies *Wie man Freunde gewinnt* ist das erste Selbsthilfebuch. »Wenn Sie nach den ersten drei Kapiteln dieses Buches nicht schon ein bißchen besser mit den verschiedenen Situationen in Ihrem Leben fertigwerden, dann ist dieses Buch in bezug auf Sie ein totaler Versager ...«, schreibt Carnegie in der Einleitung des Buches. Er hatte es als Lehrbuch für seine Kurse geschrieben. Sein Ziel war, »ein praktisches, brauchbares Handbuch über den Umgang mit Menschen« zu schreiben.

Dafür las er alles, was über das Thema aufzutreiben war, und stellte für achtzehn Monate einen Mitarbeiter ein, der die Bücher lesen sollte, die ihm entgangen waren. »Wir lasen mehr als einhundert Biographien allein über Theodore Roosevelt.« Carnegie interviewte dann erfolgreiche Leute, darunter Berühmtheiten wie Clark Gable, Marconi, Franklin D. Roosevelt und Mary Pickford.

Carnegie ist ein Verkäufer par excellence. Er läßt Namen fallen, macht Versprechungen. Optimistisch und mit Sentimentalität befrachtet ist *Wie man Freunde gewinnt* ein simples Verkaufsdokument: »Die darin aufgestellten Regeln sind keine bloßen Theorien oder Vermutungen. Sie wirken wie ein Zauber. Es mag unwahrscheinlich klingen, aber ich habe erlebt, daß die Anwendung der in diesem Buch enthaltenen Grundsätze das Leben von vielen Leuten buchstäblich verwandelt hat.«

Das Ergebnis ist eine Reihe von Prinzipien, die mit Sicherheit, wie Carnegie verspricht, dazu führen, daß man Freunde gewinnt und einflußreich wird. Erstens gibt es die »Grundregeln im Umgang mit Menschen«:

»1. Kritisieren, verurteilen und klagen Sie nicht.
2. Geben Sie ehrliche und aufrichtige Anerkennung.
3. Wecken Sie in andern lebhafte Wünsche.«

Dann stellt Carnegie sechs Methoden vor, sich beliebt zu machen:

»1. Interessieren Sie sich aufrichtig für die andern.
2. Lächeln Sie.
3. Vergessen Sie nie, daß für jeden Menschen sein Name das schönste und wichtigste Wort ist.
4. Seien Sie ein guter Zuhörer. Ermuntern Sie andere, von sich selbst zu sprechen.

5. Sprechen Sie von Dingen, die den andern interessieren.
6. Bestärken Sie den andern in aufrichtiger Weise in seinem Selbstbewußtsein.«

Carnegies Ratschläge sind mit zahlreichen Anekdoten von berühmten und weniger berühmten Leuten ausgeschmückt – von Typen wie George Dyke aus North Warren, Pennsylvania, der »nach dreißig Jahren gezwungen war, seine Tankstelle aufzugeben, als auf der anderen Seite eine neue Autobahn gebaut wurde«. Keineswegs davon entmutigt, wurde Dyke zu einem herumreisenden Geiger, der im ganzen Land gefragt war.

Man kann leicht über vieles, was in diesem Buch geschrieben steht, kritisch die Stirn runzeln oder zynische Bemerkungen machen. In einem Interview tat Peter Drucker das Selbsthilfe-Genre mit der Bemerkung ab, es beruhe auf der Hoffnung, daß »man eine Million verdienen kann und immer noch in den Himmel kommt«. Es gibt jedoch eine ungebrochene Nachfrage – und vermutlich ein unstillbares Bedürfnis – nach solchen Büchern. Man kann tatsächlich Nachklänge von Carnegie in vielen Büchern finden, die heute publiziert werden. Peters' und Watermans Verherrlichung der Kundenbeziehung verdankt manches dem Rat Carnegies über »das große Geheimnis, wie man mit Menschen umgeht«, und Bücher wie die von Mark McCormack sind oft nichts anderes als zeitgenössische Versionen der Binsenwahrheiten, die vor mehr als einem halben Jahrhundert von Carnegie verbreitet wurden.

Carnegies Botschaft behält dennoch ihre Bedeutung: Menschen sind wichtig, und in der Unternehmenswelt liegt der Schlüssel zum Erfolg darin, wie man mit Menschen umgeht und welche Beziehung man zu ihnen hat.

Alfred Chandler

9 Strategy and Structure

1962

Hamel über Chandler

»Diejenigen, die Chandlers These, die Struktur folge der Strategie, bestreiten, haben nicht begriffen, worum es geht. Natürlich sind Strategie und Struktur untrennbar miteinander verbunden. Chandler wollte sagen, daß neue Herausforderungen neue Strukturen entstehen lassen. Die Herausforderungen der Größe und Komplexität, verbunden mit Fortschritten in der Kommunikation und den Techniken der Managementkontrolle brachten die Divisionalisierung und Dezentralisierung hervor. Die gleichen Kräfte drängen uns nun, mehrere Generationen später, zu neuen strukturellen Lösungen – dem ›föderalen Unternehmen‹, dem Unternehmensverbund und dem virtuellen Unternehmen. Nur wenige Historiker können die Zukunft antizipieren, Chandler konnte es.«

Alfred Chandler (1918 geboren) ist Unternehmenshistoriker und Pulitzer-Preisträger. Nach Abschluß seines Studiums an der Harvard University diente er in der US-Marine und wurde dann 1950, eine eher ungewöhnliche Karriere, Historiker am MIT und später Professor für Geschichte an der Johns Hopkins University. Seit 1971 lehrte er Wirtschaftsgeschichte in Harvard. Seine äußerst detaillierten Studien zu US-Unternehmen im Zeitraum zwischen 1850 und 1920 bildeten die Grundlage für einen großen Teil seines Werks.

Alfred Chandlers *Strategy and Structure* ist ein Meisterstück der Theorie, das großen Einfluß auf Praktiker und Theoretiker hatte. Der Untertitel des Buches lautet: »Kapitel über die Geschichte des amerikanischen Industrieunternehmens«, aber sein Einfluß ging weit über den eines glänzend recherchierten historischen Textes hinaus.

Als Ergebnis seiner Studien zu größeren US-Unternehmen zwischen 1850 und 1920 vertritt Chandler den Standpunkt, daß die Struktur eines Unternehmens durch seine gewählte Strategie diktiert wird: »Wenn die Struktur nicht der Strategie folgt, ist Ineffizienz das Ergebnis.« Zuerst sollte ein Unternehmen eine Strategie festlegen und dann die Struktur aufzubauen suchen, die für die Umsetzung der Strategie geeignet ist. Chandler definiert Strategie als »die Festlegung der langfristigen Ziele eines Unternehmens, die Bestimmung der Maßnahmen und die Zuteilung der Ressourcen, die notwendig sind, diese Ziele zu erreichen.«

Chandler konstatiert, daß die organisatorischen Strukturen in Unternehmen wie DuPont, Sears Roebuck, General Motors und Standard Oil durch die wechselnden Zwänge und Erfordernisse des Marktgeschehens bestimmt wurden. Er verfolgt die vom Markt diktierte Ausweitung der Produktlinien bei DuPont und General Motors und zieht die Schlußfolgerung, daß diese Ausweitung zu einer Verlagerung von einer funktionalen, monolithischen Organisationsform zu einer lockeren Spartenstruktur führte. (Interessanterweise hat Chandlers Familie historische Verbindung zu DuPont – DuPont ist Chandlers zweiter Name. Damals kontrollierte DuPont auch General Motors.)

Bis vor kurzem wurde Chandlers These, daß die Struktur der Strategie folgt, weitgehend als Tatsache der Unternehmensrealität akzeptiert. Jetzt ist die Diskussion neu entfacht worden: »Ich kann Chandlers Argument zwar nachvollziehen, nur denke ich, daß er es völlig verkehrt hat«, sagt Tom Peters in *Jenseits der Hierarchien* in seiner typischen Direktheit. »Denn: Es ist gerade die Struktur einer Organisation, die mit der Zeit die Entscheidungen herbeiführt, welche Märkte angepeilt werden.«

In *Managen auf Messers Schneide* bemerkt Richard Pascale: »Dem liegt die Annahme zugrunde, Organisationen handelten vernünftig und in geordneter Reihenfolge. Die meisten leitenden Manager werden jedoch ohne weiteres zugeben, daß es oft genau andersherum funktioniert. Die Art, wie eine Firma organisiert ist, ob funktionell zentralisiert oder in selbständigen Abteilungen tätig, spielt oft eine wichtige Rolle bei der Gestaltung ihrer Strategie. Gerade das ist ja verantwortlich für die Neigung von Organisationen, nur das zu tun, was sie am besten können – selbst wenn dadurch der Erfolg im Lichte der konkurrierenden Realitäten nachläßt.«

Auch wenn diese Diskussion anhält, bleibt Chandlers Platz in der Managementliteratur unstrittig. Insbesondere beeinflußte er in hohem Maße den Trend zur Dezentralisation, der bei großen Unternehmen in den sechziger und siebziger Jahren zu beobachten war. Während 1950 etwa 20 Prozent der *Fortune*-500-Unternehmen dezentralisiert waren, war der Anteil 1970 auf 80 Prozent gestiegen. In *Strategy and Structure* lobt Chandler Alfred Sloans Dezentralisierung von General Motors in den zwanziger Jahren. Auch die Umwandlung von AT&T in den achtziger Jahren von einer produktionsorientierten Bürokratie zu einer Marketingorganisation ist auf Chandlers Einfluß zurückzuführen.

In *Strategy and Structure* stellt Chandler das Mehrbereichsunternehmen in einen historischen Kontext. Dessen Hauptvorteil besteht darin, daß »es die für das Schicksal des gesamten Unternehmens verantwortlichen Führungskräfte von den routinemäßigen operationalen Verantwortlichkeiten befreite und ihnen so die Zeit, die Informationen und sogar die psychologische Verpflichtung für langfristige Planung und Beurteilung der Ergebnisse gab«.

Das Buch trug auch zur »Professionalisierung des Managements« bei. Chandler verfolgt die historische Entwicklung dessen, was er »die Managementrevolution« nennt, die durch das Aufkommen der auf Erdöl beruhenden Energiegewinnung, die Entwicklung der Stahl-, Chemie- und Maschinenbauindustrie sowie eine massive Steigerung der Produktionsmenge und der Unternehmensgröße verursacht wurde. Die Unternehmenserweiterung führte laut Chandler zu Firmeneignern, die eine neue Gattung professioneller Manager rekrutieren mußten.

Chandler glaubt, daß den bezahlten Managern und Technikern eine wesentliche Bedeutung zukommt, und er redet von der »sichtbaren Hand« des Managements, die den Fluß der Produkte zu den Kunden effizienter koordiniert als die »unsichtbare Hand« des Marktes von Adam Smith (siehe Chandlers Buch von 1977 *The Visible Hand: The Managerial Revolution in American Business*). Die logische Weiterentwicklung dieses Gedankens ist, daß Unternehmen und deren Management eher eine Planwirtschaft erfordern als ein kapitalistisches Gerangel, das von den unvorhersehbaren Launen der Marktkräfte beherrscht wird. In den geruhsameren Zeiten, als *Strategy and Structure* geschrieben wurde, erwies sich der Köder der sichtbaren Hand als äußerst überzeugend.

W. Edwards Deming

10 Out of the Crisis

1982

Hamel über Deming

»Von all den Management-Gurus, die zwischen die Deckel dieses Buches gepreßt sind, gibt es nur einen, der von allen Verbrauchern in der Welt als Held betrachtet werden sollte – Dr. Deming. Er mag zwar das Qualitätsevangelium zuerst den Japanern nahegebracht haben, aber Gott sei Dank durchdrang seine Botschaft schließlich die blasierte Selbstzufriedenheit amerikanischer und europäischer Unternehmen. Ich saß einmal in einem Meeting, in dem ein besorgter amerikanischer Automanager von Dr. Deming wissen wollte: ›Wann werden wir unsere japanischen Konkurrenten einholen?‹ ›Hmm‹, antwortete Dr. Deming, ›meinen Sie, die bleiben stehen?‹ Kein Topmanager hat je eine von Dr. Demings ›Die-Fäulnis-beginnt-an-der-Spitze‹-Strafpredigten über sich ergehen lassen, ohne danach etwas demütiger und zerknirschter wieder an die Arbeit zu gehen – ein guter Anfang auf dem Weg zu totaler Qualität.«

W. Edwards Deming (1900-1993) nimmt unter den Managementtheoretikern einen einzigartigen Rang ein. Er hatte eine Wirkung auf die Industriegeschichte, von der andere nur träumen können. Ausgebildet als Elektroingenieur promovierte Deming in Yale in mathematischer Physik. Nach dem Zweiten Weltkrieg besuchte er auf Einladung von General MacArthur Japan und spielte eine Hauptrolle beim Wiederaufbau der japanischen Industrie. Seine Leistung wurde früh anerkannt. Er erhielt vom japanischen Staat die hohe Auszeichnung des »Second of the Order of the Sacred Treasure«, und der Verband der japanischen Wissenschaftler und Ingenieure stiftete 1951 den jährlichen Deming-Preis.

In den fünfziger Jahren führten Deming und der zweite amerikanische Fahnenträger der Qualität, Joseph Juran, in ganz Japan Seminare und Kurse durch. Zwischen 1950 und 1970 lehrte der japanische Verband der Wissenschaftler und Ingenieure 14 700 Ingenieure und Hunderte Angehörige anderer Disziplinen statistische Methoden.

Deming und das japanische Management wurden schließlich in den achtziger Jahren vom Westen »entdeckt«, und das auch nur, weil NBC einen Fernsehbericht über den Aufstieg Japans zur Industriemacht sendete (»Wenn Japan kann, warum können wir nicht?«). Plötzlich suchten westliche Manager nach jedem Fitzelchen Information, das sie finden konnten – im Oktober 1991 veröffentlichte *Business Week* ein Extraheft, das ausschließlich der Qualität gewidmet war; es war innerhalb von Tagen ausverkauft, und es gab zwei zusätzliche Auflagen von zigtausend Exemplaren.

Trotz seines hohen Alters reiste Deming durch die Welt und predigte sein Evangelium vor einem zunehmend dafür empfänglichen Publikum.

Out of the Crisis wurde kurz vor Demings Tod veröffentlicht und vermittelt nur eine relativ schwache Vorstellung von seinem Lebenswerk. In diesem Buch faßt er Qualität zu einer einfachen Botschaft zusammen: »Gewinn in Unternehmen kommt von Dauerkunden, von Kunden, die Ihr Produkt und Ihren Service rühmen, und von Kunden, die Freunde mitbringen«, schreibt er. Auch wenn solche betörenden bitteren Wahrheiten eine breitere Leserschaft anzogen, sind sie doch nur ein Schatten von Demings allumfassendem Konzept der Qualität. »Das Ziel dieses Buches ist die Umwandlung des amerikanischen Managementstils«, sagt Deming.

Für Deming war Qualitätssicherung mehr als statistische Kontrolle, obwohl diese wichtig war. »Seine Arbeit schließt die Lücke zwischen wissenschaftlich fundierter Anwendung und humanistischer Philosophie. Statistische Qualitätskontrolle ist so trocken wie sie klingt. Aber der Einsatz dieser Werkzeuge zur Verbesserung der Prozesse in einer Weise, die Fehler minimiert und das tödliche Trio aus Ausschuß, Nacharbeit und Rückruf beseitigt, hat Ergebnisse, die so spektakulär sind, daß sie fast unglaublich sind«, stellte der britische Managementkommentator Robert Heller fest (1994).

Das Qualitätsevangelium von *Out of the Crisis* dreht sich um eine Reihe grundlegender Prinzipien: Erstens, wenn beständige Qualität erreicht werden soll, muß das Topmanagement die Verantwortung dafür übernehmen. Zweitens erfordert die Umsetzung von Qualitätsstandards eine »Kaskade« der Schulung, die an der Spitze beginnt und sich dann durch die Hierarchie nach unten fortsetzt. Drittens ist der Einsatz statistischer Methoden der Qualitätskontrolle notwendig, so daß schließlich die Unternehmenspläne um klare Qualitätsziele erweitert werden können.

Wie Deming es in seinen berühmten »Vierzehn Punkten« formuliert, ist Qualität ein Lebensstil, der Sinn des Industrielebens und insbesondere der Sinn des Managements – »Management für Qualität« lautete Demings ständiger Refrain. *Out of the Crisis* präsentiert eine kurze und treffende Version von Demings Vierzehn Punkten:

1. Orientiere dich konsequent am Ziel der Verbesserung von Produkten und Dienstleistungen.

2. Übernimm die neue Philosophie.
3. Beende die Abhängigkeit von Kontrollen zum Erreichen der Qualität.
4. Beende die Praxis der Auftragsvergabe allein aufgrund des Preises. Minimiere statt dessen die Gesamtkosten durch die Zusammenarbeit mit einem einzigen Zulieferer.
5. Verbessere permanent und auf Dauer jeden Planungs-, Produktions- und Dienstleistungsprozeß.
6. Führe Training-on-the-Job ein.
7. Übernimm und setz Führung ein.
8. Vertreibe Angst.
9. Beseitige Barrieren zwischen verschiedenen Abteilungen und Personalebenen.
10. Eliminiere Slogans, Ermahnungen und Ziele für die Belegschaft.
11. Beseitige Quoten für die Mitarbeiter und an Zahlen orientierte Ziele für das Management.
12. Beseitige Hindernisse, die den Mitarbeitern ihren Stolz auf ihre Arbeit nehmen. Schaff das System der jährlichen Beurteilung oder Belohnung ab.
13. Führe ein gründliches Ausbildungs- und Selbstverbesserungsprogramm für jeden ein.
14. Beteilige jeden im Unternehmen an der Umsetzung der neuen Philosophie und der Umwandlung des Unternehmens.

Die Einfachheit der Vierzehn Punkte verschleiert die Schwierigkeit ihrer Umsetzung und täuscht darüber hinweg, welche Herausforderung, insbesondere für das Management, damit verbunden ist. Qualität zu gewährleisten ist in Demings Augen nicht die Aufgabe einiger weniger, sondern liegt in der Verantwortung aller. Insofern nahm er die Mode vorweg, dem einzelnen Mitarbeiter mehr Verantwortung zu übertragen (Empowerment). »Überall in der Welt denkt man, der Fabrikarbeiter verursache die Probleme. Er ist nicht Ihr Problem«, bemerkte Deming 1983 in einem Vortrag an der Utah State University. »Seitdem es so etwas wie Industrie gibt, weiß der Fabrikarbeiter, daß hohe Qualität seinen Arbeitsplatz sichert. Er weiß, daß schlechte Qualität in den Händen des Kunden Marktverlust bedeutet und ihn seinen

Job kostet. Er weiß es und lebt jeden Tag in dieser Furcht. Und dennoch kann er keine gute Arbeit leisten. Es ist ihm nicht möglich, weil das Management Zahlen und mehr Produkte haben will und sich nicht um Qualität kümmert.«

Für Deming liegt das Problem zu neunzig Prozent beim Management, ein Problem, das zum Teil durch die westliche Begeisterung für jährliche Leistungsbeurteilungen verursacht wird – Deming weist darauf hin, daß japanische Manager an jedem Tag ihres Arbeitslebens Feedback erhalten. »Die Grundursache für die Krankheit in der amerikanischen Industrie und die daraus resultierende Arbeitslosigkeit liegt im Versagen des Topmanagements zu managen. Wer nicht verkauft, kann nicht kaufen.«

Die japanische Kultur war aus verschiedenen Gründen für Demings Botschaft in einzigartiger Weise empfänglich. Ihre Betonung auf Gruppen- statt individueller Leistung ermöglicht es den Japanern, Ideen und Verantwortung zu teilen, und fördert die gemeinsame Teilhabe an beidem auf eine Weise, die für den Westen häufig schwierig nachzuvollziehen ist, ganz davon zu schweigen, sie zu verstehen.

Demings Predigereifer hat für die enge Auslegung seines Werks eine Rolle gespielt. Manager fühlen sich unbehaglich bei seinen Ermahnungen und umfassenden philosophischen Zielen. Aber trotzdem ist in Demings Ideen viel von dem enthalten, was Manager heute beschäftigt. Zum Beispiel nahm Deming 1950 mit seinem »Ruf zu den Waffen« Reengineering vorweg: »Stellen Sie [das Produkt] nicht nur her und versuchen es zu verkaufen, sondern konstruieren Sie es neu, und bringen Sie dann erneut den Prozeß unter Kontrolle … mit immer steigender Qualität … Der Kunde ist der wichtigste Teil der Fertigungslinie.«

Über die Langlebigkeit von Demings besonderer Interpretation der Qualität kann man diskutieren. Die Popularität der Qualität als eine »gute Sache« hat das Ausmaß der Veränderungen im Denken und Handeln, die Deming darlegte, verringert. Inmitten kurzlebiger Initiativen und unansehnlicher Akronyme können Manager und ihre Unternehmen den Eindruck erwecken, als hätten sie Demings Theorien voll übernommen. In der Praxis ist das jedoch gewöhnlich nicht der Fall.

Aber trotzdem kann man den enormen Einfluß, den Demings Denken gehabt hat – in Japan und jetzt auch im Westen –, nicht in Zweifel ziehen. Das plötzlich aufkommende Interesse an Qualität in den achtziger Jahren wurde in erster Linie durch Deming angeregt. »Deming hat ›Qualität‹ nicht erfunden ..., aber seine Predigten hatten aufgrund seiner ersten Kanzel und Gemeinde – Japan und japanische Manager – eine außergewöhnlich starke Wirkung. Hätten seine amerikanischen Kollegen mit der gleichen intensiven Zuwendung zu seinen Ideen reagiert, dann hätte die Industriegeschichte der Nachkriegszeit sehr viel anders ausgesehen«, kommentierte Robert Heller (1994) nach Demings Tod.

Peter F. Drucker

11 Die Praxis des Management

The Practice of Management
1954

Hamel über Drucker

»Kein anderer Autor hat zur ›Professionalisierung‹ des Managements so viel beigetragen wie Peter Drucker. Sein Engagement für Managementdisziplin entstand aus seinem Glauben, daß die Industrieunternehmen zu den wichtigsten sozialen Organisationen werden würden und es auch blieben – einflußreicher, umfassender und oft aufdringlicher als Kirche oder Staat. Professor Drukker verbindet das Theoretische und das Praktische, das Analytische und Emotionale, das Private und das Soziale perfekter als jeder andere Managementautor.«

In Südkorea gibt es einen Geschäftsmann, der seinen Namen in Drucker geändert hat, in der Erwartung, daß einige der brillanten Einsichten dieses 1909 in Wien geborenen Denkers auf ihn übergehen werden. Solcher Art ist der Einfluß von *Peter Ferdinand Drucker*, des größten Management- und Businessdenkers des Jahrhunderts. »Auf einem Gebiet, auf dem sich zahllose Egofanatiker und Schlangenölverkäufer tummeln, bleibt er ein echt origineller Denker«, bemerkt *The Economist.*[1] Auch in seinen Achtzigern noch äußerst produktiv, ist Druckers Werk allumfassend.

Nachdem er nach seiner Promotion in Frankfurt (1931) von 1933 bis 1936 bei einer Bank und als Journalist in London gearbeitet hatte, ging Drucker 1937 nach Amerika und brachte 1946 *Das Großunternehmen* heraus (die deutsche Ausgabe erschien 1966 nach der amerikanischen Neuausgabe von 1964). Diese bahnbrechende Arbeit befaßte sich mit den komplizierten inneren Strukturen von General Motors und enthüllte, daß der Autogigant eher ein labyrinthisches soziales System war als eine Wirtschaftsmaschine.

Seitdem publizierte er in regelmäßigen Abständen weitere Bücher. Im Laufe der Zeit prägte er Begriffe wie »Reprivatisierung« und »Wissensarbeiter« (knowledge worker) und propagierte Konzepte wie »Management by Objectives«. Viele seiner Innovationen sind inzwischen von Managern anerkannte Tatsachen. Er hat den Erfolg großer Unternehmen prognostiziert und ihr Ende vorhergesagt (»Die *Fortune*-500 sind Schnee von gestern«, ist einer seiner jüngsten Aphorismen – in *Fortune* vom 20. April 1992.)

»In den meisten Bereichen des intellektuellen Lebens ist man sich nicht ganz einig, wer das Sagen hat. In der Managementtheorie jedoch gibt es keine Diskussion: Peter Drucker hat in allen Aspekten des Gebietes bahnbrechende Arbeit geleistet«, schreibt *The Economist.*[2]

Den akademischen Glanz von Universitäten wie Harvard scheuend war Drucker seit 1971 Professor an der Claremont Graduate School in Kalifornien. Er hält auch Vorträge über orientalische Kunst und hat eine Passion für Jane Austen, obwohl seine zwei Romane nicht so erfolgreich waren wie seine Managementbücher.

Die Praxis des Management ist ein Buch, das viele Bereiche behandelt. Enzyklopädisch in seinem Umfang und uneingeschränkt in seinen historischen Perspektiven ist es für den seinen Beruf mit Hingabe ausübenden Manager sowohl entmutigend als auch inspirierend. »Das Management wird als grundlegende und beherrschende Einrichtung bestehen bleiben, vielleicht solange die westliche Lebensart überhaupt bestehen bleibt«, sagt Peter Drucker. Sein Ton zeugt von einem kühnen und ansteckenden Selbstvertrauen. Das Buch, sagt er im Vorwort, »ist entstanden auf Grund langjähriger Erfahrung in der Arbeit mit Angehörigen des Managements ...«. Zu der Zeit war Drucker Anfang Vierzig.

Das Buch ist nicht nur wegen seiner Ideen, seiner Instrumente und Methoden des Managements wichtig, sondern auch wegen der zentralen Rolle, die es dem Management im zwanzigsten Jahrhundert zuschreibt. Drucker stellt das Management und die Manager in den Mittelpunkt der ökonomischen Aktivität: »Die industriellen Führungskräfte, die wir unter dem Begriff des Management zusammenfassen, stellen innerhalb der Industriegesellschaft eine eigene und zwar führende Gruppe dar ... Kaum jemals hat eine grundlegend neue Einrichtung, eine neue Führungsgruppe sich so rasch entwickelt wie das Management seit der Jahrhundertwende. Selten hat sich in der Menschheitsgeschichte eine neue Einrichtung so rasch als unentbehrlich erwiesen ...«

Das Buch ist kühn und unverblümt, wie auch bemerkenswert wegen seiner Klarheit. Drucker stellt für die Kunst des Managements zahlreiche Parameter auf, mäßigt sie aber durch seine meisterhafte Fähigkeit, immer wieder zu den Grundfragen und Grundlagen zurückzukehren. Das Management mag die Welt verändern, aber sein Wesen bleibt das gleiche. In einem der am häufigsten zitierten und denkwürdigsten Abschnitte der Managementliteratur dringt Drucker zur wahren Bedeutung von Unternehmen vor: »Es gibt aber nur eine einzige richtige Definition des Unternehmenszweckes, nämlich die Schaffung von Absatzmärkten. Märkte sind nicht von Gott gegeben, nicht von der Natur und auch nicht von irgendwelchen wirtschaftlichen Kräften geschaffen, sondern es ist der Unternehmer, der sie schafft. Es kann sein, daß der Kunde den Bedarf, den der Unternehmer deckt, bereits empfunden hat, bevor ihm die Möglichkeit geboten wurde, ihn zu befriedigen. Er mag sogar wie das Verlangen nach Nahrung während einer Hungersnot das Leben des Verbrauchers bestimmt und all seine wachen Stunden beherrscht haben. Aber es war vorher ein rein theoretischer Bedarf; erst wenn er durch unternehmerisches Handeln zur wirksam in Erscheinung tretenden Nachfrage wird, wird er zum Kunden, zum Markt.«

Drucker ist der Meinung, die einzigen zwei wesentlichen Funktionen des Unternehmens – da seine Rolle darin besteht, Kunden zu erzeugen – seien Marketing und Innovation. 1954 schrieb er: »Marketing ist keine Funktion, es ist vom Standpunkt des Kunden aus gesehen das gesamte Unternehmen.« Da die Märkte reifer geworden sind und der Wettbewerb sich verschärft hat, vor allem in den neunziger Jahren, ist dieses vierzig Jahre alte Konzept in zunehmendem Maße akzeptiert worden. (In seinem berühmten Artikel von 1960 »Marketing Myopia« erkennt Ted Levitt an, wie viel Druckers Hinweis auf die entscheidende Rolle des Marketings zu verdanken ist.)

Drucker liefert auch eine bezwingend einfache Einsicht in das Wesen und den Daseinsgrund der Organisation: »Organisation ist ja kein Selbstzweck, sondern nur ein Mittel zur Erzielung von Leistungen und zum Erfolg. Sie ist ein unentbehrliches Mittel; und eine falsche Art der Organisation wird die Unternehmensleistung schwer beeinträchtigen, ja kann sie sogar zerstören ... Die erste Frage muß daher lauten: Welches ist unsere Aufgabe und welche sollte sie sein? Der Aufbau der Organisation muß so gestaltet werden, daß er das Erreichen der Unternehmensziele für die nächsten fünf, zehn, fünfzehn Jahre möglich macht.«

In *Die Praxis des Management* und dem ebenfalls umfangreichen Buch *Neue Management-Praxis* (1974) nennt Drucker fünf Grundtätigkeiten des Managers: Ziele vorgeben, organisieren, motivieren und informieren, Mitarbeiter beurteilen und sie fördern. »Diejenige Funktion, die den Manager vor allen anderen auszeichnet, ist seine erzieherische Tätigkeit«, schreibt er. »Die einzige Leistung, die von keinem anderen außer ihm erwartet wird, ist, daß er andere zu Vision und Leistung befähigt. Letzten Endes ist es die geistige Schau und moralische Verantwortung, die den Manager ausmachen.« Diese Moralität ist laut

Drucker in fünferlei Hinsicht notwendig, »um den rechten Geist innerhalb der gesamten Organisation des Managements zu sichern:

1. Die Leistungsanforderungen müssen hoch sein; keine Nachsicht gegenüber schlechten und mittelmäßigen Leistungen; Bezahlung auf Grund der Leistung.
2. Jede Stellung innerhalb des Managements muß ihren Wert in sich selbst haben und darf nicht nur als eine Stufe auf der Beförderungsleiter angesehen werden.
3. Es muß eine vernünftige und gerechte Aufstiegsordnung bestehen.
4. Für das Management muß ein ›Grundgesetz‹, eine ›Charter‹ vorhanden sein, in dem deutlich gesagt ist, in wessen Hand die Entscheidungen über ›Leben und Tod‹ des einzelnen Managers liegen; außerdem muß der Manager die Möglichkeit haben, sich an eine höhere Berufungsinstanz zu wenden.
5. Bei Anstellungen und Ernennungen muß klar und deutlich in Erscheinung treten, daß charakterliche Zuverlässigkeit die einzige unabdingbare Eigenschaft ist, die der Manager bereits mitbringen muß und nicht erst später erwerben kann.«

Die Idee aus *Die Praxis des Management*, die man damals aufgriff, war »Management by Objectives (MbO)«: »Die Grundlage für die Tätigkeit eines Managers muß eine Aufgabe sein, die erfüllt werden muß, um die Ziele des Unternehmens zu erreichen ... Und schließlich muß die Lenkung und Kontrolle des Managers anhand von Leistungsmaßstäben und weniger durch seinen Chef erfolgen«, schreibt Drucker.

Da ihm die populistische Neigung zu flotten Abkürzungen fehlte, bezieht er sich immer auf »Management by Objectives und Selbstkontrolle«. Die Inspiration für die Idee des MbO kam von Harold Smiddy von General Electric, den Drucker gut kannte. Er gibt auch Alfred Sloan, Pierre DuPont und Donaldson Brown von DuPont als Anwender des MbO an.

Als MbO populär wurde, wurden die Interpretationen enger als die von Drucker vorgeschlagene: »Die Leistung, die von ihm [dem Manager] erwartet wird, wird bestimmt von den Leistungszielen des Unternehmens; seine Leistungen müssen beurteilt werden nach dem, was sie zum Erfolg des Gesamtunternehmens beitragen. Der Manager muß sich darüber im klaren sein, welche Leistungen auf Grund der Zielsetzungen des Unternehmens von ihm erwartet werden, und sein Vorgesetzter muß wissen, welchen Beitrag er von ihm fordern und erwarten kann, und ihn danach beurteilen.«

In der Praxis wurde das persönliche Element in Druckers Interpretation von MbO dem Unternehmen untergeordnet. Anstatt ein umfassendes Instrument zum Verständnis, zur Motivation und Befriedigung zu sein, wurde MbO zu einer simplen Methode, ein Unternehmensziel zu setzen und dessen Erreichen anzustreben.

Mit seinen Untersuchungen von General Motors, Ford und anderen Firmen ist Druckers angesprochene Leserschaft und seine Perspektive in *Die Praxis des Management* eindeutig die des Großunternehmens. Die Welt hat sich inzwischen weiterentwickelt. In *Jenseits der Hierarchien* (1993) beschreibt Tom Peters das Buch als »eine einzige Kampfansage an die Intuition und eine Lobeshymne auf hyperrationale Methoden zur Verdingung zahlloser Menschen in großen Institutionen«. Auch wenn diese Charakterisierung weitgehend zutrifft, steht *Die Praxis des Management* übermäßig hierarchisierten Unternehmen kritisch gegenüber – Drucker empfiehlt sieben Hierarchieebenen als Maximum für jede Organisation.

Drucker identifiziert auch »sieben neue Aufgaben« für den Manager der Zukunft. Wenn man bedenkt, daß sie vor mehr als vierzig Jahren niedergeschrieben wurden, ist seine Hellsichtigkeit erstaunlich. Nach Drucker müssen die Manager von morgen:

1. das Unternehmen durch Zielsetzung leiten;
2. größere Risiken und für längere Zeiträume übernehmen;
3. strategische Entscheidungen treffen können;
4. in der Lage sein, ein integriertes Team aufzubauen, dessen Mitglieder fähig sind, selbständig zu arbeiten und ihre eigene Leistung und Ergebnisse an den gemeinsamen Zielen zu messen;
5. Informationen schnell und klar verständlich weitergeben können;
6. in der Lage sein, das Unternehmen als Ganzes zu sehen und ihre eigene Funktion in dieses zu integrieren (traditionellerweise wurde von einem Manager erwartet, mit einer oder mehreren Funktionen vertraut zu sein, aber das wird in Zukunft nicht mehr ausreichen);

7. über breites Wissen verfügen – bisher wurde von einem Manager erwartet, einige Produkte, eine Branche zu kennen, auch das wird künftig nicht mehr genügen.

Drucker überprüfte 1973 einige seiner Schlußfolgerungen in *Neue Management-Praxis*, eine ebenfalls beeindruckende Untersuchung der Rolle und Natur des Managements. *Die Praxis des Management* ist jedoch insofern vollständiger, als das Buch die Grundlage für viele Entwicklungen in der Managementtheorie der sechziger Jahre bildete.

Peter F. Drucker

12 Die Zukunft bewältigen. Aufgaben und Chancen im Zeitalter der Ungewißheit

The Age of Discontinuity
1969

Hamel über Drucker

»Peter Drucker hat den Ruf eines Managementtheoretikers. Er war aber auch ein Managementprophet. Bereits 1969 hat er eindeutig das Aufkommen der ›Wissenswirtschaft‹ vorhergesehen. Ich würde gerne Möchtegern-Managementgurus herausfordern: etwas zu finden zu versuchen, das Peter Drucker nicht als erster gesagt und gut gesagt hat. Diese hohe Hürde dürfte die Anzahl der Managementbücher, die die Regale der Buchhandlungen verstopfen, beträchtlich reduzieren, und Managern die Hoffnung geben, wirklich neue Einsichten zu erhalten.«

Die Zukunft bewältigen liefert weitreichende Einsichten in die Unternehmenswelt, die jetzt in den neunziger Jahren weitgehend Wirklichkeit geworden ist. Das Buch ist aber fast dreißig Jahre alt. »Die Unternehmer werden lernen müssen, innovative Organisationen aufzubauen und zu führen«, schrieb Drucker und nahm damit einen heute geläufigen Ausspruch zahlreicher Theoretiker vorweg.

In den Jahren seit seiner Veröffentlichung hat sich der Ruf des Buches ständig ausgebreitet. Es ist jetzt allgemein als Klassiker anerkannt. »Ich erinnere mich daran, als ich 1970 *Die Zukunft bewältigen* las«, sagt Philip Sadler, der frühere Leiter des Ashridge Management College in Großbritannien. »Die Klarheit der historischen Analyse der Periode zwischen 1900 und 1965 setzt alles in Zusammenhang. Diese Einsicht in die Vergangenheit ist mit erstaunlich präzisen Vorhersagen der Zukunft verbunden.«[1] In *Managen auf Messers Schneide*, 1991 auf Deutsch veröffentlicht, bestätigt Richard Pascale die Richtigkeit von Druckers Aussagen und kommentiert: »Peter Druckers Buch *Die Zukunft bewältigen* beschreibt die Wirtschaftsära, in der wir jetzt leben.«

Von Druckers Ideen hat besonders eine heute große Anerkennung und Akzeptanz gefunden: die des »Wissensarbeiters«, des gut ausgebildeten, intelligenten Managerprofis, der seinen eigenen Wert und Beitrag zum Unternehmen kennt. (Wie leicht zu erkennen ist, geht diese Idee auf Druckers Beschreibung des MbO in *Die Praxis des Management* zurück, wo der Wert, die Motivation und die Bestrebungen der Führungskraft für den Unternehmenserfolg wesentlich sind.)

»Aber der Kopfarbeiter [gemeint ist der ›knowledge worker‹] betrachtet sich selbst als ›geistig Schaffenden‹, genauso wie ein Jurist, Lehrer, Prediger, Arzt oder der Staatsbeamte von gestern«, schreibt Drucker. »Er hat dieselbe Bildung. Er hat mehr Einkommen. Er hat wahrscheinlich auch größere Chancen. Es ist ihm wohl auch klar, daß sein Zugang zu Einkommen und Möglichkeiten von der Organisation abhängt und daß es ohne die Investitionen, welche die Organisation gemacht hat – und zwar hohe –, keine Arbeit für ihn gäbe. Aber er erkennt auch, und zwar mit Recht, daß die Organisation genauso von ihm abhängt.«

Typischerweise weist Drucker auf die sozialen Konsequenzen dieser neuen Generation von Führungskräften hin. Wenn Wissen statt Arbeit der neue Maßstab der Wirtschaftsgesellschaft ist, dann muß sich die Struktur der kapitalistischen Gesellschaft ändern: »Der Kopfarbeiter ist sowohl echter ›Kapitalist‹ in der Bildungsgesellschaft, als auch von seinem Arbeitsplatz abhängig. Kollektiv besitzen die Kopfarbeiter, die arbeitende gebildete Mittelklasse der Gesellschaft von heute, durch Pensionsfonds, Investmenttrusts und so weiter die Produktionsmittel ...« »Wissen wird, mit anderen Worten, immer mehr als die entscheidende Größe für Reichtum und Macht betrachtet.«

Drucker hat seitdem sein Denken über die Rolle des Wissens weiterentwickelt – vor allem in seinem Buch von 1992 *Die Zukunft managen*, in dem er bemerkt: »Der Schlüssel zur Zukunft liegt im Wissen. Die Welt von heute ist nicht mehr arbeitsintensiv, sie ist nicht mehr werkstoffintensiv oder energieintensiv, sondern wissensintensiv.«

Die Zukunft bewältigen ist auch wegen Druckers Kritik an den Business Schools bemerkenswert – ein weiteres Thema, das er seitdem weiterverfolgt hat: »Die Handelsschulen [gemeint sind die Business Schools] in den Vereinigten Staaten, die vor kaum hundert Jahren gegründet wurden, haben gutgeschulte Angestellte und nicht Unternehmer ausgebildet«, schreibt er. Noch wichtiger ist: Drucker führt die Idee der Privatisierung ein – auch wenn er sie »Reprivatisierung« nennt. Sie wurde in den achtziger Jahren von Politikern energisch aufgegriffen, obwohl deren Interpretation des Begriffs weit über das hinausgeht, was Drucker sich vorgestellt hatte.

Druckers Diskussion über »Reprivatisierung« hat dazu geführt, daß die Aufmerksamkeit von den zahlreichen anderen weitsichtigen Konzepten abgelenkt wurde, die er untersucht und präzise vorhergesagt hat. Diskontinuität – in Form der Ölkrise – stand kurz bevor, und ihre vollen Auswirkungen werden erst jetzt erforscht und allmählich bewertet.

Henri Fayol

13 Administration Industrielle et Générale

1916

Hamel über Fayol

»Auch wenn die moderne Managementtheorie viele Väter – und einige Mütter – gehabt hat, war Henri Fayol der erste, der ein Konzept der Arbeit des Managers des zwanzigsten Jahrhunderts entwickelt und dargelegt hat. Seine Sicht des Managers als Integrator funktionaler Tätigkeiten erfaßte das Wesen des allgemeinen Managements. Obwohl die moderne Technologie, die die Kommunikation in ungeahntem Maße verbessert und die organisatorische ›Distanz‹ verringert hat, bedeutet, daß große Unternehmen mit weniger Managern als zu Fayols Zeit auskommen könnten, haben sich seine allgemeinen Prinzipien des Managements als überraschend zeitlos erwiesen. Fayol war Europas erster Management-Guru – schade, daß Europa in den letzten fünfundsiebzig Jahren nicht mehr Theoretiker von seinem Format hervorgebracht hat.«

Henri Fayol (1841-1925) wurde in Lyon und an der Bergakademie in St. Etienne ausgebildet. 1860 machte er das Examen als Bergbauingenieur und ging zu dem französischen Bergbauunternehmen Commentry-Fourchamboult-Décazeville. Dort verbrachte er sein gesamtes Arbeitsleben und war von 1888 bis 1918 Geschäftsführer des Unternehmens. In dieser Zeit entwickelte er das »funktionale Prinzip«, den ersten rationalen Ansatz zur Organisation von Unternehmen. Seine Studien führten zu Vorlesungen an der Ecole Supérieure de la Guerre und einer Untersuchung des Öffentlichen Dienstes.

Die Ursprünge von *Administration Industrielle et Générale* können bis 1900 zurückverfolgt werden, als Fayol auf einer Bergbaukonferenz eine Rede hielt. Als er eine erweiterte Version seiner Ideen 1908 auf einer Konferenz vortrug, wurden sofort 2000 Kopien angefertigt, um die Nachfrage zu befriedigen. Bis 1925 wurden 15000 Exemplare gedruckt und ein Buch veröffentlicht.

Igor Ansoff meinte, Fayol habe »phantasiereich und zuverlässig die Mehrzahl der jüngsten Analysen der heutigen Unternehmenspraxis vorweggenommen«.[1]

Während auf der anderen Seite des Atlantiks Frederick Taylor die Arbeitsweise der Stahlarbeiter untersuchte, schuf in Frankreich Henri Fayol ein Managementsystem, dargestellt in *Administration Industrielle et Générale*. Fayol stellte das Management auf eine Weise in den Mittelpunkt des Unternehmens, die sich Taylor nie vorgestellt hatte. »Das Management spielt eine sehr wichtige Rolle bei der Leitung von Unternehmen – von allen Unternehmen, seien sie groß oder klein, industriell, politisch, religiös oder sonst irgend etwas«, schreibt Fayol.

Fayols System beruht auf der Annahme unterschiedlicher Funktionen und dem Festhalten an ihnen (und es hatte später Einfluß auf Alfred P. Sloan von General Motors). »Alle Tätigkeiten, zu denen industrielle Unternehmungen Anlaß geben, können in sechs Gruppen eingeteilt werden.« Die sechs Funktionen sind folgende:

- technische Tätigkeiten
- kommerzielle Tätigkeiten
- finanzielle Tätigkeiten
- Sicherheitsmaßnahmen
- Buchhaltungstätigkeiten
- Managementtätigkeiten

»Die Managementfunktion ist sehr verschieden von den anderen fünf wichtigen Funktionen«, stellt Fayol fest. »Managen heißt vorhersehen und planen, organisieren, anweisen, koordinieren und kontrollieren.« Diese kurze Zusammenfassung dessen, was Management ausmacht, hat im zwanzigsten Jahrhundert weitgehend ihre Gültigkeit behalten. Erst jetzt wird sie ernsthaft in Frage gestellt.

Aufgrund seiner Beobachtungen stellte Fayol auch allgemeine Grundsätze des Managements auf:

- Arbeitsteilung
- Autorität und Verantwortung
- Disziplin
- Einheit des Befehls
- Einheit der Leitung
- Unterordnung der Einzelinteressen unter das Gesamtinteresse
- Entlohnung des Personals

- Zentralisation
- Autoritätskette
- Ordnung
- Fairneß
- Personelle Kontinuität
- Initiative
- Corpsgeist

Fayols Methoden wurden später von Drucker kritisiert, der feststellte: »Wenn die funktionale Struktur über die Grenzen von Fayols Modell hinaus eingesetzt wird, wird sie hinsichtlich Zeit und Aufwand teuer.«[2] Auch wenn dies zweifellos zutrifft, behalten Fayols Beobachtungen und Schlußfolgerungen ihre Bedeutung. Er spricht von »zehn jährlichen Prognosen, die alle fünf Jahre überarbeitet werden« – eines der ersten Beispiele für Unternehmensplanung in der Praxis – und schreibt: »Die Maxime ›managen heißt nach vorne schauen‹ gibt eine Vorstellung von der Bedeutung, die der Planung in der Unternehmenswelt beigemessen wird, und es trifft zu, daß Voraussicht, wenn sie auch nicht das gesamte Management ausmacht, zumindest ein wesentlicher Teil davon ist.«

In *The Principles and Practice of Management*, einer der ersten umfassenden Untersuchungen zu Beginn der Managementtheorie, schreibt der Herausgeber E. F. L. Brech (1953): »Die Bedeutung von Fayols Beitrag liegt in zwei Besonderheiten: Die erste war seine systematische Analyse des Managementprozesses, die zweite sein Eintreten für den Grundsatz, daß Management gelehrt werden kann und sollte. Beides waren 1908 revolutionäre Gedanken und 1925 immer noch wenig akzeptiert.«

Fayols Betonung des Managements war äußerst wichtig. Während Frederick Taylor Manager für wenig mehr als Aufseher mit begrenzter Verantwortung hielt, sah Fayol ihre Rolle als für den Unternehmenserfolg entscheidend an. In seinem Glauben an sorgfältig definierte Funktionen systematisierte Fayol die Unternehmensorganisation auf eine Weise, die zu seiner Zeit funktionierte, sich aber langfristig als zu begrenzt und einschränkend erwies.

Mary Parker Follett

14 Dynamic Administration

1941

Hamel über Follett

»Die Arbeit von Mary Parker Follett ist auf erfrischende Weise anders als die ihrer Kollegen. Sie war die erste moderne Theoretikerin, die uns die menschliche Seele des Managements nahegebracht hat. Sie besaß das Herz eines Humanisten, nicht eines Ingenieurs. Man ist versucht, sich zu fragen, wie anders unser Verständnis des Managements möglicherweise wäre, wenn Frauen wie Mary Parker Follett eine größere Rolle in der Entwicklung der modernen Managementtheorie gespielt hätten.«

Mary Parker Follett (1868-1933), in Quincy, Massachusetts, geboren, besuchte die Thayer Academy und die Society for the Collegiate Instruction of Women in Cambridge (jetzt Teil von Harvard). Sie verbrachte einige Zeit an der Cambridge University, England, und in Paris. Ihr erstes veröffentlichtes Werk war *The Speaker of the House of Representatives* (1896), das sie als Studentin verfaßte.

Auch wenn sie sich in ihrem Arbeitsleben weitgehend sozialen Tätigkeiten widmete, erschienen ihre Bücher in regelmäßiger Folge: *The New State: Group Organization – The Solution of Popular Government* (1918), eine einflußreiche Beschreibung von Folletts Konzept einer dynamischen Demokratie, und *Creative Experience* (1924), ihr erstes unternehmensorientiertes Buch. In ihren späteren Jahren war sie als Rednerin sehr gefragt. Nach dem Tode ihrer langjährigen Partnerin Isobel Briggs im Jahre 1926 zog sie nach London.

Folletts Werk blieb im Westen weitgehend unbeachtet, aber in Japan wurde sie hochgeschätzt; dort gibt es eine Follett Society. Ihre Arbeit ist jetzt durch die britische Wissenschaftlerin Pauline Graham einer breiteren Leserschaft bekannt gemacht worden – sie gab 1994 *Mary Parker Follett: Prophet of Management* heraus, ein Kompendium von Folletts Schriften mit Kommentaren zahlreicher zeitgenössischer Autoren wie Kanter, Drucker und Mintzberg.

Mary Parker Folletts Werk bildet einen humanistischen Gegenpol zu Frederick Taylors Werk und dem der Vertreter des Wissenschaftlichen Managements. Follett war eine liberale Humanistin in einer Zeit, die von reaktionären Männern beherrscht war, die die Unternehmenswelt mechanisieren wollten. »Wir sollten daran denken, daß wir die menschliche Seite nie völlig von der mechanischen trennen können«, warnt sie in *Dynamic Administration*. »Das Studium der menschlichen Beziehungen in Unternehmen und die Untersuchung der Betriebsverfahren sind miteinander verbunden.«

Zu ihren Lebzeiten wurden ihre Gedanken zum Thema Management im allgemeinen ignoriert – obwohl in Japan großes Interesse an ihrer Sichtweise bestand. In ihrem Eintreten für die menschlichen Beziehungen war sie ihrer Zeit voraus, was E.F.L. Brech in seinem bereits erwähnten Buch *The Principles and Practice of Management* (1953) anerkannte: »Mary Follett war im allgemeinen weniger an der Managementpraxis interessiert als daran, in welchem Maß die täglichen Ereignisse und Probleme die Anwesenheit oder Abwesenheit vernünftiger Grundsätze reflektieren. Ihr hauptsächliches Anliegen war, Grundregeln in einfacher Sprache zu lehren, reich illustriert mit Tagesereignissen – nicht die Mechanik des Managements, sondern seinen besonderen menschlichen Charakter, seine Natur als sozialer Prozeß, tief eingebettet in die Gefühle der Menschen und in die Beziehungen, die notwendigerweise im Arbeitsalltag der Industrie entstehen – auf Managerebene, auf Arbeiterebene und natürlich zwischen diesen beiden«, schreibt Brech. »Wenn man bedenkt, daß sie vom Amerika zu Beginn der zwanziger Jahre sprach, kann ihr Denken nur als revolutionär und als sicher eine Generation ihrer Zeit voraus bezeichnet werden. Es gibt keinen Beweis, daß Mary Follett Kontakt zu den Personen hatte, die die ›Hawthorne Investigations‹ förderten oder durchführten, aber deren Ergebnisse, die in den dreißiger Jahren in vollem Umfang erschienen, waren ein verblüffendes Zeugnis der Fundiertheit ihrer Lehre.«

Dynamic Administration, acht Jahre nach ihrem Tod veröffentlicht, ist eine Sammlung von Folletts Schriften über Management, zusammengestellt aus zwölf Vorträgen, die sie zwischen 1925 und 1933 gehalten hat. Darin sind zahlreiche unverblümte und äußerst modern klingende Kommentare enthalten: »Ich meine, wir sollten unser Denken hinsichtlich aller auftauchenden Probleme nicht in Abteilungen aufgliedern. Ich glaube nicht, daß wir psychologische, ethische und ökonomische Probleme haben. Wir haben menschliche Probleme mit psychologischen, ethischen und ökonomischen und so vielen anderen Aspekten, wie man will.«

Follett tritt dafür ein, den Menschen größere Verantwortung zu übertragen – und dies zu einer Zeit, als die mechanische Macht der Massenproduktion auf ihrem Höhepunkt war. »Verantwortung ist die Basis für die Weiterentwicklung der Menschen«, schreibt sie. Es gibt auch einen modernen Anklang bei Folletts Definition von Führung: »Der erfolgreichste Führer ist derjenige, der ein Bild sieht, das noch nicht Wirklichkeit geworden ist.« Follett meint, ein Führer sei jemand, der eher das Ganze sieht als die Einzelheiten, der die Gruppe Erfahrungen machen läßt, der eine Vision der Zukunft anbietet und der seine Anhänger fördert, um sie ebenfalls zu Führern auszubilden. »Folletts Hauptbotschaft lautete: Die Beziehungen zählen«, sagt Rosabeth Moss Kanter. »Ihrem gesamten Werk liegt die Bedeutung der Beziehungen, nicht bloß der Transaktionen, in Unternehmen zugrunde. Sie wies auf die wechselseitige Natur der Beziehungen hin, auf den gegenseitigen Einfluß, der entsteht, wenn Menschen zusammenarbeiten, egal, wie die formale Autorität definiert ist.«[1]

Insbesondere untersucht Follett Konflikte. Sie ist der Meinung, daß wir Konflikte, da sie zum Leben gehören, »benutzen sollten, damit sie für uns arbeiten«. Follett nennt drei Möglichkeiten, mit Konfrontationen umzugehen: Herrschaft, Kompromiß und Integration. Letztere ist ihrer Meinung nach der einzige positive Weg nach vorne. Er kann verwirklicht werden, indem man zuerst den wahren Konflikt »aufdeckt« und dann »die Forderungen beider Seiten in ihre Bestandteile aufgliedert«. »Unser Horizont ist beschränkt, unsere Aktivitäten sind begrenzt, unsere Chancen des Unternehmenserfolgs sind sehr gering, wenn unser Denken auf die sogenannte Entweder-Oder-Situation eingeschränkt ist. Wir sollten uns nie durch ein ›Entweder-Oder‹ unter Druck setzen lassen. Oft gibt es eine bessere Möglichkeit als die beiden Alternativen«, schreibt Follett.

Für manche bleibt Follett eine utopische Idealistin, ohne Verbindung zur Realität; für andere ist sie ein Herold des gesunden Menschenverstandes, dessen Ideen bedauerlicherweise keinen großen Einfluß auf Unternehmen hatten. »Integration erfordert Verstehen, gründliches Verstehen«, sagt Henry Mintzberg. »Sie verlangt ernstgemeinte Verpflichtung und Hingabe. Diese Qualitäten sind in zu vielen unserer heutigen Unternehmen nur sehr wenig ausgeprägt.«

Henry Ford

15 Mein Leben und Werk

My Life and Work
1923

Hamel über Ford

»Henry Ford mag autokratisch und paranoid gewesen sein, aber er machte Männern und Frauen auf der ganzen Welt ein überaus wertvolles Geschenk – Mobilität. Welche Fehler er auch gehabt oder gemacht haben mag, Henry Ford war von dem Traum eines jeden bedeutenden Unternehmers getrieben – das Leben der Menschen wirklich zu verbessern, und zwar überall.«

Nachdem *Henry Ford* (1863-1947) Lehrling bei einem Maschinenschlosser, einem Uhrmacher und einem Mechaniker gewesen war und bei der Detroiter Elektrizitätsgesellschaft als Maschinist und Ingenieur gearbeitet hatte, stellte er 1892 sein erstes Auto her. Anfangs war Ford mehr von den technischen Möglichkeiten fasziniert und baute und fuhr daher Rennwagen. Er war jedoch rasch von dem kommerziellen Potential überzeugt und gründete 1899 mit einigen Männern sein erstes eigenes Unternehmen (die Detroit Automobile Company, aus der er bald wieder ausstieg) und 1903 die Ford Motor Company. Mit dem innovativen Einsatz neuer Massenfertigungsverfahren stellte Ford zwischen 1908 und 1927 fünfzehn Millionen Autos des Modells T her. 1919 trat er als President des Unternehmens zurück, und sein Sohn Edsel wurde sein Nachfolger. Zu diesem Zeitpunkt produzierte die Ford Motor Company pro Minute ein Auto.

Mein Leben und Werk wurde in Henry Fords sechzigstem Lebensjahr veröffentlicht, zu einem Zeitpunkt, als er die moderne Industriewelt beherrschte. Das Buch ist ein Bericht über sein Leben und seine Unternehmensphilosophie. Es ist tatsächlich wegen der Dominanz des ersteren und des Fehlens der letzteren bemerkenswert.

Fords unternehmerisches Denken läßt sich einfach ausdrücken: »Unsere Taktik zielt auf Preisabbau, Produktionserhöhung und Vervollkommnung der Ware«, schreibt er. »Man bemerke, daß Preisabbau an erster Stelle steht. Niemals haben wir unsere Unkosten als festen Faktor betrachtet. Daher reduzieren wir vor allem die Preise erst einmal so weit, daß wir hoffen dürfen, einen möglichst großen Absatz erzielen zu können. Dann legen wir uns ins Zeug und suchen die Ware für diesen Preis herzustellen. Nach den Kosten wird dabei nicht gefragt. Der neue Preis schraubt die Kosten von selbst herab. Der übliche Brauch ist sonst, die Kosten und danach den Preis zu berechnen; das mag von einem engeren Standpunkt aus die korrektere Methode sein, von breiterem Gesichtspunkte aus betrachtet ist es aber dennoch falsch, denn was in aller Welt nützt es, die Kosten genau zu wissen, wenn man aus ihnen nur erfährt, daß man nicht zu einem Preis produzieren kann, zu dem der Artikel verkäuflich ist?« Fords Bestreben, die Preise zu senken, kann nicht bezweifelt werden. Zwischen 1908 und 1916 senkte er die Preise um 58 Prozent – zu einer Zeit, als die Nachfrage so hoch war, daß er ohne weiteres die Preise hätte erhöhen können.

Der oben genannte Auszug aus *Mein Leben und Werk* wurde von Ted Levitt in seinem Artikel »Marketing Myopia« (1960) zitiert. Darin liefert er eine unkonventionelle Interpretation von Fords Fähigkeiten: »In einem bestimmten Sinn war Ford sowohl der brillanteste als auch der unvernünftigste Verkäufer in der amerikanischen Geschichte. Er war unvernünftig, weil er sich weigerte, den Kunden etwas anderes als ein schwarzes Auto anzubieten. Er war brillant, weil er ein Produktionssystem schuf, das nach den Marktbedürfnissen entworfen war. Wir feiern ihn gewöhnlich aus dem falschen Grund, wegen seines Produktionstalents. Sein wahres Talent war Marketing ... Die Massenfertigung war das Ergebnis, nicht die Ursache seiner niedrigen Preise.«

Fords Meisterstück des Marketing bestand in seiner intuitiven Erkenntnis, daß ein Massenmarkt für Autos existierte – ihm blieb nur noch, die Produkte zu liefern, die der Markt wollte. Im Managementjargon gesagt, Ford blieb bei seinen Leisten. Das Modell T war schwarz, einfach und erschwinglich. Im Mittelpunkt von Fords Denken stand das Ziel der Standardisierung – die von den heutigen Autoherstellern ständig betont wird, auch wenn sie von Qualität reden. Ford sprach von Quantität: »Ich kann kein Auto gebrauchen, das mehr Zündkerzen hat als eine Kuh Zitzen«, sagte er. Das Problem war nur, daß Ford, als andere Hersteller Extras anboten, die Autos weiterhin einfach hielt und dramatisch an Boden verlor.

Die Abhängigkeit des Unternehmens vom Modell T führte fast zur Selbstzerstörung, obwohl Ford zu einem bestimmten Zeitpunkt Bargeldreserven in Höhe von einer Milliarde Dollar besaß. Man sagt, Henry Ford habe ein leicht verändertes T-Modell in Stücke gehauen – so stark hing er an der unverfälschten Version. Der Mann mit einem Talent für Marketing verlor die Verbindung zu den Wünschen der Kunden.

Normalerweise wird Ford für seine Umwandlung des Fertigungsprozesses in ein Instrument für eine bis dahin unvorstellbare Massenfertigung gefeiert – wenn das das richtige Wort ist. Die Produktion in der riesigen Anlage beruhte auf strikter Trennung der Funktionen, auf Demarkationen. Ford meinte, die Leute sollten ihre Arbeit machen und sich nicht um andere Sachen kümmern. Er wollte nicht, daß Ingenieure mit Verkäufern redeten oder daß jemand ohne seine Zustimmung eine Entscheidung traf.

Mein Leben und Werk ermöglicht einen unerquicklichen Einblick in Fords eiskalte Logik. Er schätzt, daß die Herstellung eines Autos vom Modell T aus 7882 verschiedenen Arbeitsgängen besteht. Von diesen erfordern 949 »absolut gesunde, kräftige Männer« und 3338 »Männer von normal entwickelter Körperkraft«. Die restlichen 3595 Arbeiten, sagt Ford, könnten von »Frauen oder älteren Kindern« durchgeführt werden, und »wir stellten fest, daß 670 Arbeiten sich von Beinlosen, 2637 von Einbeinigen, zwei von Armlosen, 715 von Einarmigen und zehn von Blinden verrichten ließen«.

Mit charakteristischer Direktheit wurden Management und Manager von Ford als weitgehend unnötig abgetan: »Die eigentliche Grundlage dieser Mißwirtschaft war der systematische, wohlüberlegte und bewußte Versuch, diese Milliarden-Unternehmung ohne Manager zu führen. Die Geheimpolizei, die jeden Mitarbeiter Fords bespitzelte, sollte Henry Ford über jeden Versuch eines Mitarbeiters, selbständig eine Entscheidung zu treffen, unterrichten«, schreibt Peter Drucker in *Die Praxis des Management*. Fords Mangel an Vertrauen in das Management erwies sich als tödlich für das riesige Unternehmensimperium, das er aufgebaut hatte. Ohne seine autokratische Aggressivität, das Unternehmen vorwärts zu treiben, kam es rasch zu einem Stillstand.

Dennoch ist Fords Leistung nicht zu bezweifeln. »In mancher Hinsicht bleibt Ford ein gutes Vorbild«, sagt Ray Wild, Leiter des Henley Management College. »Er war ein Improvisator und Innovator, er übernahm Ideen, paßte sie an seine Ziele an und kombinierte sie. Er entwickelte das Fließband, das Menschen einbezog; jetzt haben wir Fließbänder ohne Menschen, aber niemand stellt ihre Bedeutung in Frage. Auch wenn man von ihm sagt, er habe die Arbeit entmenschlicht, sollte nicht vergessen werden, daß er den Arbeitern einen gewissen Wohlstand ermöglicht und den Kunden Produkte geliefert hat, die vorher nicht verfügbar waren.« Unter seinen zahlreichen Innovationen war eine einzige menschliche: Ford führte für seine Arbeiter den Fünf-Dollar-Lohn ein, der damals etwa das Doppelte des Branchendurchschnitts betrug.

Ford wird niemals wegen seiner Menschlichkeit oder seiner Fähigkeiten der Menschenführung gerühmt werden. Aber was das Unternehmen anging, besaß er eine internationale Sichtweise, die seiner Zeit voraus war. Seine Anlage in Highland Park, Detroit, produzierte für die Welt, nicht nur die USA. Ford war sich auch vollkommen klar darüber, daß Zeit eine wichtige Wettbewerbswaffe war: »Zeitverschwendung unterscheidet sich von Materialverschwendung dadurch, daß es keine Wiederverwendung geben kann.« Man wird sich an Fords unternehmerische Leistung und seinen Beitrag zur Industrialisierung wahrscheinlich viel länger erinnern als an seine Theorien über Politik, Geschichte, Motivation oder Menschlichkeit.

Michael Goold,
Marcus Alexander,
Andrew Campbell

16 Corporate-Level Strategy

1994

Hamel über Goold, Alexander und Campbell

»Chandler und Drucker priesen große multidivisionale Unternehmen, aber als diese wuchsen – dezentralisiert und diversifiziert –, wurde die Konzernzentrale häufig zu einer Ebene, die gerade noch zur Konsolidierung des Rechnungswesens von Nutzen war. Im schlimmsten Fall war ein Konzern weniger wert als die Summe der einzelnen Unternehmen, und der Unterschied zwischen Bereichsstrategien und Unternehmensstrategie bestand in der Heftmaschine. Da Goold, Alexander und Campbell das maßgebliche Buch über Unternehmensstrategie geschrieben haben, gaben sie den Unternehmensbürokraten überall Hoffnung. Vielleicht war es tatsächlich möglich, daß die Konzernebene zur Wertsteigerung beitrug.«

Michael Goold, Marcus Alexander und *Andrew Campbell* sind Direktoren des Ashridge Strategic Management Centre in London. Zuvor waren sie Strategieberater bei der Boston Consulting Group beziehungsweise bei McKinsey & Company.

Michael Goold und Andrew Campbell sind die Autoren des sehr einflußreichen Buchs *Strategies and Styles* (1987). Von den Büchern, die sie außerdem geschrieben haben, sind zu nennen: *Strategic Control* (Goold und John B. Quinn, 1990), *Managing the Multibusiness Company* (Goold und Kathleen Sommers Luchs, 1995), *Vision, Mission, Strategie* (Campbell mit Marion Devine und David Young, 1992), *Strategic Synergy* (Campbell und Luchs, 1992) und *Break Up!* (Campbell und Richard Koch, 1996).

Die dem Buch *Corporate-Level Strategy* zugrundeliegende – und zutreffende – Erkenntnis ist, daß die Mehrzahl der Großunternehmen heute mehrere Unternehmen umfassende Konzerne sind. Die Logik hinter dieser Tatsache wird im allgemeinen vorausgesetzt, aber kaum auch nur im Ansatz untersucht. Konzerne bieten allein durch ihre Größe Mengenvorteile und Synergien zwischen den verschiedenen Unternehmen, die zum Gesamtwohl des Konzerns genutzt werden können.

Obwohl dies allgemein als Tatsache anerkannt wird, legt die Forschung von Goold, Alexander und Campbell nahe, daß es in Wirklichkeit nicht der Fall ist: Die Autoren schätzen, daß bei mehr als der Hälfte der Großkonzerne das Ganze weniger wert ist als die Summe seiner Teile. Anstatt den Wert zu steigern und zu erhalten, macht der Konzern tatsächlich Wert zunichte. Er ist teuer, und sein Einfluß, obwohl alle Bereiche umfassend, ist häufig kontraproduktiv.

Dieses negative Urteil ist nicht auf die sogenannten Konglomerate beschränkt. Die Autoren sind der Auffassung, daß der schädliche Einfluß der Muttergesellschaft auch bei Unternehmen mit Beteiligungen in einer einzigen Branche oder anscheinend verwandten Bereichen vorhanden ist.

Eine der Hauptursachen für dieses Phänomen besteht darin, daß zwar die einzelnen Unternehmen eines Konzerns oft eine Strategie haben, nicht aber der Konzern als Ganzes. Er mag das Gegenteil behaupten, aber die proklamierte Strategie ist häufig nur eine Zusammenstellung der einzelnen Unternehmensstrategien, denen durch allgemeine Zielsetzungen Glaubwürdigkeit verliehen wurde.

Wenn die Strategie auf Konzernebene darin besteht, den Wert zu erhöhen, muß nach Ansicht der Autoren eine enge Verbindung zwischen der Muttergesellschaft und den einzelnen Beteiligungsunternehmen bestehen. Erfolgreiche Muttergesellschaften konzentrieren sich auf ein enges Aufgabenspektrum und erzeugen Wert in diesen Bereichen, und sie richten die Strukturen, Prozesse und zentralen Funktionen der Konzernspitze dementsprechend aus. Anstatt für alles zuständig zu sein und sich ständig einzumischen, gleicht die Zentrale eher einem Facharzt – sie greift wie dieser nur in ihren Fachbereichen ein, wenn sie weiß, daß sie eine Therapie vorschlagen kann.

Aus ihrer detaillierten Analyse von fünfzehn erfolgreichen Konzernen leiten die Autoren drei wesentliche Voraussetzungen für erfolgreiche Unternehmensstrategien ab: Erstens muß eine klare Vorstellung über die Rolle der Muttergesellschaft gegeben sein. Wenn sie nicht weiß, wie oder wo sie den Wert steigern kann, wird sie es kaum tun. Zweitens muß sie unverwechselbare Eigenschaften haben. Sie muß auch eine Unternehmenskultur und eine »Persönlichkeit« besitzen. Drittens muß die Erkenntnis vorhanden sein, daß »jede Muttergesellschaft nur mit bestimmten Unternehmensarten erfolgreich sein wird«, die als ihr »Kernland« (heartland) beschrieben werden.

»Kernland-Unternehmen werden auch von der Muttergesellschaft verstanden; sie leiden nicht unter deren unangemessenen Vorgaben und ihrer Einmischung, was Unternehmen, mit denen die Dachgesellschaft weniger vertraut ist, Schaden zufügen kann. Diese hat ein angeborenes Gefühl für ihr Kernland, das es ihr ermöglicht, mit einer hohen Erfolgsquote komplexe Situationen adäquat zu beurteilen und schwierige Entscheidungen zu treffen«, schreiben die Autoren. Kernland-Unternehmen können unterschiedliche Branchen, Märkte und Technologien abdecken. Bei dieser Komplexität ist entscheidend, daß die Konzernspitze nur bei einer begrenzten Anzahl von Problemen eingreift.

Die Autoren machen deutlich, daß dieses Konzept der Kernland-Unternehmen sich von dem des »Stammgeschäfts« (core business) unterscheidet. Auch wenn das Stammgeschäft wichtig und erheblich sein kann, könnte die Muttergesellschaft nicht viel dazu beitragen. »Ein Stammgeschäft ist häufig nur eine Aktivität, der sie sich selbst widmen will. Im Gegensatz dazu konzentriert sich die Kernland-Definition auf das *Zusammenpassen* von Muttergesellschaft und den einzelnen Unternehmen: Entsprechen die Erkenntnisse und das Verhalten der Muttergesellschaft den Möglichkeiten und dem Wesen dieser Unternehmen? Besitzt die Dachgesellschaft Spezialfähigkeiten, um diese Art Unternehmen zu unterstützen, eine bessere Leistung zu erbringen?«

Die Konzernstrategie sollte von dem getrieben sein, was die Autoren »parenting advantage« – »Mutterschaftsvorteil« – nennen: »den Wert des Portfolio aus Tochterunternehmen stärker zu erhöhen als jeder Konkurrent«. Dafür ist eine grundlegend andere Sichtweise der Funktion der Muttergesellschaft und des Wesens eines aus mehreren Unternehmen bestehenden Konzerns erforderlich.

»Jeder, der *Corporate-Level Strategy* liest, wird anschließend über Unternehmensstrategie anders denken und reden«, meint Robin Buchanan von Bain & Company und fügt hinzu: »Es bleibt zu hoffen, daß er auch danach handelt.«[1]

Gary Hamel, C. K. Prahalad

17 Wettlauf um die Zukunft

Competing for the Future 1994

Hamel über Hamel und Prahalad

»In den neunziger Jahren war Strategie diskreditiert. Allzuoft war die ›Unternehmensvision‹ nichts anderes als Einbildung, maskiert als Voraussicht; die Planung war formalisiert, auf schrittweisen Zuwachs angelegt und in einer Welt diskontinuierlicher Veränderungen weitgehend Zeitverschwendung; ›strategische‹ Investitionen waren die, die Verluste von Millionen, wenn nicht Milliarden Dollar verursachten. In der Praxis setzte Strategieentwicklung allzuoft bei der Vergangenheit an statt in der Zukunft. Als Professoren für Unternehmensstrategie hatten Prahalad und ich eine einfache Wahl: uns einen anderen Job zu suchen oder zu versuchen, die Strategie für ein neues Zeitalter neu zu erfinden. Wir entschieden uns für das letztere. Wir überlassen Ihnen die Entscheidung, ob wir Erfolg damit hatten.«

C. K. Prahalad ist Professor für Betriebswirtschaft an der Graduate School of Business Administration an der Universität von Michigan. Zusammen mit Yves Doz von INSEAD ist er Mitautor von *The Multinational Mission: Balancing Local Responsiveness and Global Vision* und Berater zahlreicher führender Unternehmen wie AT&T, Motorola und Philips.

Gary Hamel ist Gastprofessor für Strategisches und Internationales Management an der London Business School. Er ist Berater größerer Unternehmen wie EDS, Nokia und Dow sowie Chairman von Strategos, einem weltweit tätigen Strategie-Beratungsunternehmen mit Sitz in Menlo Park, Kalifornien.

Die Artikel der beiden Autoren »Strategic intent« und »Competing with core competencies« erhielten McKinsey-Preise in der *Harvard Business Review*. Der zweite Artikel gehört zu den am meisten nachgedruckten Artikeln in der Geschichte der Zeitschrift.

Die Diskussion über Bedeutung und Anwendung der Unternehmensstrategie ist schon seit langem in Gang. Jedes Jahrzehnt bringt seine eigenen Interpretationen und Ansichten hervor. Die sechziger Jahre gaben uns den resolut analytischen Igor Ansoff, die Siebziger Henry Mintzberg und seine geistvolle und kreative »Strategieentwicklung«, die Achtziger Michael Porters rationalen Weg zur Wettbewerbsfähigkeit, und Nominierungen für die führenden strategischen Denker der neunziger Jahre würden sicher Gary Hamel und C. K. Prahalad auf die Liste setzen.

Wettlauf um die Zukunft wurde als Entwurf für eine neue Generation des strategischen Denkens aufgegriffen. *Business Week* bezeichnete es als das beste Managementbuch des Jahres 1994, und es wurden mehr als 250 000 Hardcover-Exemplare verkauft. »In einer Zeit, in der viele Unternehmen in umfangreichen Reengineering-Projekten Tausende von Mitarbeitern entlassen, verdient dieses Buch breite Aufmerksamkeit«, stellte John Byrne von *Business Week* fest (1994). »Es ist ein wertvolles und nützliches Tonikum für Anhänger der heutigen Managementschule des radikalen Zusammenstreichens.«

Hamel und Prahalad glauben, daß die Unternehmensstrategie sich in eine Zwangsjacke enger und sich weiter verengender Sichtweisen gesteckt hat: »Unter den Theoretikern und denen, die in Unternehmen an Strategien arbeiten, befinden sich überwiegend, vielleicht zu 95 Prozent, Ökonomen und Ingenieure, die eine mechanistische Sichtweise vertreten. Wo sind die Theologen und Anthropologen, um andere und neuere Perspektiven zu vermitteln?«

Die Autoren sind der Meinung, daß Strategie viele Facetten hat, sowohl emotionale als auch analytische Aspekte besitzt und mit Interpretation, Zielsetzung und Leidenschaft zu tun hat. Obwohl Strategieentwicklung ein Prozeß des Lernens und Entdeckens ist, wird sie nicht als Lernprozeß betrachtet, und das stellt einen enormen Schwachpunkt dar.

Die »sich abzeichnende Wettbewerbswirklichkeit«, in der nicht nur einzelne Unternehmen, sondern ganze Branchen tiefgreifenden Veränderungen unterworfen sind, erfordert breitere Perspektiven. Die Kühnheit solcher Ziele wird deutlich, wenn Hamel und Prahalad feststellen, daß es trotz aller Studien und Publikationen zu diesem Thema keine Theorie der Strategieerzeugung gibt. Strategien entstehen, und das wahre Problem – erkennen Manager – liegt nicht im Entwerfen einer Strategie, sondern in ihrer Umsetzung.

»Es besteht eine große Sehnsucht nach Einfachheit. Man glaubt, Strategie könne in ›Fünf Kräfte‹ oder ›Sieben S‹ aufgegliedert werden. Aber das geht nicht. Strategieentwicklung ist außerordentlich emotional und anspruchsvoll. Sie ist kein Ritual oder eine jährliche Routineübung, auch wenn sie dazu geworden ist. Wir haben die Latte zu niedrig gelegt«, sagen Hamel und Prahalad. Folglich verzetteln sich Manager im Tagesgeschäft und wenden weniger als drei Prozent ihrer Zeit dafür auf, in die Zukunft zu schauen.

Anstatt über Strategie oder Planung zu reden, sollten Unternehmen nach Meinung der Autoren lieber von »strategizing« sprechen und sich fragen: »Was sind die grundlegenden Voraussetzungen für die Entwicklung komplexer, vielseitiger und stabiler Strategien?« »Strategizing« gehört heute zum Managervokabular wie »strategische Absicht«, »strategische Architektur«, »Vorausblick« (anstatt Vision) und – sehr wichtig – die Idee der »Kernkompetenzen«.

Hamel und Prahalad definieren Kernkompetenzen als »ein Bündel an Fähigkeiten und Technologien, die es einem Unternehmen ermöglichen, seinen Kunden einen bestimmten Nutzen anzubieten«. Sie raten Unternehmen, sich als ein Portfolio von Kernkompetenzen zu betrachten anstatt als Geschäftsbereiche. Ersteres ist auf einen wachsenden »Anteil an den Möglichkeiten« (opportunity share) ausgerichtet, wo immer sie sind; letztere konzentrieren sich stark auf Marktanteile und ähnliches.

Das aufkommende Interesse am Konzept der Kernkompetenzen verleitete viele vor Begeisterung zu einer übermäßigen Vereinfachung. »Man muß vorsichtig sein, wohin Kernkompetenzen einen führen«, warnt Marcus Alexander vom britischen Ashridge Strategic Management Centre in einem 1996 geführten Interview. »Sie sind in manchen Fällen eine mächtige Waffe, aber sie sind nicht die einzige Basis für eine solide Unternehmensstrategie. Sie können Unternehmen veranlassen, nur deshalb in Geschäfte einzusteigen, weil sie eine Verbindung zwischen Kernkompetenzen sehen, anstatt in solche, in denen sie über gründliches Wissen verfügen. In ähnlicher Weise besteht für reife

Unternehmen die Versuchung, in Wachstumsbranchen einzusteigen, auch wenn das nicht unbedingt die beste Option für sie ist.«

In mancher Hinsicht liegt das Strategiekonzept von Hamel und Prahalad zwischen zwei Extremen: Am einen Ende befinden sich die Erzrationalisten, die auf einem ständigen Datenfluß bestehen, um eine Strategie zu stützen; am anderen Ende steht die »Florieren-im-Chaos«-Richtung mit ihrem Glauben an sich ungehindert entwikkelnde Unternehmen, bei denen Strategie ein beweglicher Feiertag ist.

Die Grenze zwischen Ordnung und Chaos ist ein schmaler Grat. »Weder die stalinistische Bürokratie noch Silicon Valley liefern ein optimales Wirtschaftssystem«, warnen die Autoren. »Silicon Valley ist im Ausbrüten neuer Ideen außerordentlich gut, aber in anderer Hinsicht extrem ineffizient. Auf jeden Erfolg kommen hundert Fehlschläge, und es hat sich gezeigt, daß kleinere Firmen in einer Partnerschaft mit großen Unternehmen gewöhnlich erfolgreich sind.«

Sie ziehen die Schlußfolgerung, daß kleine Ableger nicht der Weg zur organisatorischen Erneuerung sind. Sie werden oft beliebig ausgewählt, sind ineffizient und geraten durch die Gleichgültigkeit des Konzerns leicht in eine Flaute. Das bedeutet jedoch nicht, daß Newcomer im Markt nicht ganze Branchen verändern können.

Die Autoren erkennen die revolutionären Erfolge von Newcomern in Europa wie IKEA, Body Shop, Swatch und Virgin durchaus an. Aber die wahre Herausforderung besteht darin, Revolutionen anzuzetteln, wenn man groß und dominierend ist. Darin sind amerikanische Unternehmen – wie Motorola und Hewlett-Packard – erfolgreicher als ihre europäischen Konkurrenten.

Das kann zum Teil den traditionellen Kulturen zugeschrieben werden: »Wir bewegen uns in Richtung auf demokratischere Organisationsmodelle, an die US-Unternehmen eher gewöhnt zu sein scheinen. In Europa und Japan überwiegt die Vorstellung, daß alles Wissen an der Unternehmensspitze akkumuliert ist. Es existiert eine Hierarchie der Erfahrung, keine Hierarchie der Vorstellungskraft. Und Erfahrungen veralten sehr schnell.«

Die beiden Autoren sind auch langjährige Kritiker der Downsizingobsession, die sie »Unternehmensmagersucht« nennen. Die goldene Regel von Hamel und Prahalad lautet: »Ein Unternehmen gibt das

Geschäft von heute auf, wenn es schneller kleiner als besser wird. Und ein Unternehmen gibt das Geschäft von morgen auf, wenn es besser wird, ohne anders zu werden.« Downsizing ist eine einfache Option. »Nichts ist weniger erfolgversprechend als ein sechzigjähriger Unternehmensleiter, der eine Handvoll Aktienoptionen besitzt.«

Wachstum (die Autoren sprechen lieber von Vitalität) kommt vom Unterschied, auch wenn sie die Einschränkung machen, daß »es so viele törichte Möglichkeiten gibt zu wachsen wie zu schrumpfen. Man kann mit einem anderen Unternehmen fusionieren, aber zwei Betrunkene ergeben keine vernünftige Person.« Die Catch-22-Situation für Unternehmen besteht darin, daß Vitalität gewöhnlich durch eine Krise angeregt wird – was durch die zunehmende Zahl der Publikationen über spektakuläre Turnarounds bestätigt wird.

Vielleicht ist es beruhigend, daß Hamel und Prahalad glauben, Vitalität komme von innen. Wenn die Manager doch nur zuhören würden: »Gehen Sie zu irgendeinem Unternehmen und fragen Sie, wann zuletzt ein Mitarbeiter zwischen zwanzig und dreißig den Mitgliedern der Firmenleitung etwas beigebracht hatte, was sie noch nicht wußten. Für viele ist das unvorstellbar, und doch bezahlen Unternehmen Millionen Dollar für die Meinung eines intelligenten Neunundzwanzigjährigen von McKinsey. Was ist mit ihren eigenen Neunundzwanzigjährigen?«

Auch wenn solche Fragen weitgehend unbeantwortet bleiben, stellen Hamel und Prahalad noch weitere. »Es mußte etwas Neues über die Bedeutung des Strategieinhalts gesagt werden. Jetzt müssen wir den Strategieprozeß neu denken.«

Michael Hammer, James Champy

18 Business Reengineering. Die Radikalkur für das Unternehmen

Reengineering the Corporation
1993

Hamel über Hammer und Champy

»Wissenschaftliches Management, Industrial Engineering, Verbesserung des Unternehmensprozesses und jetzt, neu und verbessert, Reengineering. Die Idee mag alt sein, aber die Sprache war neu und die Zeit richtig. Ein brutal harter Wettbewerb und die Explosion der Informationstechnologie zwangen die Unternehmen, ineffiziente und sklerotische Prozesse unter die Lupe zu nehmen. Leider forderte Reengineering gewöhnlich die gleichen Menschenopfer wie die Neustrukturierung – weniger, zynischere Mitarbeiter. Wenn Hammer und Champy einen Riesengewinn machen wollen, wird ihr nächstes Buch *Reenergizing!* heißen.«

Michael Hammer (1948 geboren) war Professor für Computerwissenschaft am MIT und ist heute President von Hammer and Company, einem Managementschulungs- und Beratungsunternehmen. Er wird allgemein als der Vater des Reengineering angesehen. Dessen Wurzeln liegen in den Ergebnissen einer Studie über »Management in den neunziger Jahren«, die am MIT zwischen 1984 und 1989 durchgeführt wurde. Hammers Nachfolgewerk war *Die Reengineering Revolution. Handbuch für die Praxis* (mit Steven Stanton, 1995).

James Champy ist Mitgründer des Beratungsunternehmens CSC Index. CSC entwickelte sich zu einer der größten Consultingfirmen der Welt mit einem Umsatz von über 500 Millionen Dollar und über 2000 Beratern. Champy ist auch Autor von *Reengineering im Management: Die Radikalkur für die Unternehmensführung* (1995).

Reengineering war zweifellos *die* Managementidee der ersten Hälfte der neunziger Jahre. *Business Reengineering* von Hammer und Champy war das Manifest für eine versprochene Revolution, die – von ein paar Ausnahmen abgesehen – nicht stattgefunden hat. Die Anforderungen an Reengineering und an das Buch von Hammer und Champy sind groß. »Wenn ich gefragt werde, was ich für meinen Lebensunterhalt tue, antworte ich, daß das, was ich wirklich tue, die Umkehrung der industriellen Revolution ist«, sagt Hammer. In der Einführung wird das Buch quasi als Ersatz für *Der Wohlstand der Nationen* von Adam Smith bezeichnet. Es sind mehr als zwei Millionen Exemplare verkauft worden.

Wenn man die Übertreibungen wegläßt, ist die Grundidee hinter Reengineering, daß Unternehmen ihre Schlüsselprozesse identifizieren und sie so schlank und effizient wie möglich machen müssen. Periphere Prozesse (und daher auch peripheres Personal) müssen beseitigt werden. Hammer und Champy definieren Reengineering als »fundamentales Überdenken und radikales Redesign von Unternehmensprozessen, um bei entscheidenden Leistungskennziffern – wie Kosten, Qualität, Service und Schnelligkeit – sprunghafte Verbesserungen zu erzielen«.

Für Hammer und Champy beschäftigt sich Reengineering nicht nur mit Prozessen. Sie meiden die verbreitete Formulierung »Reengineering der Unternehmensprozesse«, da sie die Intention nur ungenügend beschreibt. In ihrer Sicht gehen Reichweite und Umfang des Reengineering weit über das bloße Umstrukturieren und Verfeinern von Unternehmensprozessen hinaus. Wahres Reengineering umfaßt alles.

In *Business Reengineering* schlagen die Autoren vor, daß Unternehmen mit einem weißen Blatt Papier beginnen und zunächst ihre Betriebsabläufe aufzeichnen sollten. »Es ist Zeit, daß wir aufhören, ausgetretene Wege zu gehen. Anstatt veraltete Prozesse in Silizium und Software einzubetten, sollten wir sie beseitigen und neu anfangen«, verkündete Hammer mit seinem charakteristischen Eifer und seiner eigenartigen Metaphorik in einem Artikel in der *Harvard Business Review* (1990), der den Reengineering-Zug in Bewegung setzte. Wenn die Unternehmen einen Plan entworfen haben, wie sie operieren sollten, dann können sie versuchen, die Theorie auf dem Papier in die Praxis umzusetzen.

Das Konzept ist einfach. (Kritiker des Reengineering betrachten es tatsächlich als zeitgenössische Version von Taylors Buch *Die Grundsätze wissenschaftlicher Betriebsführung* mit seinem Glauben an das Messen und an optimale Methoden der Durchführung bestimmter Aufgaben.) Die Umsetzung des Konzeptes hat sich als weitaus schwieriger erwiesen. Das erste Problem ist, daß das leere Blatt Papier die Jahre, oft Jahrzehnte, kultureller Entwicklung ignoriert, in deren Verlauf Unternehmen die Verfahren entwickelt haben, etwas auf bestimmte Art und Weise durchzuführen. Solche vorgefaßten Meinungen aufzugeben ist nicht einfach. Es kann sogar zum Selbstmord des Unternehmens führen.

Hammer und Champy sagen, daß Reengineering davon handelt, »die konventionellen Weisheiten und die tradierten Annahmen über die Vergangenheit über Bord zu werfen ... Es geht um die Umkehrung der industriellen Revolution ... Die Tradition zählt nicht. Reengineering ist ein Neubeginn.« In *Leaning into the Future* (1995) bezeichnen die britischen Wissenschaftler Colin Williams und George Binney dies als leere Phrasen: »Der letzte, der eine solche Sprache benutzte, war der Vorsitzende Mao in der Kulturrevolution. Unter dem Motto ›Zerstöre, um aufzubauen‹ bestand er ebenfalls darauf, mit der Vergangenheit aufzuräumen. Erfolgreiche Unternehmen leugnen nicht das Erbe der Vergangenheit oder versuchen, es zu zerstören. Sie suchen darauf aufzubauen. Sie versuchen, gründlich zu verstehen, warum sie erfolgreich waren, und versuchen, weiter erfolgreich zu sein. Sie respektieren auch das Lernen aus Erfahrung und das akkumulierte Wissen und erkennen, daß ein großer Teil dieses Lernens nicht unbedingt an der Unternehmensspitze erfolgt ist.«

Auch Henry Mintzberg hat seine Skepsis gegenüber Reengineering ausgedrückt (1996): »Es gibt kein Reengineering in der Idee des Reengineering. Bloß Konkretisierung, nur die gleiche alte Vorstellung, daß das neue System es bringen wird. Aber wegen des Werberummels, der mit jeder neuen Managementmode einhergeht, muß jeder alles neustrukturieren. Uns sollen auf Kommando Superinnovationen einfallen, nur weil ein Manager in einem abgelegenen Büro, der ein Buch gelesen hat, es für notwendig hält. Warum hören wir nicht einfach auf mit Reengineering, Abbau von Ebenen, Restrukturierung und Dezentralisierung und beginnen statt dessen zu denken?«

Das zweite Problem ist, daß Reengineering zu einem Synonym für Arbeitslosigkeit geworden ist. Dafür kann man Hammer und Champy natürlich nicht allein verantwortlich machen. Oft senken Unternehmen, die behaupten, sie würden Reengineering durchführen, unter dem bequemen Deckmantel der modischen Theorie nur die Kosten. Downsizing erscheint in der Öffentlichkeit akzeptabler, wenn es als die Umsetzung eines progressiven Konzeptes präsentiert wird. Eine Untersuchung, die CSC Index in 624 Unternehmen durchführte und die 1994 in *The State of Reengineering* veröffentlicht wurde, zeigte, daß im Durchschnitt je Reengineering-Projekt in den USA 336 Arbeitsplätze verlorengingen und in Europa 760.

Das dritte Hindernis besteht darin, daß Unternehmen keine natürlichen oder bereitwilligen Revolutionäre sind. Anstatt das Reengineering-Netz weit auszuwerfen, tendieren sie dazu, den am leichtesten zugänglichen Prozeß neu zu gestalten und es dabei zu belassen. Damit eng verbunden (und Thema von Champys Nachfolgebuch *Reengineering im Management*) wirkt sich Reengineering gewöhnlich nicht auf das Management aus. Manager sind allzu leicht bereit, die Unannehmlichkeiten einer auf Prozessen beruhenden Sicht des Unternehmens anderen zuzumuten, wollen sie aber oft nicht selbst auf sich nehmen.

Champy (1994) kam zu dem Schluß, daß es »Zeit ist für das Reengineering der Manager«: »Topmanager gestalten Unternehmensprozesse mit Leidenschaft neu und reißen Strukturen ein, die das Unternehmen nicht mehr stützen können. Doch die Managementpraxis war weitgehend von der Zerstörung verschont geblieben. Wenn ihre Jobs und Managementstile überwiegend intakt bleiben, werden die Manager die ganze Struktur ihrer umgebauten Unternehmen untergraben.« Champy meint, das Reengineering des Managements solle drei Hauptbereiche umfassen: Managerfunktionen, Managementstile und Managementsysteme.

Die menschliche Seite des Reengineering hat sich als das größte Problem erwiesen. »Die meisten Reengineering-Bemühungen werden fehlschlagen oder ihr Ziel nicht erreichen – wegen des mangelnden Vertrauens, das heißt der fehlenden Achtung vor dem einzelnen, vor seinem oder ihrem guten Willen, der Intelligenz und angeborenen, aber seit langem in Ketten gelegten Neugier«, stellte Tom Peters im Juli 1993 fest.

In seiner Rezension des Buches *Business Reengineering* in der *Financial Times* schreibt Christopher Lorenz (1993): »Sie [Hammer und Champy] äußern sich nicht eindeutig darüber, ob Änderungen des Verhaltens und der Unternehmenskultur ... ein automatisches Ergebnis des Reengineering von Betriebsprozessen sind oder ob solche weichen Änderungen gleichzeitig oder sogar vorher eingeführt werden müssen. Aber ein großer Teil des Buches legt nahe, daß das Weiche dem Harten automatisch folgt.«

Hammer und Champy würden entgegnen, daß das wahre Reengineering tatsächlich auf Vertrauen, Respekt und den Menschen aufgebaut ist. Durch das Aufgeben von Randaktivitäten schaffen Unternehmen ein Umfeld, das die Fähigkeiten und das Potential ihrer Mitarbeiter hoch schätzt. Das ist allerdings noch nicht durch Erfahrung gestützt – auch wenn James Champy glaubt, daß das Beste erst noch kommt. »Es sind mindestens noch weitere zehn Jahre echten Reengineerings notwendig«, sagt er voraus.

Charles Handy

19 The Age of Unreason

1989

Hamel über Handy

»Es gibt keinen zeitgenössischen Managementtheoretiker, der originellere Gedanken hat als Charles Handy. Er ist einer der wenigen Autoren, die einen Standpunkt außerhalb des Unternehmens beziehen und von dort auf das Management blicken. Diese Sichtweise von außen nach innen erzeugt eine kompromißlose und unorthodoxe Perspektive, die jedem, der sich um die Zukunft des Managements und der Unternehmen Sorgen macht, Unbehagen bereiten und ihm die Augen öffnen wird. Während die Mehrzahl der Managementautoren darauf bedacht ist, einem Antworten auf das ›Wie‹ zu geben, zwingt Professor Handy uns, nach dem ›Warum?‹ zu fragen.«

Charles Handy (1932 in Irland geboren) ist Autor und Mitarbeiter beim Rundfunk. Er arbeitete für Shell, bevor er sich dem Wissenschaftsbetrieb zuwandte. Er verbrachte einige Zeit am MIT und ging später zur London Business School.

Sein erstes Buch entspricht nicht dem sozialen und philosophischen Charakter seiner späteren Arbeiten. *Understanding Organizations* (1976) ist ein umfassendes und gut lesbares Handbuch der Organisationstheorie. Es ist das konventionellste seiner Bücher. Ihm folgte 1978 das eigenartige Werk *Management-Stile* (1988).

Im letzten Jahrzehnt hat Handy seinen Ruf als Theoretiker gefestigt. Seine Bücher tauchen regelmäßig in Bestsellerlisten auf, und er hat seine Flügel weit ausgebreitet, so daß er zu einer vielzitierten Autorität wurde, wenn es um Fragen der Zukunft der Gesellschaft und der Arbeit geht. Seine Artikel erscheinen sowohl in der *Harvard Business Review* als auch im Lebensstilteil von Tageszeitungen. Seine Hauptideen über die entstehenden Arbeitsstrukturen kann man in *The Age of Unreason* und in dem 1994 in den USA erschienenen Bestseller *Die Fortschrittsfalle* (1995) finden.

Charles Handys *The Age of Unreason* ist ein beunruhigendes Buch – auch noch Jahre nach seiner Veröffentlichung. Das Zeitalter der Unvernunft, das Handy vorhersagt, ist »eine Zeit, in der das, was wir für selbstverständlich gehalten haben, nicht mehr gelten könnte, in der die Zukunft in so vielen Bereichen zu gestalten ist, von uns und für uns; eine Zeit, in der als einzige Vorhersage gilt, daß keine Vorhersagen gelten werden. Demzufolge eine Zeit für kühne Ideen im privaten und öffentlichen Leben, eine Zeit, um das Unwahrscheinliche zu denken und das Unvernünftige zu tun.«

Die Zukunft, schreibt Handy, wird eine des »diskontinuierlichen Wandels« sein (der Ausdruck hat inzwischen Eingang in den allgemeinen wissenschaftlichen Sprachgebrauch gefunden). Die Zeit, in der sich die Gesellschaft stetig weiterentwickelte, langsam, auf natürliche Weise tiefgreifende Verbesserungen umsetzend, gehört der Vergangenheit an. Wir müssen die Scheuklappen abnehmen. Handy erzählt die Geschichte der peruanischen Indios, die am Horizont näher kommende Schiffe sahen. Da sie solche Dinge nicht kannten, taten sie sie als Laune des Wetters ab. Sie gaben sich mit ihrem Sinn für Kontinuität zufrieden.

Um sich an eine Gesellschaft anzupassen, in der ständig mysteriöse Gestalten am Horizont auftauchen, muß sich die Art des Denkens grundlegend ändern. »Wir sind alle Gefangene unserer Vergangenheit. Es ist schwierig, über Dinge anders zu denken, als wir immer über sie gedacht haben. Aber das löst keine Probleme und ändert selten etwas.« Handy weist darauf hin, daß die, die unkonventionell, »unvernünftig« gedacht haben, den größten Einfluß auf das Leben im zwanzigsten Jahrhundert gehabt haben. Freud, Marx und Einstein hatten Einfluß durch »diskontinuierliches« Denken (oder was Handy »Verkehrtherum-Denken« genannt hat).

Er sieht die Notwendigkeit für die Entwicklung »einer neuen Intelligenzija«. Die Ausbildung wird sich radikal ändern müssen, da die Art, wie die Menschen denken, nur durch die Revolutionierung der Art ihres Lernens und des Denkens über das Lernen geändert werden kann.

Handy glaubt, daß bestimmte Organisationsformen dominant werden, und zwar die, die man am ehesten mit Dienstleistungsbranchen assoziiert. Die erste nennt er die »Kleeblatt-Organisation« – »eine

Organisationsform, die auf einem Kern aus wichtigen Führungskräften und Arbeitern beruht, die von externen Subunternehmen und Zeitarbeitskräften unterstützt werden«. Folglich werden Unternehmen in Zukunft der gegenwärtigen Struktur von Beratungsfirmen, Werbeagenturen und Anwaltssozietäten ähneln.

Die zweite entstehende Struktur ist die föderale. Handy weist ausdrücklich darauf hin, daß sie kein anderes Wort für Dezentralisation ist. Er liefert einen Entwurf für föderale Organisationen, in denen die Zentralfunktion koordiniert, beeinflußt, berät und Vorschläge macht. Sie diktiert keine Aufgaben oder kurzfristigen Entscheidungen. Das Zentrum ist jedoch mit langfristiger Strategie befaßt. Es befindet sich »in der Mitte der Dinge und ist kein höfliches Wort für die Spitze oder die Unternehmenszentrale«. (Handy entwickelte seine föderale Theorie in *Die Fortschrittsfalle* weiter.)

Den dritten Organisationstyp, den Handy vorhersagt, nennt er »Das Dreifache I«. Die drei Is stehen für Information, Intelligenz und Ideen. In solchen Organisationen sind die Anforderungen an das Personalmanagement hoch. Handy erläutert: »Die kluge Organisation weiß bereits, daß ihre cleveren Mitarbeiter nicht einfach als Arbeiter oder Manager definiert werden können, sondern als Individuen, als Spezialisten, ›Professionals‹ oder Führungskräfte (der Gebrauch der älteren Ausdrücke ›Manager‹ und ›Arbeiter‹ verschwindet allmählich), und sie weiß, daß diese und sie selbst vom Lernen besessen sein müssen, wenn sie mit dem Tempo des ökonomischen Wandels Schritt halten wollen.«

Die Diskontinuität erfordert neue Unternehmen und neue Menschen, die sie mit neuen Fähigkeiten, Funktionen und Karrieremustern leiten. Niemand wird einfach als Manager arbeiten können; die Unternehmen werden viel mehr verlangen.

Da Unternehmen sich im Zeitalter der Unvernunft ändern, werden sich auch, sagt Handy voraus, andere Aspekte unseres Lebens ändern. Es wird weniger Zeit für die Arbeit aufgewendet – 50 000 Stunden in einem Arbeitsleben anstatt der heutigen etwa 100 000 Stunden. Handy sagt nicht, wie in den siebziger Jahren geschehen, ein aufgeklärtes Zeitalter der Muße voraus. Er fordert vielmehr die Menschen auf, mehr Zeit für das Nachdenken darüber zu verwenden, was sie tun wollen. Die Zeit wird nicht einfach zwischen Arbeit und Spiel aufgeteilt – es könnte »Portfolios« geben, die die Zeit aufteilen für Arbeit gegen Honorar (wenn man Zeit verkauft), für Arbeit als Geschenk (für Nachbarn oder karitative Einrichtungen), für das Studium (um sich für die beruflichen Anforderungen auf dem laufenden zu halten), für Arbeit zu Hause und für Freizeit.

»Ein Zeitalter der Unvernunft ist ein Zeitalter der Möglichkeiten, auch wenn es auf den ersten Blick wie das Ende aller Zeitalter aussieht«, sagt Handy. Die Menschen müssen diese Möglichkeiten nutzen und dürfen die Zeichen am Horizont nicht ignorieren.

Frederick Herzberg

20 The Motivation to Work

1959

Hamel über Herzberg

»Bezahlung nach Leistung, Belegschaftsaktien, Jahresabschlußprämien – zu viele Unternehmen scheinen zu glauben, daß die einzige Motivation zu arbeiten finanzieller Art ist. Wissensarbeiter wie Skinner-Ratten zu behandeln ist kaum der rechte Weg, um das Beste aus ihnen herauszuholen. Herzberg bot einen viel subtileren Ansatz an, der immer noch empfehlenswert ist. Wenn Sie demnächst den Satz ›Menschen sind unser wichtigstes Kapital‹ einer Führungskraft glatt von der Zunge gehen hören, die aber Mitarbeiter immer noch als variable Kosten betrachtet, dann graben Sie ein Exemplar von *The Motivation to Work* aus und empfehlen der betreffenden Person etwas Bettlektüre.«

Frederick Herzberg (1923 geboren) nahm am Zweiten Weltkrieg teil und wurde nach der Befreiung des Konzentrationslagers Dachau dorthin abkommandiert. Das war für ihn eine tiefgreifende Erfahrung. Nach seiner Rückkehr in die USA studierte er an der Universität von Pittsburgh und arbeitete im öffentlichen Gesundheitswesen in seinem Fachbereich, der klinischen Psychologie.

Zusammen mit Maslow und McGregor wurde er der »Human Relations«-Schule der fünfziger Jahre zugerechnet. Seine meistbeachtete Veröffentlichung war ein Artikel in der *Harvard Business Review* von 1968: »One more time: How do you motivate employees?«. Von diesem Artikel wurden in Nachdrucken über eine Million Exemplare verkauft, was ihn zum meistverkauften Artikel der Zeitschrift machte. In ihm führte Herzberg das Akronym KITA (»kick in the ass«) ein und meinte: »Wenn Sie einen Arbeitsplatz mit jemandem besetzt haben, benutzen Sie ihn. Wenn Sie ihn nicht benutzen können, werden Sie ihn los.« Herzberg prägte auch den jetzt populären Begriff »Job Enrichment«. Er ist der Überzeugung, daß Unternehmen eine enorme positive Kraft entwickeln könnten, vorausgesetzt, sie befreiten sich und ihre Mitarbeiter von der Sklaverei der Zahlen und widmeten sich der kreativen Erweiterung der Aufgaben des einzelnen Mitarbeiters.

Herzberg ist jetzt Professor für Management an der Universität von Utah. Koautoren von *The Motivation to Work* waren seine Kollegen Bernhard Mausner und Barbara Bloch Snyderman.

Während der Studien zu *The Motivation to Work* befragten Herzberg, Mausner und Snyderman 203 Ingenieure und Buchhalter in Pittsburgh über ihre Arbeit und womit sie zufrieden und unzufrieden waren.

Als Ergebnis der Untersuchung trennt Herzberg die Motivationselemente der Arbeit in zwei Kategorien – in die, die den animalischen Bedürfnissen des Menschen dienen (»Hygienefaktoren«) und jene, die den einzigartig menschlichen Bedürfnissen entsprechen (»Motivationsfaktoren«). In *The Motivation to Work* schreiben Herzberg und seine Koautoren: »Hygiene soll Gesundheitsrisiken aus der Umwelt des Menschen beseitigen. Sie ist kein Heilmittel, sondern eher ein Präventionsmittel ... Wenn es schädliche Faktoren im Zusammenhang mit dem Arbeitsplatz gibt, bringen diese eine negative Einstellung zur Arbeit hervor. Verbesserungen bei diesen Hygienefaktoren werden die Hindernisse für eine positive Arbeitseinstellung beseitigen.«

Hygienefaktoren – auch »Kontextfaktoren« genannt – beziehen sich auf den Status, die interpersonalen Beziehungen, die äußeren Arbeitsbedingungen, die Bezahlung einschließlich Sozialleistungen, die Unternehmenspolitik und Verwaltung sowie die Sicherheit des Arbeitsplatzes. »Wenn diese Faktoren sich unter ein Niveau verschlechtern, das die Mitarbeiter für akzeptabel halten, dann ist Arbeitsunzufriedenheit die Folge«, stellt Herzberg fest. Hygiene allein ist für die »Motivation zur Arbeit« unzureichend. Er behauptet sogar, daß die Faktoren, die Zufriedenheit vermitteln, sehr verschieden sind von jenen, die zur Unzufriedenheit führen.

Wahre Motivation, sagt Herzberg, entsteht aus der Möglichkeit, etwas zu leisten, der Möglichkeit, sich weiterzuentwickeln, der Verantwortung, den Aufstiegsmöglichkeiten und der Anerkennung. Das Ziel sollte sein, die Mitarbeiter durch die Arbeit selbst zu motivieren anstatt durch Belohnung oder Druck.

Herzberg weitete seine Forschungsbasis aus. Das führte zur Bestätigung seiner Schlußfolgerung, daß die Hygienefaktoren die Hauptursachen von Arbeitsunzufriedenheit (»dissatisfiers«) und die Motivationsfaktoren der Schlüssel zur Zufriedenheit (»satisfiers«) sind.

Herzbergs Arbeit hatte einen erheblichen Einfluß auf die Belohnungs- und Entlohnungsprogramme, die von Unternehmen angeboten werden. In zunehmendem Maße besteht ein Trend zu »Cafeteria«-Zusatzleistungen, bei denen die Mitarbeiter aus mehreren Optionen wählen können. Sie können sich die Elemente aussuchen, die sie ihrer Meinung nach am stärksten motivieren.

In ähnlicher Weise kann die gegenwärtige Betonung von Persönlichkeitsentwicklung, Karrieremanagement und selbstbestimmtem Lernen als Folge von Herzbergs Erkenntnissen betrachtet werden. Letztendlich kommt Motivation von innen, anstatt nach irgendeinem Rezept vom Unternehmen erzeugt zu werden.

Joseph M. Juran

21 Handbuch der Qualitätsplanung

Juran on Planning for Quality 1988

Hamel über Juran

»Ein Manager eines amerikanischen Autounternehmens erzählte einmal, daß das Unternehmen gerade seine zwanzigste jährliche Untersuchung über Toyota beendet hätte. Auf die Frage, ob sie nach zwanzig Jahren immer noch Neues über ihren Kontrahenten erführen, antwortete er: ›In den ersten fünf Jahren dachten wir, wir hätten ein Datenproblem – niemandes Qualität konnte so gut sein. In den nächsten fünf Jahren dachten wir, es müsse an der Mentalität liegen – gefügige Arbeiter, Gruppenstruktur usw. Danach glaubten wir, es läge an ihrer Technologie – Roboter, Zulieferersystem usw. Erst in der letzten Zeit sind wir zu der Erkenntnis gelangt, daß sie eine völlig andere Philosophie bezüglich Kunden und Arbeitern haben.‹ Jurans und Demings Einfluß ging weit über das Qualitätskonzept hinaus. Indem sie die Aufmerksamkeit westlicher Manager auf die Erfolge Japans lenkten, zwangen sie sie, einige ihrer Überzeugungen hinsichtlich der Fähigkeiten ihrer Mitarbeiter und der Erwartungen ihrer Kunden in Frage zu stellen.«

Der 1904 in Rumänien geborene *Joseph M. Juran* war – zusammen mit W. Edwards Deming – der Initiator der japanischen Qualitätsphilosophie nach dem Ende des Zweiten Weltkriegs. Juran ist Elektroingenieur und arbeitete in den zwanziger Jahren bei Western Electric und dann bei AT&T. 1953 kam er in Tokio an, als Deming bereits mit seinem Qualitätskonzept Aufsehen erregt hatte. Auf Einladung der Japanese Federation of Economic Associations und der Japanese Union of Scientists and Engineers sollte er zwei Monate lang die japanischen Ansätze zur Qualitätsverbesserung analysieren.

Aus seiner Erfahrung heraus war Juran davon überzeugt, daß Japans Erfolg auf Qualitätsprodukten beruhte. Diese Botschaft wurde jedoch ignoriert, da die Unternehmen im Westen weiterhin – fälschlicherweise – glaubten, daß Japan allein aufgrund niedriger Preise so erfolgreich war. In den sechziger Jahren versuchte Juran, US-Managern den Aufstieg Japans zur wirtschaftlichen Weltmacht bewußt zu machen.

Mit der »Entdeckung« der Qualität in den achtziger Jahren wurden Juran und seine Arbeit durch das Juran Institute bekannter – auch wenn er immer noch etwas in Demings Schatten blieb. Jurans gewichtiges *Quality Control Handbook* wurde 1951 veröffentlicht. Juran wurde vom japanischen Kaiser als »Dank für die Einführung der Qualitätssicherung in Japan und die Förderung der amerikanisch-japanischen Freundschaft« der »Second Class of the Order of the Sacred Treasure« verliehen (wie Deming) – die höchste Auszeichnung für einen Nichtjapaner.

Als Joseph Juran in den fünfziger Jahren vor Japanern redete, wurde seine Botschaft von Topmanagern begeistert aufgenommen. Im Westen bestand seine Zuhörerschaft aus Ingenieuren und Qualitätskontrolleuren. Laut Juran liegt darin das Problem: Während die Japaner Qualitätssteigerung und -sicherung zur Priorität der Unternehmensspitze gemacht haben, werden sie im Westen an nachgeordnete Hierarchieebenen delegiert, da sie als operative Aufgabe und nicht als Managementaufgabe angesehen werden.

Nach Meinung Jurans wurden die amerikanischen Unternehmen in den Nachkriegsjahren aus zwei Gründen vom asiatischen »Wirtschaftswunder« überrascht: Sie nahmen an, ihre asiatischen Konkurrenten seien Imitatoren statt Innovatoren, und die amerikanischen Topmanager waren zu sehr auf finanzielle Indikatoren fixiert und hatten daher Anzeichen einer Gefahr nicht wahrgenommen.

Jurans Qualitätsphilosophie, im *Handbuch der Qualitätsplanung* und seinen anderen Büchern dargelegt, beruht auf einer Qualitätstrilogie (»The Juran Trilogy«): Qualitätsplanung, Qualitätsregelung und Qualitätsverbesserung. Juran steht Deming insofern kritisch gegenüber, als dieser sich zu sehr auf Statistiken verläßt. Sein eigener Ansatz beruht dagegen auf dem »Unternehmensweiten Qualitätsmanagement«, das die Anwendung der Qualitätsphilosophie im gesamten Unternehmen zum Ziel hat.

Juran betonte immer wieder seine Auffassung, daß Qualität nicht delegiert werden kann, und er war ein früher Vertreter dessen, was als Erweiterung der Mitarbeiterkompetenzen (Empowerment) bekannt geworden ist: Für ihn muß Qualität das Ziel jedes Mitarbeiters sein, einzeln und als Mitglied von Teams, und zwar durch Selbstkontrolle. Sein Ansatz ist weniger mechanistisch als der Demings und legt den Akzent stärker auf die zwischenmenschlichen Beziehungen (auch wenn Demings Anhänger dieser Interpretation nicht zustimmen).

Die Qualitätsphilosophie wird bei Juran auch unter einer historischen Perspektive betrachtet. Die Herstellung von Produkten nach Spezifikationen und die nachfolgende Fehlersuche zum Schutz des Käufers wurde bereits vor 5 000 Jahren von den Ägyptern beim Bau der Pyramiden betrieben. Auch die alten Chinesen hatten eine besondere Abteilung der Zentralregierung, die Qualitätsstandards einführen und für ihre Einhaltung sorgen sollte. Damit wollte Juran sagen, daß Qualität nichts Neues ist – eine schlichte, aber entmutigende Botschaft: Wenn Qualitätssicherung so elementar und einfach ist – warum wurde sie dann im Westen ignoriert? Jurans Weigerung, seine einfache Botschaft theoretisch anzureichern und aufzuwerten, ist für manche attraktiv; sie hat aber die Verbreitung seiner Ideen stärker behindert, als ihm lieb war.

Innovativ ist Juran insofern, als er davon überzeugt war, daß Qualitätsbewußtsein sich nicht nur auf Spezifikationen und strenge Kontrollen beschränkt. Vielmehr kommt den menschlichen Aspekten entscheidende Bedeutung zu. Die Ursprünge seiner Gedanken gehen auf seine Zeit bei Western Electric zurück. Damals untersuchte er die große Menge winziger Unterbrecher, die regelmäßig verschrottet wurden. Anstatt am Ende des Fließbandes zu warten, um die defekten Teile zu zählen, betrachtete er den Fertigungsprozeß als Ganzes. Er fand eine Lösung und bot sie seinen Vorgesetzten an. Sie zeigten sich keineswegs beeindruckt, sondern sagten ihm, das sei nicht seine Aufgabe: »Hier ist die Endkontrolle, und unser Job ist, diese Dinger anzuschauen, wenn sie hergestellt sind, und die schlechten zu finden. Sie sofort richtig herzustellen ist Aufgabe der Fertigung.«

Als Reaktion darauf entwickelte Juran seine umfassende Theorie dessen, was Qualität enthalten sollte: »Grob gesprochen bedeutet Qualitätsplanung, Produkte und Prozesse so zu entwickeln, daß sie den Kundenbedürfnissen gerecht werden. Damit gehören zur Qualitätsplanung die folgenden grundlegenden Aktivitäten:

- Identifiziere die Kunden und ihre Bedürfnisse.
- Entwickle ein Produkt, das diese Bedürfnisse erfüllt.
- Entwickle einen Prozeß, der fähig ist, dieses Produkt zu erzeugen.

Wenn wir etwas genauer hinschauen, dann läuft Qualitätsplanung stets in sehr ähnlichen Schritten ab nach einer feststehenden ›Straßenkarte für die Qualitätsplanung‹:

- Identifiziere die Kunden.
- Identifiziere die Bedürfnisse dieser Kunden.
- Übersetze deren Bedürfnisse in unsere Sprache.

- Entwickle ein Produkt, das diese Bedürfnisse erfüllen kann.
- Optimiere die Produktfestlegungen derart, daß das Produkt sowohl unseren als auch den kundenseitigen Bedürfnissen gerecht wird.
- Entwickle einen Prozeß, der zur Herstellung dieses Produktes geeignet ist.
- Optimiere den Herstellungsprozeß.
- Stelle sicher, daß dieser Prozeß auch unter Serienbedingungen sicher und prozeßfähig funktionieren kann.
- Übertrage den Prozeß auf die Fertigung.«

Wie bei so vielen anderen Qualitätsrezepten ist Jurans Ansatz viel weitreichender und schwieriger umzusetzen, als eine solche Liste von einzelnen Punkten andeuten kann.

Rosabeth Moss Kanter

22 The Change Masters

1983

Hamel über Kanter

»In einer turbulenten und ungastlichen Welt ist die einmal erreichte Marktposition von Unternehmen empfindlich und instabil geworden. Die Branchenvorreiter von gestern sind die Nachzügler von heute. Entropie ist endemisch. Sicher ist *The Change Masters* das bis heute am sorgfältigsten recherchierte und am besten begründete Buch über Wandel und Transformation. Auch wenn Rosabeth Kanter nicht die ewige Quelle der Unternehmensvitalität entdeckt haben mag, weist sie uns mit Sicherheit in die richtige Richtung.«

Rosabeth Moss Kanter wurde 1943 geboren. Sie machte ihr Examen am Bryn Mawr College und promovierte an der Universität von Michigan. Nach einer Tätigkeit als außerordentliche Professorin an der Brandeis University ging sie 1978 nach Harvard und war Mitarbeiterin in einem Programm, das Verhalten von Organisationen untersuchte. Sie hat auch in Yale und am MIT gearbeitet und ist jetzt Professorin in Harvard. Von 1989-1992 war sie Herausgeberin der *Harvard Business Review*.

Rosabeth Moss Kanter begann ihre Karriere als Soziologin, bevor sie eine international anerkannte Managementtheoretikerin wurde. In dieser ersten Phase untersuchte sie utopische Gemeinschaften und in *Men and Women of the Corporation* (1977) das Funktionieren eines Unternehmens auf der internen sozialen Ebene. Es war ein früher Nachruf auf den Unternehmensmenschen und Amerika als Unternehmen, bevor sich Downsizing und Technologieentwicklung auswirkten. »Die Managementtheoretikerin Kanter untersucht ihren Gegenstand immer noch mit dem Auge eines Soziologen und behandelt das Unternehmen nicht so sehr als Mikrowirtschaft, die damit beschäftigt ist, Input in Output zu verwandeln, sondern als Minigesellschaft, die Individuen für gemeinsame Zwecke formen will«, schrieb *The Economist*.[1]

Kanter ist Mitgründerin des Beratungsunternehmens Goodmeasure in Boston. Ihre in jüngster Zeit erschienenen Bücher wie *When Giants Learn to Dance* (1989) und *Weltklasse: Im globalen Wettbewerb lokal triumphieren* (1996) haben ihren Ruf weiter gefestigt. Die Soziologin in Kanter bleibt stark: »Ich glaube, wir werden sehen, daß multinationale Unternehmen eine ganz andere Rolle spielen werden. Sie müssen gute Unternehmensbürger sein, weil die Regionen, in denen sie operieren, ein immer breiteres Aktivitätenspektrum von ihnen fordern werden«, sagt sie voraus.[2]

Rosabeth Moss Kanters Buch *The Change Masters* wurde das »*Auf der Suche nach Spitzenleistungen* des denkenden Menschen« getauft. Es wurde ebenfalls ein Bestseller, aber Vergleiche mit dem Werk von Peters und Waterman sind weitgehend sinnlos. (Die maßgebliche *Sloan Management Review* stellte allerdings fest, daß Kanters Buch »von unvergleichlich höherer Qualität ist als der Bestseller von Peters und Waterman.) Kanters Analyse der »Unternehmer bei der Arbeit« ist durch und durch wissenschaftlich. Ihre Prosa ist langweilig und gelegentlich schwerfällig, die Verweise sind ausführlich und kompliziert. Das Buch vermittelt Autorität.

Kanter definiert die Beherrscher des Wandels (die »change masters«) als »jene Menschen und Unternehmen, die die Kunst beherrschen, die Notwendigkeit produktiver Veränderungen vorherzusehen und sich an die Spitze des Veränderungsprozesses zu setzen«. Ihnen entgegengesetzt sind die, die sich Veränderungen widersetzen und Innovationen blockieren (die »change resisters«).

Ausgangspunkt von Kanters Studie war die Bitte an fünfundsechzig für den Personalbereich verantwortliche Bereichsleiter in Großunternehmen, Unternehmen zu nennen, die »in ihren Systemen und Praktiken hinsichtlich ihrer Mitarbeiter progressiv und zukunftsweisend waren«. Siebenundvierzig Unternehmen führten das Feld an. Sie wurden dann mit ähnlichen Firmen verglichen. Die Unternehmen, die sich besonders um den Personalbereich kümmerten, wiesen »eine beträchtlich höhere langfristige Rentabilität und ein größeres Wachstum« auf. Die Lehre daraus ist: Wenn man sein Personal gut managt, leitet man wahrscheinlich auch das Unternehmen gut.

Der Untertitel des Buches lautet »Innovation und Unternehmertum in amerikanischen Unternehmen«. Innovation ist für Kanter der Schlüssel für zukünftiges Wachstum, und der Schlüssel für die Entwicklung und Aufrechterhaltung der Innovationsfähigkeit ist ein »integrativer« Ansatz, kein »segmentierender«. Die Probleme der Amerikaner sind die Folge »des sanften Erstickens des Unternehmergeistes in segmentierenden Unternehmen«.

»Drei neue Fähigkeiten sind erforderlich, um in einer solchen integrativen, Innovationen stimulierenden Umgebung effektiv zu managen«, schreibt Kanter. »Die erste ist die machtbezogene Fähigkeit, andere davon zu überzeugen, Informationen, Unterstützung und Ressourcen in neuen, von einem ›Unternehmer‹ angeregten Initiativen einzubringen. Die zweite ist die Fähigkeit, mit den Problemen fertigzuwerden, die mit dem verstärkten Einsatz von Teams und der breiteren Beteiligung der Mitarbeiter verbunden sind. Und die dritte ist das Verständnis dafür, wie Veränderungen in einem Unternehmen gestaltet werden und sich auswirken – in welcher Beziehung die Mikroänderungen, die von einzelnen Innovatoren eingeführt werden, zu Makroänderungen oder strategischer Neuorientierung stehen.«

Kanter war durch ihre Bücher *The Change Masters* und das Nachfolgewerk *When Giants Learn to Dance* mitverantwortlich für das gesteigerte Interesse an der Erweiterung der Mitarbeiterkompetenzen – auch wenn sie kaum in die Praxis umgesetzt wurde. (Im erstgenannten Buch mußte der Begriff »Empowerment« noch in das Managementvokabular eingeführt werden und ist nicht einmal im Register aufgeführt, für »participation« (Beteiligung) dagegen gibt es eine lange Liste der Verweise.) Die Mitarbeiter werden in den Mittelpunkt gerückt: »Das Ausmaß, in dem den einzelnen die Gelegenheit gegeben oder verwehrt wird, effektiv Macht auszuüben, ist ein Unterscheidungsmerkmal zwischen den Unternehmen, die stagnieren, und denen, die Innovationen einführen.«

In diesem Sinne bildet Kanters Werk eine moderne Weiterentwicklung der »Human-Relations«-Schule der späten fünfziger und der sechziger Jahre. »Vor allem nimmt Ms. Kanter vorschnell an, daß ›personalsensible‹ Strategien auch ›wachstumsfördernde‹ Strategien sind. Das Wesentliche des letzten Jahrzehnts ist nicht die Kameraderie der mitgebrachten Mittagessen, sondern die Epidemie des Downsizing«, stellte der *Economist* in einem Profil von Kanters Werk fest.[3]

Für Kanter ist die Sucht nach Downsizing und ständigen Kürzungen der Beweis dafür, daß die Notwendigkeit für Innovationen, wie sie in *The Change Masters* dargestellt wird, so groß wie eh und je ist.

Philip Kotler

23 Marketing-Management. Analyse, Planung, Umsetzung und Steuerung

Koautor Friedhelm Bliemel

Marketing Management. Analysis, Planning, Implementation and Control
1967

Hamel über Kotler

»Es gibt wenige lebende MBA-Absolventen, die Kotlers enzyklopädisches Lehrbuch über Marketing nicht durchgeackert und davon enorm profitiert haben. Ich kenne keinen anderen Managementautor, der sein (oder ihr) Fachgebiet in solcher Ausführlichkeit und Klarheit und mit solcher Autorität abdeckt wie Phil Kotler. Mir fallen nur wenige Bücher ein, sogar von den hier gepriesenen, deren Erkenntnisse größeren praktischen Nutzen für das durchschnittliche Unternehmen besitzen wie die in *Marketing-Management* enthaltenen.«

Philip Kotler ist Professor für Internationales Marketing an der J.L. Kellogg Graduate School of Management der Northwestern University und zählt zu den führenden Autoritäten im Marketing. Er erhielt seinen Master-Abschluß von der Universität von Chicago und promovierte am MIT – beides in Volkswirtschaft. Er arbeitete an der Harvard-Universität, wo er nach der Promotion Mathematik studierte, und an der Universität von Chicago, wo er sich mit Verhaltenswissenschaft beschäftigte.

Philip Kotler ist ein sehr produktiver Autor. Außer *Marketing-Management*, dem an Business Schools meistbenutzten Marketingbuch, hat er unter anderem folgende Bücher geschrieben: *Principles of Marketing: Marketing Models*, *Marketing für Nonprofit-Organisationen*, *Die asiatische Herausforderung: Antwort auf neue Marketingstrategien*, *High Visibility* und *Social Marketing* (mit E. Roberto).

Eine Anzeige für ein Kotler-Seminar faßt das Marketing der neunziger Jahre in vier hübschen Aphorismen zusammen: »Unternehmen achten zu sehr auf die Kosten dessen, was sie tun. Sie sollten sich lieber um die Kosten kümmern, die entstehen, wenn sie es nicht tun.« »Jedes Unternehmen sollte sich darum bemühen, daß seine eigene Produktlinie veraltet – bevor es die Konkurrenten tun.« »Ihr Unternehmen gehört in keinen Markt, wenn es dort nicht die Nummer eins sein kann.« »Um Marketing zu lernen, benötigt man einen Tag. Leider braucht man ein ganzes Leben, um es zu beherrschen.«

Solche Bemerkungen reduzieren Kotlers enorme Produktivität auf ein paar denkwürdige Sätze. Das wird seiner Arbeit in keiner Weise gerecht. Kotlers Bücher sind Lehrbücher im besten Sinn des Wortes, und *Marketing-Management* ist das maßgebliche Marketinglehrbuch unserer Zeit. Es liegt jetzt in der achten, erweiterten Auflage von 1994 vor (der die ebenfalls achte Auflage der deutschen Ausgabe von 1995 entspricht, die allerdings an den deutschen und europäischen Wirtschafts- und Kulturkreis adaptiert wurde).

Es ist argumentativ klar aufgebaut und umfaßt alle Aspekte des Marketing. Im Laufe der verschiedenen Auflagen wurde sein Inhalt erweitert und jeweils auf den neuesten Stand gebracht. Welche Herausforderungen alle, die mit Marketing zu tun haben, künftig meistern müssen, wurde in der achten Auflage von Kotler überzeugend dargestellt: »Die Marketing-Disziplin entwickelt ihre Annahmen, Konzepte, Fähigkeiten, Werkzeuge und Systeme neu, um fundierte Unternehmensentscheidungen zu treffen. Verkäufer müssen wissen, wann sie große Märkte bedienen und wann sie in Marktnischen gehen sollten; wann neue Marken eingeführt und wann bestehende ausgeweitet werden sollten; wann Produkte durch die Vertriebskanäle gepuscht und wann sie durch sie gezogen werden sollten; wann man den heimischen Markt schützen und wann man aggressiv in Auslandsmärkte eindringen muß; wann das Angebot um Zusatzleistungen erweitert und wann der Preis gesenkt werden sollte, und wann die Budgets für Vertrieb, Werbung und andere Marketing-Instrumente erweitert beziehungsweise gekürzt werden sollten.« Der Marketingbereich dehnt sich exponentiell aus, wie Umfang und Tiefe von *Marketing-Management* demonstriert – sein Inhalt reicht von der Branchen- und Wettbewerberanalyse bis zum Entwurf von Strategien für den globalen Markt, von der Durchführung von Produktlebenszyklus-Strategien bis zum Einzelhandel, Großhandel und konkreten Vertriebssystemen.

Kotler untersucht die Schwerpunktverlagerung vom »Transaktionsmarketing« zum »Beziehungsmarketing«: »Der gewinnbringende Kunde ist ein Kunde, der über die Dauer der Beziehung einen Zahlungsstrom erbringt, der den Kostenstrom des Unternehmens für seine Akquisition und Bedienung um ein akzeptables Minimum übersteigt.«

Für den angehenden oder praktizierenden Verkäufer liegt die Anziehungskraft von *Marketing-Management* in der Klarheit der Definitionen von Schlüsselsätzen und -funktionen. Kotler definiert Marketing als »einen Prozeß im Wirtschafts- und Sozialgefüge, durch den Einzelpersonen und Gruppen ihre Bedürfnisse und Wünsche befriedigen, indem sie Produkte und andere Dinge von Wert erzeugen, anbieten und miteinander austauschen«. Kotler erklärt dann das Konzept eines Marktes als bestehend »aus allen potentiellen Kunden mit einem bestimmten Bedürfnis oder Wunsch, die willens und fähig sind, durch einen Austauschprozeß das Bedürfnis oder den Wunsch zu befriedigen«. Marketing-Management ist demzufolge der »Planungs- und Durchführungsprozeß der Konzipierung, Preisfindung, Förderung und Verbreitung von Ideen, Waren und Dienstleistungen, um Austauschprozesse zur Erreichung der Ziele von Kunden und Unternehmen herbeizuführen«.

Die Klarheit von *Marketing-Management* ermöglicht es Kotler, zu den Grundlagen zurückzukehren. Seine Untersuchung, was ein Produkt ausmacht, ist typisch dafür. Er definiert ein Produkt als »alles, was auf einem Markt angeboten werden kann, um es zu betrachten und zu beachten, zu erwerben, zu gebrauchen oder zu verbrauchen und somit einen Wunsch oder ein Bedürfnis zu erfüllen«. Er schreibt, ein Produkt habe fünf Ebenen: den Kernnutzen (»die fundamentale Produktleistung und den Produktnutzen, den der Verbraucher in Wirklichkeit kauft«), das generische Produkt (d. h. die Grundversion eines Produktes), das erwartete Produkt (die normalen Erwartungen der Kunden an das Produkt), das augmentierte Produkt (»ein weiteres Bündel an Eigenschaften, Kundennutzen und Dienstleistungen«) und das potentielle Produkt (»das Produkt mit jedem Zusatznutzen und allen Umgestaltungsmöglichkeiten, die es in der Zukunft erfahren könnte«).

Kotler untersucht das, was er den »Wertgewinn« nennt, den er definiert als »der Unterschied zwischen der Wertsumme und der Kostensumme des Angebots«. Die Wertsumme besteht aus dem Nutzenbündel, das die Kunden von einem bestimmten Produkt oder einer Dienstleistung erwarten und setzt sich zusammen aus Produktwert, dem Wert durch produktbegleitende Dienstleistungen, dem Wert durch Mitarbeiter und dem Wert durch Image. Die Kostensumme besteht aus den monetären Kosten, den Kosten für Zeit, den Kosten für Energie und den Kosten für psychischen Aufwand. Aus Wertsumme und Kostensumme ergibt sich für den Kunden der Wertgewinn.

Angesichts des Umfangs und der Aufgabe des modernen Marketing, wie es von Kotler dargestellt wird, ist es kaum verwunderlich, daß er sich darüber beklagt, daß so wenige Unternehmen wirklich zum Marketing fähig sind und es praktizieren. Seine Liste von Unternehmen, die das Marketingkonzept erfolgreich umgesetzt haben, ist wegen ihrer Kürze bemerkenswert. In den Vereinigten Staaten zählt er dazu: Procter & Gamble, Apple, Disney, Nordstrom, Wal-Mart, Milliken, McDonald's, Marriott Hotels und Delta Airlines. Anderswo ist die Liste sogar noch kürzer: In Europa hebt Kotler IKEA, Club Med, Ericsson, Bang & Olufsen und Marks & Spencer hervor und in Japan nur Sony, Toyota und Canon.

Kotler meint, daß Unternehmen auf dem Weg zur Marketingorientierung drei Hürden überwinden müssen:

1. **Organisierten Widerstand:** Das festverwurzelte funktionale Verhalten neigt dazu, einer verstärkten Betonung des Marketing Widerstand zu leisten, da es als Untergrabung der funktionalen Machtbasis angesehen wird.

2. **Langsame Lernprozesse:** Die meisten Unternehmen können sich nur langsam mit dem Marketingkonzept anfreunden. Im Bankensektor hat das Marketing nach Meinung Kotlers fünf Stufen durchlaufen: In der ersten wurde Marketing als Werbung, Verkaufsförderung und Öffentlichkeitsarbeit betrachtet. Dann sollte es eine freundliche Atmosphäre verbreiten. In der dritten Stufe gingen die

Banken zu Segmentierung und Innovationen über. Dann betrachteten sie Marketing als Positionierung, und schließlich sahen sie es als Marketinganalyse, -planung und -steuerung an.

3. **Schnelles Vergessen:** Unternehmen, die Marketingkonzepte übernehmen, tendieren im Laufe der Zeit dazu, die Hauptmarketingprinzipien zu vernachlässigen. Mehrere US-Unternehmen haben versucht, mit geringen Kenntnissen der Unterschiede auf den Märkten ihre Produkte in Europa einzuführen.

Trotz der praktischen Schwierigkeiten und Grenzen unserer Marketingkonzepte betrachtet Kotler das Marketing als den Kern eines Unternehmens. »Gute Unternehmen befriedigen Bedürfnisse, überragende erzeugen Märkte«, schreibt er. »Marktführerschaft wird dadurch erreicht, daß man sich neue Produkte, Dienstleistungen, Lebensstile und Methoden zur Erhöhung des Lebensstandards vorstellt. Es besteht ein enormer Unterschied zwischen Unternehmen, die Allerweltsprodukte anbieten und denen, die neue Produkt- und Dienstleistungswerte erzeugen, von denen der Markt sich noch gar keine Vorstellung macht. Marketing in seiner besten Ausprägung handelt von Werterzeugung und Anhebung des Lebensstandards der Welt.«

Ted Levitt

24 Innovation in Marketing

1962

Hamel über Levitt

»Auch wenn Ted Levitt in seiner Karriere nichts anderes gemacht hätte – und er hat viel gemacht –, hätte er seinen Unterhalt auf diesem Planeten mit dem Artikel ›Marketing Myopia‹ verdient. Manager gehen so in ihren Produkten (Eisenbahn) auf, daß sie den grundlegenden Nutzen, den Kunden suchen (Transport) aus dem Auge verlieren. Genauso provokativ war sein Artikel ›The globalization of markets‹ in der *Harvard Business Review* von 1983. Auch wenn manche der Meinung sind, Märkte würden nie wirklich global, gibt es wenige Unternehmen, die gegen den allgemeinen Trend wetten.«

Ted Levitt, 1925 in Deutschland geboren, ist der führende Marketing-Guru der letzten dreißig Jahre. Er ist Professor an der Harvard Business School und ehemaliger Herausgeber der *Harvard Business Review*.

Levitt ist Autor von *The Marketing Mode* (1969), *Marketing imagination: Die unbegrenzte Macht des kreativen Marketing* (1984) und *Über Management* (1992). Sein jüngstes Werk ist eine Darstellung der Entwicklung globaler Marken.

Ted Levitts Ruhm war schon zu Beginn seiner Karriere gesichert – durch den Artikel »Marketing Myopia« in der *Harvard Business Review* (1960), der sich eines unvorhergesehenen Erfolgs erfreute (es wurden mehr als eine halbe Million Nachdrucke verkauft). Seitdem wurde der Artikel in nahezu jeder Sammlung wichtiger Marketingtexte abgedruckt – auch von Levitt in seinem Buch *Innovation in Marketing*.

In »Marketing Myopia« meint Levitt, Unternehmen sollten sich in erster Linie darum kümmern, die Kunden zufriedenzustellen, anstatt einfach nur Güter herzustellen. Unternehmen sollten marketingorientiert statt produktionsorientiert sein, und die Orientierung müsse vom Unternehmensleiter und dem Topmanagement kommen: »Das Management darf sich selbst nicht als Güterproduzenten betrachten, sondern muß sich als Lieferanten kundenerzeugender Wertbefriedigung ansehen.« (In seiner Fähigkeit, neuen Managementjargon zu prägen, und in seinem Denken war Levitt seiner Zeit voraus.) »Marketing Myopia« ist, wie Levitt später zugab, eher ein Manifest als ein hochwissenschaftlicher Artikel. Es enthält Ideen, die bereits von anderen untersucht worden waren – Levitt erkennt zum Beispiel an, daß er Peter Druckers Buch *Die Praxis des Management* viel verdankt.

Es steht außer Frage, daß zu der Zeit, als Levitt den Artikel schrieb, die Unternehmen produktionsorientiert waren. Henry Fords Erfolg mit der Massenfertigung hatte die Überzeugung gefestigt, daß eine Produktion zu niedrigen Kosten der Schlüssel zum Erfolg ist. Ford hielt an seinem Glauben fest, er wisse, was die Kunden wünschten, lange nachdem sie sich längst anders entschieden hatten. (Dennoch preist Levitt Fords Können im Marketing, indem er meint, daß die Massenfertigungsverfahren, die er einsetzte, dem Marketing dienten und kein Selbstzweck waren.)

Levitt stellt fest, daß das produktionsorientierte Denken unweigerlich zu einer verengten Perspektive führt. Er meint, die Unternehmen müßten ihre Sicht erweitern, was das Wesen ihrer Tätigkeit angeht. Andernfalls würden sie ihre Kunden bald aus den Augen verlieren. »Die Eisenbahngesellschaften sind heute in Schwierigkeiten, nicht weil der Bedarf von anderen gedeckt wurde …, sondern weil er nicht von den Eisenbahngesellschaften selbst gedeckt wurde«, schreibt Levitt. »Sie ließen zu, daß andere ihnen Kunden wegnahmen, weil sie annahmen, sie seien im Eisenbahngeschäft tätig anstatt im Transportgeschäft. Sie definierten ihre Branche falsch, weil sie eisenbahn- statt transportorientiert waren; sie waren produktorientiert anstatt kundenorientiert.« In Levitts Sicht war die Eisenbahnbranche durch mangelnde Bereitschaft, ihren Horizont zu erweitern, in ihrem Handlungsspielraum eingeengt.

Levitt übt ähnliche Kritik auch an anderen Branchen. Die Filmindustrie reagierte nicht auf den Siegeszug des Fernsehens, weil sie meinte, sie sei in der Filmproduktion tätig anstatt in der Lieferung von Unterhaltung. (Interessanterweise kann man dies auf den Wiederaufstieg von Disney in den letzten Jahren anwenden: Als das Unternehmen begann, sich als Lieferanten von Familienunterhaltung statt als Produzenten von Kinderfilmen zu betrachten, hatte es spektakuläre Erfolge.)

Wachstum darf nie als selbstverständlich angenommen werden, schreibt Levitt: »In Wirklichkeit existiert so etwas wie eine Wachstumsbranche nicht.« Wachstum hängt nicht von der Branche ab, in der man tätig ist, sondern davon, ob man scharfsinnig genug ist, um zu erkennen, wo Wachstumspotentiale liegen könnten. Die Geschichte, sagt Levitt, ist voller Unternehmen, die aus verschiedenen Gründen zum »unbemerkten Untergang« prädestiniert sind. Erstens nehmen sie an, das Wachstum in ihrem Markt würde sich so lange fortsetzen, wie die Bevölkerung in Größe und Wohlstand zunimmt. Zweitens glauben sie, ein Produkt könne nicht übertroffen werden. Drittens besteht die Tendenz, darauf zu vertrauen, daß verbesserte Fertigungsverfahren zu niedrigeren Kosten und damit zu höheren Gewinnen führen. »Massenfertigungsbranchen sind von dem Drang beherrscht, soviel zu produzieren, wie sie können. Der Aussicht rapide sinkender Stückkosten bei steigendem Ausstoß kann die Mehrzahl der Unternehmen gewöhnlich nicht widerstehen. Die Gewinnaussichten sind spektakulär. Alle Anstrengungen richten sich auf die Fertigung. Folglich wird das Marketing vernachlässigt.« Und schließlich konzentriert man sich auf das Produkt, weil es zur Messung und Analyse geeignet ist.

Diese Einsichten haben sich als deprimierend zutreffend erwiesen. Viele der heute führenden Theoretiker, wie Pascale und Peters, verweisen immer wieder auf Levitts Aussage, daß so etwas wie eine Wachstumsbranche nicht existiert. Erfolg erzeugt Selbstgefälligkeit, und diese führt zu Mißerfolg. Das ist eine Tatsache des Wirtschaftslebens, die Ende der neunziger Jahre nicht weniger gültig ist wie Anfang der sechziger Jahre.

In »Marketing Myopia« trifft Levitt auch eine aufschlußreiche Unterscheidung zwischen den Aufgaben des Verkaufs und des Marketing: »Beim Verkaufen geht es um die Tricks und Techniken, wie man Leute dazu bringt, daß sie ihr Geld gegen Ihr Produkt eintauschen. Der Wert, um den es bei dem Austausch geht, interessiert nicht. Und es geht dabei auch nicht, wie es im Marketing unweigerlich der Fall ist, um den gesamten Unternehmensprozeß als eine integrierte Aufgabe, Kundenbedürfnisse zu entdecken, zu erzeugen, zu wecken und zu befriedigen.« Diese Idee wurde in den achtziger Jahren wieder aufgenommen, als das Marketing eine Renaissance erlebte und Unternehmen allmählich Levitts Warnung stärker Beachtung schenkten, daß sie ihre Aufmerksamkeit zu sehr auf die Fertigung konzentrierten.

Levitts Artikel und seine nachfolgenden Arbeiten stellten das Marketing in den Mittelpunkt. In manchen Fällen führten sie sogar zu dem, was Levitt »Marketingmanie« nannte – Unternehmen »reagierten obsessiv auf jede flüchtige Laune der Kunden«. Das Hauptanliegen des Artikels hat die Zeit überdauert. (»Ich würde ihn genauso wieder schreiben«, kommentierte Levitt 1975.)

Levitts Problemanalyse war eindeutig zutreffend – die Unternehmen waren produktionsorientiert –, wenn auch seine Diagnose potentieller Lösungen weniger genau war. Hätten die Eisenbahngesellschaften entschieden, sie seien im Transportgeschäft tätig, hätten sie wahrscheinlich trotzdem keinen Erfolg gehabt; aber wenn sie auf die Bedürfnisse und Wünsche ihrer Kunden geachtet hätten, hätten sie womöglich den Lauf der Dinge aufhalten können.

Niccolò Machiavelli

25 Der Fürst

Il Principe
1513

Hamel über Machiavelli

»Wir müssen gelegentlich daran erinnert werden, daß Führung und Strategie keine Erfindungen des zwanzigsten Jahrhunderts sind. In früheren Jahrhunderten waren sie allerdings eher Angelegenheit von Fürsten als von Industriellen. Macht ist jedoch eine Konstante in den menschlichen Angelegenheiten und ein zentrales Thema in Machiavellis *Der Fürst*. Zur Zeit ist es außer Mode, über Macht zu reden. Wir werden ständig daran erinnert, daß in der auf Wissen beruhenden Wirtschaft das Kapital Schuhe trägt und jeden Abend nach Hause geht. Kein Platz mehr für das stumpfe Instrument der Machtpolitik. Aber würden Sumner Redstone, Bill Gates oder Rupert Murdoch zustimmen? Interessant ist, daß nach fast 500 Jahren Machiavellis Buch immer noch gedruckt wird. Welcher heutige Band über Führung wird wohl die Buchhandlungen im Jahr 2500 zieren? Sagt uns Machiavellis Langlebigkeit etwas über die tiefen, dauerhaften Wahrheiten des Managements?«

Niccolò Machiavelli (1469-1527) diente als Beamter der Florentinischen Regierung. In den vierzehn Jahren, die er Sekretär der Zweiten Kanzlei war, wurde er als der »Florentiner Sekretär« bekannt, und er war zu fast dreißig diplomatischen Missionen im Ausland. Seine Tätigkeit brachte ihn mit einigen von Europas einflußreichsten Ministern und Regierungsvertretern in Kontakt. Seinen größten diplomatischen Triumph erlebte er, als Florenz die Unterwerfung Pisas gelang.

Machiavellis Karriere fand 1512 ihr Ende, als die Medici wieder an die Macht kamen. Er wurde ins Exil geschickt und später der Verwicklung in ein Komplott gegen die Regierung beschuldigt. Dafür kam er ins Gefängnis und wurde gefoltert. Er zog sich dann 1513 auf ein Landgut außerhalb Florenz zurück und begann eine erfolgreiche Karriere als Schriftsteller: Er schrieb Bücher über Politik, verfaßte Dramen und schrieb eine Geschichte von Florenz.

Ende des zwanzigsten Jahrhunderts gibt es mehr als genug Bücher über Persönlichkeitsentwicklung. Veröffentlichungen, die die Geheimnisse des Zeitmanagements, erfolgreichen Auftretens und gelingender Kommunikation zu lüften versprechen, füllen zahllose Bücherregale. Vor fast 500 Jahren erschien das erste Buch dieser Art. Machiavellis *Der Fürst* ist das Pendant des sechzehnten Jahrhunderts zu Dale Carnegies *Wie man Freunde gewinnt*. Eingebettet in Einzelheiten über die Machenschaften des Papstes Alexander VI. enthält Machiavellis Buch Aphorismen und Einsichten, die – vielleicht bedauerlicherweise – für viele Manager und Unternehmen in der heutigen Zeit nicht weniger relevant sind wie vor nahezu einem halben Jahrtausend. (Antony Jays Buch von 1970 *Management and Machiavelli* stellt die Vergleiche dar.)

»Wie die Führer, die Machiavelli zu verteidigen suchte, sehen sich einige Manager gerne als die natürlichen Herrscher, denen die Unternehmen sicher anvertraut werden können«, sagt der Psychologe Robert Sharrock von der Beratungsfirma YSC. »Theorien über die Motive dieser Haltung gibt es im Überfluß. Ist es eine Abwehrreaktion gegen das Versagen oder eine Notwendigkeit, durch vollständige Kontrolle das künftige Geschehen vorhersehbar zu machen? Die Wirkung des machtorientierten machiavellistischen Managers ist normalerweise offen sichtbar.«

»Für einen Fürsten ist es also nicht erforderlich, alle obengenannten guten Eigenschaften wirklich zu besitzen, wohl aber den Anschein zu erwecken, sie zu besitzen«, rät Machiavelli und fügt hinzu, daß es nützlich ist, »ein großer Vortäuscher und Heuchler zu sein«. Aber *Der Fürst* geht über solche hilfreichen Hinweise, wie man sich darstellt, hinaus. Wie alle großen Bücher bietet es für jeden etwas. Zum Beispiel über Change Management: »Auch muß man bedenken, daß kein Vorhaben schwieriger in der Ausführung, unsicherer hinsichtlich seines Erfolges und gefährlicher bei seiner Verwirklichung ist, als eine neue Ordnung einzuführen ...« Oder über die Aufrechterhaltung der Motivation: »... so muß er, außer daß er eine gute Disziplin und Ausbildung seiner Soldaten aufrechterhält, stets auf die Jagd gehen ....«

Machiavelli hat sogar einen Rat für Manager, die Unternehmen in anderen Ländern erwerben: »Wenn man hingegen Staaten in einer

Gegend erwirbt, deren Sprache, Sitten und Einrichtungen einem fremd sind, so stößt man auf Schwierigkeiten, und es ist ebensoviel Glück und Energie nötig, um sie zu behalten. Eines der besten und wirksamsten Mittel bestünde darin, daß der Eroberer sich dort selbst niederließe … Bist du nämlich dort ansässig, werden dir ausbrechende Unruhen sogleich bekannt, und du kannst sie rasch ersticken; bist du es aber nicht, so erfährst du von ihnen erst, wenn sie sich ausgebreitet haben und es kein Mittel mehr gegen sie gibt.« Manager in der ganzen Welt werden Machiavellis Analyse zustimmen können.

Machiavelli ist in seinem Element, wenn er über Führung spricht. Erfolg, sagt er, hängt nicht von Glück oder Tüchtigkeit ab, sondern von »vom Glück begünstigter Schläue«. Bei Machiavelli ist das ein Euphemismus. An anderer Stelle rät er: »Ein Fürst darf also weder ein anderes Ziel noch einen anderen Gedanken haben oder sich mit irgendeiner anderen Kunst befassen als mit der Kriegskunst, ihren Regeln und der ihr eigenen Disziplin; denn dies ist die einzige Kunst, die man von dem erwartet, der befiehlt.«

Der Fürst untersucht auch die Gefahren, denen die selbsternannten Führer gegenüberstehen, wenn sie die schwindelerregenden Höhen erreichen: »Diejenigen, welche nur durch Glück vom Privatmann zum Fürsten aufsteigen, haben geringe Mühe aufzusteigen, aber große, sich zu behaupten; ihr Weg bereitet ihnen keine Schwierigkeiten, weil sie ihn im Flug zurücklegen; aber alle Schwierigkeiten beginnen, sobald sie am Ziel sind.«

Machiavelli ist vor allem der Vertreter der Führung durch Gerissenheit und Intrige, des Triumphs der Gewalt über die Vernunft. Als Bewunderer Borgias hatte Machiavelli eine düstere Sicht der menschlichen Natur. Leider, wie er weise anmerkt, habe die Geschichte wiederholt bewiesen, daß eine Kombination aus bis zu den Zähnen bewaffnet und hinterhältig zu sein einem mit größerer Wahrscheinlichkeit ermöglicht, seine Ziele zu erreichen. Es ist gut und schön, gut zu sein, sagt Machiavelli, aber der Führer sollte bereit sein, »sich zum Bösen zu wenden, sobald es nötig ist«.

Douglas McGregor

26 Der Mensch im Unternehmen

The Human Side of Enterprise
1960

Hamel über McGregor

»In den letzten vierzig Jahren haben wir uns allmählich von der Vorstellung gelöst, daß die Menschen nur warmblütige Rädchen in der Industriemaschine seien. Den Menschen kann man vertrauen, sie wollen das Richtige tun, sie verfügen über Vorstellungskraft und Einfallsreichtum – das waren McGregors Grundannahmen, und sie liegen dem Werk heutiger Managementtheoretiker von Drucker über Deming zu Peters sowie der Personalpolitik der progressivsten und erfolgreichsten Unternehmen zugrunde.«

Douglas McGregor (1906-1964) wurde am City College in Detroit und in Harvard ausgebildet. Er war Sozialpsychologe und Leiter des Antioch College (1948-1954) sowie Professor für Management am MIT. Trotz seiner begrenzten Anzahl von Veröffentlichungen und seines kurzen Lebens ist sein Werk von großer Bedeutung. McGregor gehörte zu den bedeutendsten Vertretern der »Human-Relations«-Schule, die Ende der fünfziger Jahre entstand (und zu der Koryphäen wie Maslow und Herzberg zählten).

»McGregor war ein Vorbild, und in vielerlei Hinsicht bin ich ihm gefolgt«, sagt Warren Bennis. »McGregor besaß die Gabe, seine Gedanken so verständlich darzulegen, daß sich Praktiker tatsächlich davon angesprochen fühlen konnten. Er war kein großer Gelehrter, aber er besaß diese unbeirrbare Klarheit des Denkens, um das, was damals Verhaltensforschung genannt wurde, aufzunehmen und in einer Weise anzuwenden, die seine Erkenntnisse für Praktiker anwendbar machte.«

Im Vorwort zu *Der Mensch im Unternehmen* schreibt McGregor: »Dieses Buch ist ein Versuch, die These zu erhärten, daß die menschliche Komponente eines Unternehmens ›aus einem Stück‹ ist, daß die theoretischen Voraussetzungen, die das Management für die Kontrolle seiner verfügbaren menschlichen Fähigkeiten aufstellt, den gesamten Charakter des Unternehmens bestimmen.«

Das Buch bleibt ein klassischer Text seiner Zeit und der »Human-Relations«-Schule. McGregors Untersuchung der Arbeit und Motivation paßte genau zu den Problemen, die gegen Mitte und Ende der sechziger Jahre auftauchten, als das große monolithische Unternehmen eine immense wirtschaftliche Machtstellung erreicht hatte und die Welt alles in Frage stellte. Von dem Buch wurden 1965, dem Jahr mit dem höchsten Absatz, 30 000 Exemplare verkauft, eine für die damalige Zeit beispiellose Menge.

In *Der Mensch im Unternehmen* präsentiert McGregor zwei Möglichkeiten, das Denken von Managern zu beschreiben: Theorie X und Theorie Y.

Theorie X ist das traditionelle Zuckerbrot-und-Peitsche-Denken, das auf der Annahme des »Mittelmaßes der Massen« beruht. Es wird unterstellt, daß Arbeiter von Natur aus faul sind, überwacht und motiviert werden müssen, und daß sie Arbeit als notwendiges Übel betrachten, um Geld zu verdienen. Laut McGregor sind die Annahmen der Theorie X: »(1) Der Durchschnittsmensch hat eine angeborene Abneigung gegen Arbeit und versucht, ihr aus dem Wege zu gehen, wo er kann. (2) Weil der Mensch durch Arbeitsunlust gekennzeichnet ist, muß er zuerst gezwungen, gelenkt, geführt und mit Strafe bedroht werden, um ihn mit Nachdruck dazu zu bewegen, das vom Unternehmen gesetzte Soll zu erreichen. (3) Der Durchschnittsmensch zieht es vor, an die Hand genommen zu werden, möchte sich vor Verantwortung drücken, besitzt verhältnismäßig wenig Ehrgeiz und ist vor allem auf Sicherheit aus.«

McGregor beklagt, daß die Theorie X »das Managementverhalten in weiten Bereichen der amerikanischen Industrie spürbar beeinflußt«, und er schreibt an anderer Stelle: »Wenn von allen Voraussetzungen eine die konventionelle Organisationstheorie besonders durchdrungen hat, dann die der Autorität als dem zentralen, unentbehrlichen Führungsinstrument im Management.«

»Die menschliche Seite des Unternehmens wird heute von Thesen und Überzeugungen wie diese geformt«, schreibt McGregor und gelangt dann zu der Schlußfolgerung, daß »dieses Verhalten keine Folge der angeborenen Natur des Menschen ist. Es ist vielmehr eine Folge des Wesens industrieller Organisationen, der Managementphilosophie, -politik und -praxis.« Nicht die Menschen, die die Unternehmen geschaffen haben, sondern die Unternehmen selbst haben die Perspektiven, Bestrebungen und das Verhalten der Menschen verändert.

Das andere Extrem wird von McGregor als Theorie Y beschrieben, die auf dem Grundsatz beruht, daß die Menschen arbeiten wollen und müssen. Wenn das der Fall ist, dann müssen Unternehmen das Engagement des einzelnen für ihre Ziele entwickeln und dann seine Fähigkeiten im Interesse dieser Ziele freisetzen. McGregor beschreibt die Annahmen der Theorie Y: »(1) Die Verausgabung durch körperliche und geistige Anstrengung beim Arbeiten kann als ebenso natürlich gelten wie Spiel oder Ruhe. Dem Durchschnittsmenschen ist Arbeitsscheu nicht angeboren. (2) Von anderen überwacht und mit Strafe bedroht zu werden ist nicht das einzige Mittel, jemanden zu bewegen, sich für die Ziele des Unternehmens einzusetzen. (3) Wie sehr er sich Zielen verpflichtet fühlt, ist eine Funktion der Belohnungen, die mit ihrem Erreichen verbunden sind. Die bedeutendste solcher Belohnungen, die Möglichkeit, Bedürfnisse der Persönlichkeit und ihrer Entfaltung zu befriedigen, kann nachgerade aus Bemühungen um die Ziele des Unternehmens herrühren. (4) Der Durchschnittsmensch lernt, unter geeigneten Bedingungen, Verantwortung nicht nur zu übernehmen, sondern sogar zu suchen. (5) Die Anlage zu einem verhältnismäßig hohen Grad von Vorstellungskraft, Urteilsvermögen und Erfindungsgabe für die Lösung organisatorischer Probleme ist in der Bevölkerung weit verbreitet und nicht nur hier und da anzutreffen.«

Die Theorien X und Y sind keine simplen Stereotypen. McGregor ist realistisch: »Es ist heute nicht mehr möglich, ein Unternehmen aufzubauen, das eine volle, effektive Anwendung dieser Theorie ist, wie es 1945 möglich war, ein Atomkraftwerk zu bauen. Es gibt viele gewaltige Hindernisse zu überwinden.«

In dem Buch werden auch eine Reihe anderer Bereiche behandelt. Zum Beispiel untersucht McGregor den Prozeß des Erwerbs neuer

Fähigkeiten und identifiziert vier Arten des Lernens, die für Manager relevant sind: intellektuelles Wissen, handwerkliche Fähigkeiten, Fähigkeiten der Problemlösung und Techniken der sozialen Interaktion. Das letzte Element liegt laut McGregor außerhalb der Grenzen normaler Lehr- und Lernmethoden. »Was aber noch wichtiger ist, ist, daß wir normalerweise wenig Rückinformation von einigem Wert darüber erhalten, wie unser Verhalten auf andere wirkt. Wenn diese sich nicht so verhalten, wie wir es wünschen, ist es nur zu leicht, *sie* der Dummheit zu zeihen, *ihre* Einstellung zu rügen und *ihre* Eigenheiten zu brandmarken. Nur unter ziemlich extremen Bedingungen unternehmen unsere Untergebenen den Versuch, auch uns einmal klarzumachen, wie unser Verhalten auf sie wirkt ... Vor allem gilt diese Art der Kritik in den wenigsten gesellschaftlichen Kreisen als ein gutes Benehmen. Hingegen hecheln uns unsere Kollegen durch, wenn wir nicht anwesend sind und so gar nicht daraus lernen können.« McGregor empfiehlt den Einsatz von T-Gruppen (T von Training), die damals in ihren Anfängen waren, in denen Gruppenpartizipation benutzt wurde, um Mitarbeitern zu helfen, ihr eigenes Verhalten und das anderer besser zu verstehen.

Die am häufigsten geäußerte Kritik an McGregors Theorien X und Y ist, daß sie sich gegenseitig ausschließen, daß sie zwei inkompatible Endpunkte eines endlosen Spektrums sind. Um diesem Einwand zu begegnen, entwickelte McGregor vor seinem Tod (1964) die Theorie Z, die die organisatorischen und persönlichen Imperative zu einer Synthese vereinigte. Das Konzept der Theorie Z wurde später von William Ouchi aufgegriffen. In seinem Buch gleichen Titels untersuchte er die japanischen Arbeitsmethoden. Hier fand er fruchtbaren Boden für viele der Ideen, die McGregor für die Theorie Z vorschlug – lebenslange Beschäftigung, Sorge um die Mitarbeiter einschließlich ihres Privatlebens, informelle Kontrolle, Entscheidungsfindung mittels Konsens, langsame Beförderung, exzellenter Informationsfluß von oben nach unten und umgekehrt mit Hilfe des mittleren Managements, Engagement für die Firma und ein hochentwickeltes Qualitätsbewußtsein.

In einer anderen Weiterentwicklung der Grundthesen McGregors waren John Morse und Jay Lorsch (1970) der Meinung, daß »das geeignete Organisationsmuster von der Natur der Arbeit, die erledigt werden muß, und den besonderen Bedürfnissen der beteiligten Personen abhängt«. Sie nannten ihren Ansatz »Kontingenztheorie«, eine pragmatische Version der Theorien X und Y.

Es ist erwähnenswert, daß die Theorie Y mehr als bloßes Theoretisieren war. Anfang der fünfziger Jahre war McGregor am Entwurf einer Anlage für Procter & Gamble in Georgia beteiligt. Sie wurde entsprechend dem Modell der Theorie Y mit selbstbestimmten Teams organisiert, und die Leistung dieses Werks überstieg bald die anderer Anlagen des Unternehmens. Das legt nahe, daß die Theorie Y funktioniert, obwohl sie weitgehend auf Lehrbücher beschränkt blieb, anstatt in die Unternehmenspraxis umgesetzt zu werden.

Abraham Maslow

27 Motivation und Persönlichkeit

Motivation and Personality 1954

Hamel über Maslow

»Gleich wie subtil und vielseitig die ursprüngliche Theorie ist, die Zeit neigt dazu, sie auf den Kern zu reduzieren, der am leichtesten vermittelbar ist – daher Maslows ›Hierarchie der Bedürfnisse‹, Pascales ›Sieben S‹, Porters ›Fünf Kräfte‹ und die Marktwachstum-Marktanteil-Matrix der Boston Consulting Group. Doch gibt es keine grundlegende Struktur, die das Leben in Unternehmen so tief infiltriert hat wie Maslows Hierarchie der Bedürfnisse. Vielleicht deshalb, weil sie die Bestrebungen eines jeden von uns so direkt anspricht.«

Abraham Maslow (1908-1970) war Verhaltenspsychologe. In Brooklyn geboren, wurde er an der Universität von Wisconsin ausgebildet. Er arbeitete in seiner beruflichen Karriere sowohl in der Industrie als auch in der Wissenschaft. Als Wissenschaftler beschäftigte er sich anfangs mit dem sozialen Verhalten von Primaten und arbeitete als Forschungsstipendiat an der Columbia University, als außerordentlicher Professor am Brooklyn College, am Western Behavioral Sciences Institute und später an der Brandeis University in Massachusetts. Dort schrieb er *Motivation und Persönlichkeit*. Seine anderen Bücher sind *Psychologie des Seins* (1973), *Eupsychian Management* (1965), *Die Psychologie der Wissenschaft* (1977) und *The Farther Reaches of Human Nature* (1971).

In der Industrie war er in zwei Unternehmen tätig: Ende der vierziger Jahre als Werksleiter bei der Maslow Cooperage Corporation in Pleasanton, Kalifornien, und später bei einem südkalifornischen Elektronikunternehmen.

Abraham Maslow gehört zur »Human-Relations«-Schule der späten fünfziger Jahre. *Motivation und Persönlichkeit* ist in erster Linie wegen seiner »Hierarchie der Bedürfnisse« bekannt – einem Konzept, das Maslow zuerst 1943 veröffentlichte. Darin vertritt er die Meinung, daß es eine aufsteigende Skala von Bedürfnissen gibt, die man verstehen muß, wenn Menschen motiviert werden sollen.

Die unterste Stufe bezeichnet die fundamentalen physiologischen Bedürfnisse nach Wärme, Obdach und Nahrung. »Es stimmt zwar, daß der Mensch von Brot allein lebt – wenn es keines gibt. Aber was geschieht mit den Wünschen des Menschen, wenn es Brot genug gibt und der Magen chronisch voll ist?«

Nach Befriedigung der physiologischen Bedürfnisse tauchen andere auf und dominieren: »Sobald die physiologischen Bedürfnisse relativ gut befriedigt sind, taucht ein neues Bedürfnisensemble auf, das wir grob als Sicherheitsbedürfnis katalogisieren können«, schreibt Maslow. »In diesem Zustand wird man einen Menschen als nur für die Sicherheit allein lebend charakterisieren können, wenn der Zustand extrem und chronisch genug ist.«

Auf den nächsten Stufen der Hierarchie kommen die sozialen Bedürfnisse und das Bedürfnis nach Wertschätzung und Anerkennung. Als letztes, wenn all diese Bedürfnisse befriedigt sind, kommt das Bedürfnis nach Selbstverwirklichung, wie Maslow es nennt, wenn der Mensch sein persönliches Potential erreicht. (Später prägte Maslow den Begriff »Eupsychian«, um »die Kultur (zu beschreiben), die von tausend selbstverwirklichten Menschen auf einer abgeschirmten Insel geschaffen würde, wo niemand sich einmischen kann«.)

Auch wenn die Bedürfnishierarchie einen rationalen Rahmen für die Motivation liefert, liegen ihre Schwächen in der Natur der Menschen. Sie wollen immer mehr. Wenn Leute gefragt werden, welches Gehalt ihnen angenehm wäre, nennen sie regelmäßig – egal, wie hoch ihr Einkommen ist – eine Zahl, die etwa das Doppelte ihres gegenwärtigen Einkommens ausmacht.

Dennoch trug Maslows Bedürfnishierarchie dazu bei, daß Menschenführung als eine Disziplin angesehen wurde, und führte zu einem anderen Verständnis der Motivation. Anstatt vereinfachend anzunehmen, die Menschen würden durch Bestrafung und Entzug beeinflußt, wurde Motivation mit Belohnungen gekoppelt. Maslows Konzept der Selbstverwirklichung wird in zunehmendem Maße in Schriften über Management behandelt.

Henry Mintzberg

28 The Nature of Managerial Work

1973

Hamel über Mintzberg

»Es gibt fünf Gründe, warum ich Henry Mintzberg mag: Er ist ein außerordentlicher Bilderstürmer. Er liebt die unordentliche Welt realer Unternehmen (siehe *The Nature of Managerial Work*). Er ist ein meisterhafter Geschichtenerzähler. Er ist konzeptionell *und* pragmatisch. Und er glaubt nicht an einfache Lösungen.«

Henry Mintzberg ist »vielleicht der führende Managementtheoretiker der Welt«, sagt Tom Peters.[1] Mintzberg ist Professor für Management an der McGill University in Montreal und am INSEAD in Fontainebleau. Vor kurzem hat er ein Gemeinschaftsprojekt von fünf Business Schools aus Kanada, Großbritannien, Frankreich, Indien und Japan zur Entwicklung eines Master-Programms der nächsten Generation für die Ausbildung von Managern beratend begleitet. Ursprünglich Maschinenbauingenieur, promovierte Mintzberg am MIT in Boston über Management. Ihm wurden Ehrendoktortitel von den Universitäten in Venedig, Lund, Lausanne und Montreal verliehen.

Mintzberg erwarb sich seinen Ruf nicht durch Popularisierung neuer Methoden, sondern durch das Überdenken der Grundlagen von Strategie und Struktur, Management und Planung. Er hat eigenartige, manchmal exzentrische, aber immer interessante Ansichten über nahezu alle Aspekte des Managerlebens. Seine Arbeit über Strategie, insbesondere seine Ideen von der »aufstrebenden Strategie« und der »Entwicklung einer Graswurzelstrategie«, war sehr einflußreich.

Er hat McKinsey-Preise für den besten Artikel in der *Harvard Business Review* gewonnen und ist Autor unter anderem von *Structure in Fives: Designing Effective Organizations* (1983), *Mintzberg über Management. Führung und Organisation, Mythos und Realität* (1991) und *Die strategische Planung* (1995; vgl. das folgende Kapitel).

Was Manager tatsächlich tun, wie sie es tun und warum, sind grundlegende Fragen. Es gibt eine ganze Reihe allgemein akzeptierter Antworten. Manager haben die Vorstellung von sich selbst – an der sie weitgehend festhalten und die sie verbreiten –, daß sie sich in Einsamkeit den großen strategischen Problemen zuwenden, daß sie sich Zeit nehmen, um die besten Entscheidungen zu treffen, und daß ihre Konferenzen voller Dynamik sind und sich auf das konzentrieren, was jenseits der Berichte liegt, anstatt sich mit Kleinkram abzugeben.

Die Realität des Managerlebens blieb bis zu *The Nature of Managerial Work* weitgehend unerforscht. Anstatt glatte Antworten auf immer wiederkehrende Fragen zu akzeptieren, ging Mintzberg daran, die tatsächlichen Zustände ans Licht zu bringen. Er beobachtete einfach, was eine Reihe von Managern wirklich tat. Das daraus entstandene Buch zerstörte den Nimbus der Managertätigkeit.

Mintzberg stellte fest, daß Manager, anstatt über langfristige Entwicklungen nachzudenken, in der Gegenwart des Alltagsgeschäfts gefangen waren und von einer Aufgabe zur nächsten wechselten, wobei jedem Schritt noch eine Ablenkung, noch ein Besuch folgte. Die durchschnittliche Zeit, die sie für irgendeine Aufgabe aufwandten, betrug lediglich neun Minuten. In seinem Buch identifiziert Mintzberg die Merkmale des Managers bei der Arbeit:

- Er erledigt ein großes Arbeitspensum mit nicht nachlassendem Tempo.
- Er führt Tätigkeiten durch, die durch Vielfalt, Kürze und Zersplitterung gekennzeichnet sind.
- Er bevorzugt aktuelle, spezifische und Nichtroutineaufgaben.
- Er zieht verbale Kommunikation der schriftlichen vor.
- Er agiert in einem Netz aus internen und externen Kontakten.
- Er unterliegt starken Beschränkungen, hat aber eine gewisse Kontrolle über seine Arbeit.

Aus diesen Beobachtungen leitete Mintzberg die »Arbeitsfunktionen« des Managers ab:

- **Interpersonelle Funktionen**
  Galionsfigur: repräsentiert das Unternehmen/den Bereich nach außen
  Führer: motiviert Untergebene, bündelt die Bemühungen
  Verbindungsmann: unterhält Kontakte nach allen Seiten

- **Informationsfunktionen**
  Überwacher: des Informationsflusses
  Verbreiter: von Informationen an Mitarbeiter
  Sprecher: Weitergabe von Informationen nach außen

- **Entscheidungsfunktionen**
  Unternehmer: Initiator und Gestalter von Veränderungen
  Bewältiger von Störungen: befaßt sich mit nichtalltäglichen Ereignissen
  Ressourcenzuteiler: entscheidet, wer was erhält und wer was tut
  Verhandler: führt Verhandlungen

»Alle Arbeiten eines Managers enthalten diese Funktionen, aber die Bedeutung jeder Funktion variiert bei den verschiedenen Aufgaben«, schreibt Mintzberg.

Seltsamerweise hat *The Nature of Managerial Work* nur wenige erwähnenswerte Folgeprojekte hervorgebracht. Wissenschaftler scheinen damit zufrieden zu sein, sich auf hübsche Fallstudien zu stützen, die mit retrospektiven Einsichten gefüllt und veraltet sind, sobald sie erscheinen. Oder sie geben sich mit Interviews zufrieden, in denen die Manager über allgemeine Fragen dozieren, ohne auf Einzelheiten festgelegt zu werden. Die tatsächliche Arbeit, die mit der Leitung von Unternehmen verbunden ist, bleibt häufig hinter modischem Jargon und Übertreibungen verborgen.

Henry Mintzberg

29 Die strategische Planung. Aufstieg, Niedergang und Neubestimmung

The Rise and Fall of Strategic Planning 1994

Hamel über Mintzberg

»Henry Mintzberg betrachtet strategische Planung als Ritual, dem Kreativität und Bedeutung fehlt. Er hat zweifellos Recht, wenn er behauptet, Planung bringe keine Strategie hervor. Aber anstatt im letzten Kapitel des Buches neue Richtlinien für Planer zu entwerfen, hätte er vielleicht seine Gedanken auf die Frage richten können, woher Strategien eigentlich kommen.«

Henry Mintzbergs Buch *Die strategische Planung* reflektiert eine allgemeine Unzufriedenheit mit dem Prozeß der strategischen Planung – eine Untersuchung des US-Planungsforums zeigte, daß nur 25 Prozent der Unternehmen ihre Planungsprozesse für effektiv halten, und OC&C Strategy Consultants stellte in einem Pamphlet fest, daß »das Beste, das man mit der Mehrzahl der strategischen Planungsprozesse tun sollte, ist, sie abzuschaffen«.

Mintzberg ist seit langem ein Kritiker der von Rezepten und Analysen geleiteten strategischen Planung. In *Die strategische Planung* zerstört er gnadenlos zahlreiche konventionelle Überzeugungen und stellt seine eigenen Interpretationen dar.

Er definiert Planung als »ein formalisiertes Verfahren zur Erzielung artikulierter Ergebnisse, in Form eines integrierten Systems von Entscheidungen«. Im Gegensatz dazu ist Strategie entweder ein »Muster«, eine »Position« oder eine »Perspektive«. Mintzberg meint, Strategie könne nicht geplant werden. Während sich Planung mit Analyse befaßt, geht es bei der Strategie um Synthese. Die heutigen Planer sind nur als Entdecker von Strategien, Analysierer und Katalysatoren wertvoll. Sie unterstützen Linienmanager und stellen unentwegt Fragen, anstatt automatische Antworten zu geben. Die »linkshändigen Planer [d.h. die Planer, die ihre linke Gehirnhälfte benutzen und daher kreative Denker sind] vermuten Strategien gerne an ungewöhnlichen Orten und unterziehen diese lieber einer präzisen Überprüfung, anstatt sie einfach nur formal zu bewerten.«

Mintzberg identifiziert drei fundamentale Irrtümer für die heutigen Verfahren der strategischen Planung:

Erstens der »Irrtum der Vorherbestimmung«, d.h. die Annahme, daß Diskontinuitäten vorausgesehen werden können. Prognosemethoden sind in ihrem Wert dadurch begrenzt, daß man zu der Annahme neigt, die Zukunft werde der Vergangenheit ähneln. Das gibt eine künstliche Sicherheit und führt zu Strategien, die leicht zusammenbrechen, wenn sie von den Ereignissen überrollt werden.

Mintzberg weist darauf hin, daß unsere Leidenschaft für Planung meist in stabilen Zeiten wie den sechziger Jahren groß ist. Mit einer neuen Weltordnung konfrontiert, versuchen die Planer, eine längst überholte Vergangenheit auf die Zukunft zu projizieren.

Zweitens der »Irrtum einer isolierten Betrachtungsweise«, d.h. die Annahme, daß Planer von der Realität des Unternehmens losgelöst sind. Mintzberg kritisiert diese Annahme: »Wenn das System das Denken übernimmt«, schreibt er, »muß das Denken von der Handlung, die Strategie von den Operationen, müssen die angeblichen Denker von den real Handelnden und daher auch die ›Strategen‹ von den Strategiezielen abgelöst sein. Diese Trennung von Denken und Handeln liegt nahe an der Wurzel des Problems (der strategischen Planung).«

Planer sind traditionell davon besessen, harte Fakten über ihre Branchen, Märkte und Wettbewerber zu sammeln. Weiche Daten – Kontaktnetzwerke, Gespräche mit Kunden, Zulieferern und Mitarbeitern, Einsatz der Intuition und Nutzung der Gerüchteküche – werden dagegen ignoriert.

Mintzberg weist darauf hin, daß vieles von dem, was als »gesicherte« Daten angesehen wird, alles andere als das ist. Es gibt einen »weichen Bauch der harten Fakten«, der durch den Irrtum des »Messens, was meßbar ist« charakterisiert wird. Die Ergebnisse sind von begrenztem Wert; sie bestehen zum Beispiel in einer deutlichen Tendenz, »Strategien der Kostenführerschaft (Betonung der betrieblichen Effizienz, die im allgemeinen meßbar ist) solchen der Produktführerschaft (Betonung innovativen Designs oder hoher Qualität, was weniger gut meßbar ist) vorzuziehen«.

Um ein der Realität entsprechendes und nützliches Bild der Wettbewerbssituation eines Unternehmens zu erhalten, müssen die weichen Daten in den Planungsprozeß integriert werden. »Die Entwicklung einer Strategie ist ein ungeheuer komplexer Prozeß, der die hochentwickeltsten, subtilsten und manchmal unbewußten menschlichen kognitiven und sozialen Prozesse einbezieht«, schreibt Mintzberg. »Harte Daten mögen den Intellekt informieren, aber es sind weitgehend weiche Daten, die zu Erkenntnissen führen. Sie mögen schwierig zu ›analysieren‹ sein, aber sie sind für die Synthese – den Schlüssel der Strategieentwicklung – unerläßlich.«

Die dritte Schwäche, die Mintzberg identifiziert, besteht im »Irrtum der Formalisierung«, d.h. in der Annahme, daß Strategieentwicklung formalisiert werden kann. Die linke Gehirnhälfte hat mit ihrer Betonung auf Logik und Analyse die Strategieformulierung dominiert.

Überstrukturiert führt dies zu einem engen Spektrum an Optionen. Alternativen, die in die vorbestimmte Struktur nicht hineinpassen, werden ignoriert. Die rechte Gehirnhälfte mit ihrer Betonung von Intuition und Kreativität muß Teil des Prozesses werden. Mintzberg zieht die Schlußfolgerung: »Planung definiert und bewahrt von Natur aus Kategorien. Kreativität erzeugt von Natur aus Kategorien oder arrangiert bestehende neu. Deshalb kann strategische Planung weder Kreativität liefern noch mit ihr umgehen, wenn sie auf andere Weise auftaucht.« »Strategien wachsen zunächst wie Unkraut im Garten, sie werden nicht wie Tomaten im Treibhaus gezüchtet ... Diese Strategien können überall entstehen.«

Strategieentwicklung weist laut Mintzberg folgende Merkmale auf:

- Sie ist von der Synthese abgeleitet.
- Sie ist informell und visionär, statt strukturiert und formalisiert.
- Sie stützt sich auf abweichendes Denken und Intuition und nutzt das Unterbewußtsein; das führt zu Kreativitätsausbrüchen, wenn neue Entdeckungen gemacht werden.
- Sie ist irregulär, unerwartet, ad-hoc, instinktiv; sie greift bestehende Normen an.
- Sie beruht auf Managern, die anpassungsfähige Informationsmanipulierer und Opportunisten, statt unnahbare Leiter sind.
- Sie wird in Zeiten der Instabilität durchgeführt, die durch diskontinuierliche Änderungen charakterisiert sind.
- Sie ist das Ergebnis eines Ansatzes, der breite Perspektiven übernimmt und daher visionär ist, und bezieht eine Vielfalt von Akteuren ein, die experimentieren und dann integrieren können.

Die strategische Planung erregte große Aufmerksamkeit und forderte auch zu Schmähschriften heraus. »Aus vielerlei Gründen sollte der Titel des Buches [*The Rise and Fall of Strategic Planning*] in ›Der Fall und Aufstieg der Planung‹ umgedreht werden«, schrieb Christopher Lorenz in der *Financial Times* und meinte, das Buch zeige, daß »Mintzberg in die Jahre gekommen« sei.

Mintzbergs Werk löste heftige Reaktionen der Verteidiger der traditionellen strategischen Planung aus. Andrew Campbell, Koautor von *Corporate-Level Strategy*, schrieb: »Strategische Planung ist nicht sinnlos. Untersuchungen haben gezeigt, daß einige Unternehmen – sowohl Konglomerate als auch auf wenige Geschäftsfelder konzentrierte Gruppen – Prozesse strategischer Planung haben, die echte Wertsteigerung bringen.« Die Lösung besteht laut Campbell (1994) nicht darin, Planung als ungeeignete Unternehmensaktivität anzusehen; der Erfolg strategischer Planung stelle sich aber nur dann ein, wenn »die Unternehmenszentrale eine werterzeugende Strategie auf Konzernebene entwickelt und die Managementprozesse einführt, die zu ihrer Umsetzung notwendig sind«.

Die Diskussion geht weiter, auch wenn viele *Die strategische Planung* für einen Quantensprung im strategischen Denken halten.

Kenichi Ohmae

30 Japanische Strategien

The Mind of the Strategist, 1982 in Japan 1975

Hamel über Ohmae

»Ich habe dieses Buch geliebt! Während die meisten Strategiegelehrten sich entweder auf den Planungsprozeß konzentrierten (Ansoff und seine Nachfolger) oder auf die ausschlaggebenden Faktoren erfolgreicher, das heißt profitabler Strategien (Michael Porter), forderte Kenichi Ohmae von den Managern eine neue Art zu denken. Strategie kommt nicht von einem durch den Kalender bestimmten Prozeß, sie ist nicht das Produkt einer systematischen Suche nach Möglichkeiten überdurchschnittlicher Gewinne – sie entsteht aus einer neuen Sicht der Welt. Strategie beginnt mit der Fähigkeit, auf neue und unkonventionelle Art zu denken.«

Kenichi Ohmae (1943 geboren) ist Japaner, der zuerst amerikanisiert (aus Kenichi wurde für seine amerikanischen Kollegen Ken) und dann globalisiert wurde. Ohmae ist außerordentlich begabt. Er ist konzertreifer Flötist, Kernphysiker, äußerst produktiver Autor Dutzender Bücher, Politiker und langjähriger Star von McKinsey. Als er McKinsey verließ, um 1995 für das Gouverneursamt von Tokio zu kandidieren, schrieb das Beratungsunternehmen in der Ankündigung seines Weggangs, er sei »ein großer Berater, ein bezwingender Redner, ein unglaublich produktiver Autor, ein Musiker und ein Motorradfahrer«, wobei die Bedeutung der letzteren Eigenschaft schwierig zu bestimmen ist.

Ohmae ist Absolvent der Waseda University und des Tokyo Institute of Technology, und er hat am MIT in Kerntechnik promoviert. Er ging 1972 zu McKinsey und wurde Leiter des Büros in Tokio. Er war auch Berater des ehemaligen Ministerpräsidenten Nakasone.

The Financial Times beschrieb ihn als »eine Persönlichkeit in einem Land, in dem freimütige Persönlichkeiten selten sind. Und während die meisten Japaner darauf bedacht sind, keinen Anstoß zu erregen, drückt Ohmae sich unverblümt aus und ist oft ausgesprochen unhöflich … Er ist Japans einziger Management-Guru.«

Seine bekanntesten Bücher, zumindest im Westen, sind *Japan Business: Obstacles and Opportunities* (1983), *Die Macht der Triade: Die neue Form weltweiten Wettbewerbs* (1985), *Beyond National Borders* (1987) und *Der neue Weltmarkt. Das Ende des Nationalstaates und der Aufstieg der regionalen Wirtschaftszonen* (1996).

Japanische Strategien wurde 1975 in Japan veröffentlicht, erreichte den amerikanischen Markt jedoch erst 1982. »Das manchmal unvollkommene Englisch des Autors verbindet sich mit einem einfachen, persönlichen Stil, was dem Buch großen Charme verleiht«, bemerkte die *Harvard Business Review* etwas herablassend.

Der Untertitel der ersten Auflage lautete »Die Kunst japanischer Unternehmen«, und das Buch wurde im Westen auf dem Höhepunkt der Begeisterung und des Interesses für die japanischen Managementmethoden veröffentlicht. Als das Buch in Japan erschien, blieb der Westen an der Möglichkeit, von der erfolgreichen Praxis der Japaner zu lernen, bewußt desinteressiert.

Ohmae stellt in dem Buch die simple, aber damals weitverbreitete Überzeugung in Frage, das japanische Management sei eine Angelegenheit von Firmensongs und lebenslanger Arbeitsplatzsicherheit. Er ist der Meinung, der japanische Erfolg könne zum größten Teil der Natur des strategischen Denkens der Japaner zugeschrieben werden. Dieses ist laut Ohmae »eher kreativ und intuitiv als rational« – keines dieser Merkmale taucht in den üblichen westlichen Stereotypen über das japanische Management auf. Ohmae spendet dem verwirrten und in zunehmendem Maße nicht konkurrenzfähigen Westen Trost, indem er feststellt, man könne die notwendige Kreativität lernen.

Ohmae weist darauf hin, daß im Gegensatz zu den großen amerikanischen Konzernen japanische Unternehmen gewöhnlich keine großen Abteilungen für strategische Planung haben. Statt dessen gibt es oft einen einzigen, natürlich begabten Strategen mit »einer eigenwilligen Art zu denken, in der Unternehmen, Kunden und Wettbewerb in eine dynamische Wechselbeziehung treten, aus der sich schließlich ein umfassendes System von Zielen und Plänen für den Einsatz herauskristallisiert«.

Ein anderer Bereich, in der sich die westliche und japanische Managementpraxis grundlegend unterscheiden und der von Ohmae untersucht wird, ist die Rolle des Kunden: Im japanischen Strategieansatz steht der Kunde im Mittelpunkt und bildet den Kern der Unternehmenswertvorstellungen. Damals spielten Kunden im allgemeinen in der westlichen strategischen Planung und in den Wertvorstellungen der Unternehmen kaum eine Rolle. »Bei der Formulierung jeder Geschäftsstrategie müssen drei Hauptakteure in die Rechnung mit einbezogen werden: das Unternehmen selbst, der Kunde und die Konkurrenz. Jeder dieser drei bildet eine lebendige Ganzheit mit eigenen Interessen und Zielen. Wir werden sie zusammen das ›strategische Dreieck‹ nennen«, schreibt Ohmae. »In bezug auf das strategische Dreieck ist es die Aufgabe des Strategen, bei den Schlüsselfaktoren des Erfolgs in dem betreffenden Geschäftszweig hinsichtlich des Wettbewerbs überlegene Leistung zu erzielen. Gleichzeitig muß der Stratege sicher sein, daß seine Strategie die Stärken des Unternehmens auf die Bedürfnisse eines klar definierten Marktes abstimmt. Die unbedingte Entsprechung von Bedürfnissen und Zielen beider Seiten ist für eine anhaltend gute Beziehung unabdingbar; ohne sie kann die langfristige Lebensfähigkeit des Unternehmens auf dem Spiel stehen.«

Die Kernaussage des Buches lautet, daß Strategie, wie sie vom japanischen Ansatz verkörpert wird, irrational und nichtlinear ist. (Vorher waren die Japaner im Westen wegen ihrer brillanten Rationalität und des weitsichtigen gnadenlosen Denkens gefeiert worden.) »Beim strategischen Denken strebt man zunächst nach einem klaren Verständnis für den besonderen Charakter jedes Elementes einer Situation und versucht dann mittels des Verstandes, die Elemente am vorteilhaftesten neu zu gliedern«, schreibt Ohmae. »Phänomene und Ereignisse in der realen Welt passen nicht immer in ein lineares Modell. Folglich ist eine Schritt-für-Schritt-Methode wie etwa die Systemanalyse nicht das zuverlässigste Mittel, eine Situation in ihre Grundbestandteile zu zerlegen und diese im gewünschten Muster wieder zusammenzusetzen. Das ist vielmehr das von Grund auf nichtlineare Denkwerkzeug – das menschliche Gehirn. Somit steht das echte strategische Denken in einem scharfen Kontrast zu dem herkömmlichen mechanistischen Verfahren, das auf linearem Denken beruht. Doch es steht auch zu jenem Verfahren im Gegensatz, das alles auf die Intuition setzt, also ohne jede wirkliche Aufschlüsselung oder Analyse zu Schlußfolgerungen gelangt.«

Japanische Strategien ist kein vorbehaltloses Loblied auf das japanische Strategiekonzept. Ohmae erkennt durchaus, daß sowohl in Japan als auch im Westen die auf natürliche Weise strategisch Denkenden weniger werden. Beide Systeme, sagt er, fördern die Orthodoxie in dem

Maße, daß innovatives strategisches Denken weder gefördert wird noch möglich ist.

Eine gute Geschäftsstrategie ist laut Ohmae eine, »durch die eine Firma gegenüber ihren Konkurrenten mit einem akzeptablen Kostenaufwand deutlich spürbar an Boden gewinnen kann«. Es gibt vier Methoden, dies zu erreichen: »Bei allen vier Methoden ist es äußerst wichtig zu vermeiden, die gleiche Sache auf dem gleichen Schlachtfeld wie der Konkurrent zu betreiben.«

Die erste Methode besteht in der »Konzentration auf die Schlüsselfaktoren des Erfolgs«. Bestimmte funktionale oder operative Bereiche in jedem Unternehmen sind in dem jeweiligen Umfeld für den Erfolg entscheidender als andere. Wenn man seine Bemühungen auf diese Bereiche konzentriert, und die Mitbewerber tun es nicht, liegt darin eine Quelle für Wettbewerbsvorteil. Das Problem besteht natürlich darin herauszufinden, welche diese Schlüsselfaktoren des Erfolgs sind. »Die wirkungsvollste Abkürzung zum großen Erfolg scheint folgende zu sein: Um rasch an eine Spitzenposition vorzustoßen, konzentriert man frühzeitig Ressourcen auf eine einzige strategisch wichtige Funktion ...«, sagt Ohmae. »Alle heutigen Industrieführer begannen ohne Ausnahme mit der unerschrockenen Entwicklung von Strategien auf der Grundlage der Schlüsselfaktoren des Erfolgs.«

Der zweite Weg besteht darin, »auf relative Überlegenheit zu bauen«. Wenn alle Mitbewerber mit Hilfe der Schlüsselfaktoren des Erfolgs zu konkurrieren suchen, kann ein Unternehmen einen relativen Vorsprung erreichen, indem es jeden Unterschied in den Wettbewerbsbedingungen ausnutzt. Zum Beispiel kann es von Technologien oder Vertriebsnetzwerken Gebrauch machen, die nicht in direkter Konkurrenz zu seinen Rivalen stehen.

Die dritte Methode besteht im »Einsatz aggressiver Initiativen«. Die einzige Möglichkeit, gegen einen viel größeren, etablierten Konkurrenten zu gewinnen, ist häufig, die Wettbewerbsumgebung durcheinanderzubringen, indem man den Wert seiner Schlüsselfaktoren des Erfolgs mindert, und zwar mittels Änderung der Spielregeln durch Einführung neuer Schlüsselfaktoren des Erfolgs.

Der vierte Weg zu einer effektiven Strategie besteht in der »Ausnutzung strategischer Freiräume«. Damit meint Ohmae, daß sich sogar in

Fällen intensiven Wettbewerbs innerhalb der gleichen Branche durch das Entwickeln von Innovationen Erfolg im Konkurrenzkampf einstellen kann, wenn sich das Unternehmen auf Innovationen in Bereichen konzentriert, die »von Konkurrenten nicht besetzt« sind.

Japanische Strategien löste eine Diskussion aus, in deren Verlauf die damals weitverbreiteten Mythen über Japan in Frage gestellt wurden. Ohmae lieferte Interpretationen der Strategie, die nicht durch das gewohnte kulturelle oder traditionelle Verhalten bestimmt waren. In seinen nachfolgenden Werken hat sich Ohmaes Sichtweise auch für andere Aspekte geöffnet, und er entwickelte die äußerst originellen Ideen von *Japanische Strategien* noch weiter.

Kenichi Ohmae

31 Die neue Logik der Weltwirtschaft. Zukunftsstrategien der internationalen Konzerne

The Borderless World
1990

Hamel über Ohmae

»Die Welt ist also dabei, ein globaler Markt zu werden. Für Unternehmen wie Dow Chemical, IBM, Ford oder Nestlé nichts Neues. Aber 1990 war es das noch für japanische Unternehmen (und Politiker), die unter ›Globalisierung‹ normalerweise nur offene Exportmärkte, vielleicht mit einer Fabrik in Tennessee, verstanden. Kenichi forderte japanische Unternehmen und kurzsichtige Führungskräfte in allen Teilen der Welt auf, eine anspruchsvollere Sicht dessen zu entwickeln, was es heißt, global zu sein. Welches Gleichgewicht sich am Ende zwischen den Kräften der Globalisierung und denen des Nationalismus und Tribalismus einstellen wird, bleibt abzuwarten.«

Die neue Logik der Weltwirtschaft ist ein ehrgeiziges Buch, das »die neue Logik des globalen Marktes« untersucht und das, was Ohmae »Macht und Strategie in einer vernetzten Wirtschaft« nennt.

Ohmae erweitert das strategische Dreieck aus dem im vorigen Abschnitt dargestellten Buch (eigenes Unternehmen, Kunden, Konkurrenten) um »Staat« (ziemlich umständlich definiert als »die vielfältigen, von Regierungen geschaffenen Rahmenbedingungen, unter denen globale Organisationen operieren müssen«) und »Währung« (»das Risiko aus Wechselkursschwankungen, dem diese Organisationen ausgesetzt sind«). Diese beiden zusätzlichen Elemente sind nun der Schlüssel für die Formulierung jeglicher Strategie: »Wenn eine plötzliche Veränderung der Handelspolitik oder der Wechselkurse bewirken kann, daß eine ansonsten brillante Strategie in eine kaum zu bremsende Liquiditätsvernichtung umschlägt, dann müssen Vorkehrungen zur Bewältigung solcher Schwankungen zum Kern der Strategie gehören.«

Ohmae definiert Strategie als »Schaffung von nachhaltigem, der Konkurrenz weit überlegenem Kundennutzen. Das wiederum bedeutet Innovation und deren Vermarktung. Die meisten Mitarbeiter in Großunternehmen haben jedoch das Erfinden verlernt.« Folglich, meint Ohmae, »ist es Zeit, daß man in den großen Unternehmen die Kunst der Erfindung wiederentdeckt. Diesmal allerdings müssen solche Erfindungen im Rahmen von global ausgerichteten Industrien oder Geschäften genutzt werden, in denen man im Weltmaßstab Größenvorteile erreichen kann und gleichzeitig für Schlüsselmärkte maßgeschneiderte Produkte anbieten muß.«

Bei der Strategie geht es laut Ohmae um mehr, als besser zu sein als die Konkurrenz. Wenn Unternehmen nur darauf schauen, werden sie so auf die Konkurrenz fixiert, daß sie bei der Formulierung ihrer Strategie von der ihrer Mitbewerber beeinflußt werden. »Es sind die Wettbewerbsrealitäten, an denen mögliche Strategien getestet werden, und diese Realitäten definieren Sie kundenbezogen. Wie-du-mir-so-ich-dir-Reaktionen auf das, was Konkurrenten tun, mögen angemessen sein, sind aber weitgehend reaktiv. Sie kommen erst an zweiter Stelle, nach Ihrer wirklichen Strategie. Bevor Sie sich an der Konkurrenz messen, sollte Ihre Strategie die Entschlossenheit beinhalten, einen Wert für die Kunden zu erzeugen.«

Für Ohmae sind Länder nichts weiter als Schöpfungen von Regierungen. In der verflochtenen Wirtschaft (gebildet aus den USA, Europa und Japan sowie jungen aggressiven Volkswirtschaften wie Taiwan, Hongkong und Singapur) werden Konsumenten beim Kauf nicht von nationalistischen Gefühlen getrieben – egal, was Politiker meinen oder sagen. »Der Kunde an der Ladenkasse macht sich keine Gedanken über Ursprungsland oder Unternehmenssitz. Er denkt nicht an Arbeitslosenzahlen oder Handelsdefizite«, schreibt Ohmae. Das trifft seiner Meinung nach auch für industrielle Konsumenten zu.

Die neue Logik der Weltwirtschaft schließt mit einer »Stuttgarter Erklärung zur weltwirtschaftlichen Interdependenzerklärung«, die für den dritten »Stuttgarter Manager-Gipfel« (20./21. April 1991) entworfen wurde und von Ohmae sowie Fred Gluck und Herbert Henzler von McKinsey unterschrieben ist. Am Schluß wird unbescheiden angemerkt: »Wir glauben daran, und wir sind überzeugt, daß sie den bestmöglichen Kurs für das Verhalten aller Staaten und Regierungen beschreibt.«

In der Erklärung fordert das Trio, daß die Rolle von Nationalregierungen sich ändern muß, um »Personen Zugang zu den besten und billigsten Gütern und Dienstleistungen aus der ganzen Welt zu ermöglichen; um Unternehmen zu unterstützen, sichere und lohnende Arbeitsplätze überall in der Welt zu schaffen, ohne Rücksicht auf die Nationalität des Unternehmens; um Aktivitäten mit anderen Regierungen zu koordinieren, damit Konflikte aufgrund partikularer Interessen minimiert werden, und um abrupte Änderungen in den ökonomischen und sozialen Grundlagen zu vermeiden«. Die Regierungen werden aufgefordert, »Angelegenheiten, die traditionell engstirnig betrachtet werden, gemeinsam anzugehen«, einschließlich der Besteuerung.

Dieses Manifest für die Zukunft enthält weitreichende Forderungen, und angesichts der politischen Realität ist seine Verwirklichung sehr unwahrscheinlich. Dennoch hat *Die neue Logik der Weltwirtschaft* Diskussionen über die Rolle von Regierungen und deren Beziehung zur Unternehmenswelt in Gang gesetzt, die noch nicht zu Ende geführt sind. Ohmae hat seine Studien zur Rolle der Nationen fortgesetzt und ist nun der Meinung, daß wir den Zeitpunkt erreicht haben, an dem »das Ende des Nationalstaates« kurz bevorsteht.

C. Northcote Parkinson

32 Parkinsons Gesetz

Parkinson's Law
1957

Hamel über Parkinson

»Ja, ich weiß, die Bürokratie ist tot. Wir sind keine Manager mehr, sondern Führer. Wir sind keine Sklaven unserer Arbeit mehr, wir wurden befreit. Und all diese Ebenen aus mit Papier hantierenden Verwaltern zwischen dem Unternehmensleiter und den Befehlsempfängern sind alle verschwunden, nicht wahr? Warum klingt dann *Parkinsons Gesetz*, 1957, auf dem Höhepunkt der Unternehmensbürokratie geschrieben, immer noch wahr, wenn man es wieder liest? *Parkinsons Gesetz* war für die fünfziger Jahre das, was *Das Dilbert-Prinzip* für die neunziger Jahre ist. (Was, Scott Adams ist hier nicht drin?)«

C. Northcote Parkinson (1909-1993) studierte Geschichte in Cambridge und promovierte dann am King's College in London. Er hatte eine Reihe akademischer Positionen in Großbritannien und den USA inne und war später Professor für Geschichte an der University of Malaya. Seine Theorien über die Fallstricke des Verwaltungslebens entwickelte er in einem fünfjährigen Armeedienst während des Zweiten Weltkrieges.

Das Nachfolgewerk zu *Parkinsons Gesetz* war *The Law and the Profits* (1960), das Parkinsons Zweites Gesetz einführt: Die Ausgaben steigen so weit, daß sie mit dem Einkommen übereinstimmen.

Parkinsons Gesetz ist ein amüsantes Zwischenspiel in der Managementliteratur. Das Buch wurde Ende der fünfziger Jahre geschrieben, als die »Human-Relations«-Schule in den USA zu blühen begann und Theoretiker die Bürokratie in Frage stellten, die im Zuge der Massenfertigung gewachsen war. Max Webers Modell einer papierproduzierenden Bürokratiemaschine schien Wirklichkeit geworden zu sein, als die Arterien größerer Organisationen durch zahllose Ebenen von Manager-Verwaltern verstopft wurden.

Parkinsons Gesetz lautet einfach, daß sich Arbeit wie Gummi dehnen läßt, um die Zeit auszufüllen, die für sie zur Verfügung steht. Folglich wachsen Unternehmen, ohne darüber nachzudenken, wieviel sie produzieren. Sogar wenn das zahlenmäßige Wachstum ihnen nicht mehr Geld einbringt, wachsen sie, und die Mitarbeiter haben immer mehr zu tun. Parkinsons Lehrsätze lauten: »Jeder Beamte oder Angestellte wünscht die Zahl seiner Untergebenen, nicht aber die Zahl seiner Rivalen zu vergrößern.« Und: »Beamte oder Angestellte schaffen sich gegenseitig Arbeit.«

Wenn Frederick Taylor Parkinson begegnet wäre, hätte sich vielleicht das Denken über Management drastisch geändert. Parkinson nimmt der Vorstellung, daß mit einer bestimmten Aufgabe eine optimale Zeitdauer für ihre Durchführung verbunden ist, ironisch und zutreffend den Nimbus: Es gibt keine Regeln – es hängt von der Person ab, die die Arbeit erledigt, und ihrer einzigartigen Situation. »So verbringt eine alte Dame ohne Beruf ihren ganzen Tag damit, eine einzige Postkarte an ihre Nichte in Oberammergau zu schreiben und abzuschicken. Eine Stunde vergeht mit der Suche nach der Postkarte, eine weitere mit der Suche nach der Brille, eine halbe, bis die Adresse gefunden ist; es folgen fünfviertel Stunden, die der Komposition des Schriftstückes gewidmet werden und zwanzig Minuten für die wichtige Entscheidung, ob sie für den Weg zum Briefkasten an der nächsten Ecke einen Schirm mitnehmen soll oder nicht. Kurz und gut, eine Arbeit, die einen geschäftigen Mann nicht länger als insgesamt drei Minuten beansprucht, kann bei andersgearteten Personen das Gefühl völliger Erschöpfung nach einem Tagewerk voller Zweifel, Angst und Mühen hinterlassen.«

Parkinson ist in seinem Element, wenn er das Leben des demütigen Beamten beschreibt. Er stellt fest, daß Beamte angesichts abnehmender

Energie aufgrund zunehmenden Alters und des Gefühls der Überarbeitung drei Möglichkeiten haben: die Pensionierung zu beantragen, darum zu bitten, die Arbeit mit einem Kollegen teilen zu dürfen oder das Gesuch zu stellen, daß ihnen zwei Unterbeamte zugeteilt werden. »Ich glaube, es gibt kein bekanntes Beispiel in der Weltgeschichte, daß ein Beamter oder Angestellter einen anderen als den dritten Weg wählte.«

Die Theorie ist nicht einfach eine Übung in oberflächlichem Zynismus. Parkinson untermauert sie mit Statistiken. Er weist zum Beispiel darauf hin, daß die Anzahl der Beamten in der Admiralität der britischen Marine zwischen 1914 und 1928 um 78 Prozent angestiegen ist, während die Anzahl der Großkampfschiffe um 68 Prozent und die der Offiziere und Matrosen um 31 Prozent sank. Parkinson zieht daraus die Schlußfolgerung, daß die Ausweitung der Verwaltung gewöhnlich ein Eigenleben führt: »Die Angestellten in der Admiralität würden sich mit der gleichen Geschwindigkeit vervielfacht haben, auch wenn es keinen aktiven Seemann mehr gegeben hätte.« (In den neunziger Jahren kann Parkinsons Gesetz vielleicht auf das Überhandnehmen des Managementjargons in der Marine angewandt werden, dessen Gebrauch sich ausgebreitet hat, während die Anzahl der Soldaten drastisch gesunken ist.)

Was *Parkinsons Gesetz* bemerkenswert macht, ist die Sympathie, die Parkinson für die einfachen Beamten weckt, die keinen Ausweg wissen. Er wird lyrisch, wenn er beschreibt, wie der Beamte A das Büro verläßt: »Die Bürolampen verlöschen in dem Abendgrauen, das den Abschluß eines Tages voller Verwaltungsarbeiten bringt. Während er mit den letzten Angestellten das Portal des Bürohauses verläßt, denkt A mit verbissenem Lächeln darüber nach, warum wohl späte Stunden und graue Haare die Strafen des Erfolgreichen sind.«

Parkinson schlägt keine Lösungen vor. »Es ist nicht die Aufgabe des Botanikers, Unkraut zu jäten. Ihm genügt es, wenn er sagen kann, wie schnell es wächst«, sagt er.

Parkinson warnt vor den Gefahren, ein Buch über Management ernst zu nehmen: »Der Himmel bewahre uns davor, daß Studenten aufhören, Bücher über die Wissenschaft der öffentlichen Verwaltung oder Betriebswirtschaft zu lesen – aber nur dann, wenn diese Werke als Belletristik gekennzeichnet sind.«

Richard Pascale, Anthony Athos

33 Geheimnis und Kunst des japanischen Managements

The Art of Japanese Management 1981

Hamel über Pascale und Athos

»Die Japanphobie hat etwas nachgelassen, mit Hilfe eines starken Yen, ungeeigneter japanischer Wirtschaftspolitik und erheblicher Anstrengungen westlicher Unternehmen, ihre Wettbewerbsfähigkeit wiederzugewinnen. Auch wenn Pascale und Athos die einzigartigen Fähigkeiten des japanischen Managements zweifellos überbewerteten (wird Matsushita wirklich so viel besser gemanagt als Hewlett-Packard?), stellten sie die stillschweigende Annahme, Amerika sei die Quelle aller Managementweisheit, erfolgreich in Frage. Seitdem *The Art of Japanese Management* in die Buchhandlungen gekommen ist, haben amerikanische Unternehmen viel von Japan gelernt. Pascale und Athos gebührt der Dank dafür, daß sie den Lehrplan aufgestellt haben.«

Richard Pascale (1938 geboren) war zwanzig Jahre lang Mitglied der Fakultät der Graduate School of Business der Stanford University und lehrte den beliebtesten Kurs des dortigen MBA-Programms – über das Überleben von Unternehmen. Er ist heute ein führender Unternehmensberater. Pascale war Stipendiat des Weißen Hauses, Sonderassistent des US-Arbeitsministers und leitendes Mitglied einer Arbeitsgruppe, die das Büro des Präsidenten reorganisierte. Er ist auch Autor des Buches *Managen auf Messers Schneide* (1991; vgl. Kapitel 34).

Anthony Athos war lange Zeit Mitglied der Harvard Business School.

Geheimnis und Kunst des japanischen Managements war einer der ersten Managementbestseller. Das Buch spielte eine entscheidende Rolle bei der Entdeckung japanischer Managementmethoden. Pascale und Athos überlegten, wie ein Land von der Größe Montanas den Industriegiganten Amerika übertreffen konnte: »Im Jahre 1980 war Japans Bruttosozialprodukt das dritthöchste auf der Welt, und wenn wir die gegenwärtigen Tendenzen extrapolieren, läge Japan bis zum Jahre 2000 an der Spitze«, warnen Pascale und Athos.

Das Buch geht auf Pascales Arbeit in der Nationalen Kommission für Produktivität der USA zurück. Nachdem er anfangs geglaubt hatte, man könne aus kulturellen Gründen nur begrenzt von Japan lernen, kam er später zu dem Schluß, daß es fruchtbarer wäre, sich japanische Unternehmen in den USA anzusehen. Die Studien für das Buch umfaßten schließlich vierunddreißig Unternehmen, die er sechs Jahre lang beobachtete.

Der amerikanischen Leserschaft sagte das Buch bittere Wahrheiten: »Das Ausmaß der japanischen Überlegenheit auf dem Gebiet der industriellen Wettbewerbsfähigkeit gegenüber den Vereinigten Staaten wird sogar noch eher unterschätzt«, behaupten die Autoren und stellen fest, daß »ein Hauptgrund für die Überlegenheit der Japaner ihr Geschick auf dem Gebiet des Managements ist«. Mit seinen Vergleichen amerikanischer und japanischer Unternehmen (unter anderem ITT und Matsushita) liefert das Buch seltene Einsichten in die Wahrheit hinter dem Mythos des japanischen Managements und zeigt gleichzeitig die Schwächen auf, die die westliche Praxis in weiten Teilen kennzeichnen.

Zum Kern des japanischen Managements gehört, wie die Autoren herausfanden, die Vision, die ihrer Meinung nach im Westen weitgehend fehlte. »Unser Problem heute ist, daß die Werkzeuge vorhanden sind, unsere ›Vision‹ aber beschränkt ist. Ein großer Teil der amerikanischen Manager wird von Überzeugungen, Annahmen und Wahrnehmungen über das Management beeinflußt, die sie übermäßig einengen«, schreiben Pascale und Athos. Das Buch sei »kein Angriff auf die bestehenden Managementinstrumente, sondern auf die westliche Vision des Managements, die unsere Effektivität begrenzt«.

Das Eintreten für die Vision durch die beiden Autoren erwies sich als äußerst einflußreich. Pascale schreibt heute einen großen Teil davon seinem Koautor zu: »Es war Athos, der den ganzen Visionsrummel in den USA initiierte. In den siebziger Jahren hatte niemand wirklich daran gedacht.« Bald nach *Geheimnis und Kunst des japanischen Managements* erschienen zahlreiche Bücher, die sogenannte Visionäre in den Mittelpunkt rückten. Heute sind Unternehmensvisionen Allgemeingut, auch wenn viele nicht mit der japanischen Praxis übereinstimmen, wie sie von Pascale und Athos dargestellt wird, in der Visionen dynamische, belebende *modus operandi* anstatt blasse Absichtsäußerungen des Unternehmens sind.

Geheimnis und Kunst des japanischen Managements ist jedoch wegen seines zentralen Konzepts bekannt – des Sieben-S-Modells. Dieses entstand aus einer Reihe von Besprechungen im Juni 1978 zwischen Pascale und Athos sowie den Autoren von *Auf der Suche nach Spitzenleistungen*, Tom Peters und Robert Waterman, die bereits mitten in ihren Studien über Spitzenunternehmen steckten. Die Geschichte der Entwicklung des Systems wird in *Geheimnis und Kunst des japanischen Managements* dargestellt.

Als erstes wurde eine Zusammenkunft des Quartetts vereinbart. »Athos meinte, wir brauchten für die fünf Tage eine Tagesordnung, sonst würden wir von Peters verrückt gemacht – er ist so energisch, so zerfahren. Andernfalls würden wir die fünf Tage nicht überleben«, erinnert sich Pascale. »Athos sagte, er hätte darüber nachgedacht, und in Harvard wäre jemand, Chuck Gibson, der ein Schema hätte – Strategie, Struktur, Systeme. Er hatte sich diese drei S für Harvards Programm für Managemententwicklung (PMD) ausgedacht, für das er und Tony verantwortlich waren. Warum sollten wir also nicht am Montag mit Strategie beginnen, am Dienstag zur Struktur und am Mittwoch zu Systemen übergehen? Athos sagte, er hätte auch etwas Eigenes beizutragen – übergeordnete Ziele (superordinate goals) und gemeinsame Wertvorstellungen (shared values). Ich arbeitete gerade an *Geheimnis und Kunst des japanischen Managements* und war daher an der Idee gemeinsamer Wertvorstellungen interessiert. Athos bestand auf ›übergeordnete Ziele‹, und ich trug ›Stil‹ bei. So kamen wir mit fünf der [endgültigen] sieben S zu der Besprechung.«[1]

Athos und Pascale überzeugten Waterman und Peters, Alliterationen zu benutzen. Peters und Pascale meinten dann, es würde eine weitere Variable benötigt, eine, die sich auf Zeitplanung und Durchführung bezog. Athos und Pascale schlugen vor, sie »Sequenz-Setzung« (sequencing) zu nennen.

Julian Phillips von McKinsey, der ebenfalls zu der Gruppe stieß, plädierte stark dafür, »Sequenz-Setzung« durch »Personal« (staff) zu ersetzen. »Da jeder mit ›Sequenz-Setzung‹ Probleme hatte, war es leicht, sie fallenzulassen«, erinnern sich Athos und Pascale. »Und da Peters die Notwendigkeit betonte, ›Mitarbeiter‹ und ›Macht‹ in irgendeiner Form einzuschließen ..., wurde die Übereinstimmung möglich, daß ›Personal‹ eine Hinzufügung sei, die mehrere Bedenken auflösen würde. So entstand das Sieben-S-Modell.«

Die Sieben S – Strategie, Struktur, Systeme, Stil, Fähigkeiten (skills), Personal (staff), übergeordnete Ziele (superordinate goals) – sind eine Art Gedächtnisstütze für das, was Unternehmensmanagement ausmacht. Das Sieben-S-Modell erregte große Aufmerksamkeit, obwohl es als Feststellung der Probleme, denen Unternehmen gegenüberstehen, wenig bemerkenswert ist. (Tom Peters hielt es anfangs für »blöd« – aber dann benutzten Peters und Waterman es ein Jahr später in *Auf der Suche nach Spitzenleistungen*.) »Das Modell ist nichts weiter als sieben wichtige Kategorien, denen Manager Aufmerksamkeit schenken«, schrieb Pascale später in *Managen auf Messers Schneide*. »An der Zahl Sieben ist nichts Heiliges oder Mystisches. Es könnten genausogut sechs oder acht S sein. Für den Interviewer ist ein solcher Rahmen wertvoll, weil er ihm eine Gesprächsdisziplin auferlegt.«

Die Sieben S bieten auch eine Möglichkeit, amerikanisches und japanisches Management zu vergleichen. Pascale und Athos gelangen zu dem Schluß, daß die Japaner überwiegend aufgrund der Aufmerksamkeit, die sie den weichen S – Stil, übergeordnete Ziele (superordinate goals), Fähigkeiten (skills) und Personal (staff) – schenkten, erfolgreich waren. Der Westen beschäftigte sich dagegen in erster Linie mit den harten S – Strategie, Struktur und Systeme.

Seit dem Erscheinen von *Geheimnis und Kunst des japanischen Managements* hat sich der allgemeine Trend des westlichen Managementdenkens den weichen S zugewandt. Ob das dazu geführt hat, daß der Westen das Ungleichgewicht, das Pascale und Athos festgestellt haben, korrigiert hat, ist Gegenstand einer noch andauernden Diskussion.

Richard Pascale

34 Managen auf Messers Schneide

Managing on the Edge
1990

Hamel über Pascale

»In *Managen auf Messers Schneide* macht Richard Pascale eine Reihe nützlicher Bemerkungen über die Quellen der Vitalität von Unternehmen. Was ich immer an ihm bewundert habe, ist, daß er sich nicht auf Instrumente und Methoden konzentriert, sondern auf Grundsätze und Paradigmen. Während die Bücherregale von simplifizierenden Ratgebern (z. B. dem *Minutenmanager*) überquellen, fordert Pascale die Manager auf nachzudenken, und zwar gründlich nachzudenken. Pascale zwingt Manager, ihre normativen Modelle, auf denen ihre Überzeugungen und Handlungen basieren, in Frage zu stellen. Selten zwingen uns Autoren, uns so direkt unseren eigenen Managerorthodoxien zu stellen.«

Richard Pascales *Managen auf Messers Schneide* beginnt mit dem Satz »Nichts steht dem Erfolg so nahe wie das Scheitern.« »Große Stärke ist unweigerlich die Wurzel von Schwäche«, schreibt Pascale und weist darauf hin, daß von den *Fortune*-500-Unternehmen von 1985 fünf Jahre später 143 von der Liste verschwunden waren.

Das Buch ist eine außerordentlich gut recherchierte und begründete Kritik an Selbstgefälligkeit und Ängstlichkeit: »... die Geschichte des amerikanischen Managements [ist] weitgehend eine Nabelschau und eine Politik des Sich-selbst-auf-die-Schulter-Klopfens«, schreibt Pascale und greift damit seine Kritik wieder auf, die er neun Jahre zuvor erstmals in *Geheimnis und Kunst des japanischen Managements* geäußert hatte.

Veränderungen, sagt Pascale, sind Teil des Unternehmensalltags. Das Problem ist, daß wir schlecht dafür gerüstet sind und daß unsere traditionellen Methoden, Änderungen in den Griff zu bekommen, nicht mehr anwendbar sind. »Die schrittweise Annäherung an den Wandel ist wirksam, wenn das, was man wünscht, mehr ist als das, was man bereits bekommen hat. Aus historischer Sicht reicht das aus, weil unsere Vorteile in Form einer Fülle von Ressourcen, einer geographischen Sonderstellung und des Fehlens ernsthafter weltweiter Konkurrenz eine Liga definierte, in der wir unsere eigenen Konkurrenten waren und jeder nach denselben Regeln spielte.«

Pascale lehnt einfache Lösungen ab und äußert heftige Kritik an Peters' und Watermans *Auf der Suche nach Spitzenleistungen*: »Wer einfach Attribute des Erfolgs identifiziert, tut nicht mehr, als identifiziere er Attribute von Menschen bei bester Gesundheit im Zeitalter der Beulenpest.« Er meint, »Leidenschaft und Besessenheit degenerieren häufig zu einfachen Formeln«, wie zum Beispiel zu Akronymen wie KISS (Keep It Simple, Stupid). »Dieses Buch predigt Kühle und Klugheit auf einer höheren Ebene der Komplexität.«

Am besten bekannt ist Pascales Darstellung der Überfülle der Managementmoden. Er schätzt, daß es seit den fünfziger Jahren mehr als zwei Dutzend gegeben hat – und davon kam die Hälfte in den fünf Jahren vor 1990 auf.

Bei der weiteren Untersuchung der Krankheit, die er im Management feststellt, behauptet Pascale, daß vier Faktoren »Stagnation und Erneuerung in Unternehmen bewirken«:

1. *Zusammenpassen* – bezieht sich auf die interne Zusammengehörigkeit einer Organisation (Einheit).
2. *Vielfalt durch Aufteilung* – beschreibt die Methoden, mit denen eine größere Organisation in kleinere Einheiten unterteilt werden kann, womit man ihnen ein stärkeres Gespür für Verantwortung und Identität gibt (Pluralität).
3. *Konstruktiver Meinungsstreit* – bezieht sich auf Managementmethoden, die Widersprüche als unvermeidliche Nebenprodukte von Unternehmen ausdrücklich akzeptieren, statt sie zu unterdrücken (Dualismus).
4. *Transzendieren zu höheren Formen* – durch erfolgreiches Managen des Erneuerungsprozesses erreichen wir eine höhere Ordnung der Komplexität (Vitalität).

Pascale fordert eine grundlegende Änderung der Perspektive: »Das Verhalten des Managements basiert auf der Annahme, wir müßten das Verhalten derjenigen, die wir managen, in eine bestimmte Ordnung bringen. Diese Geisteshaltung muß unbedingt in Frage gestellt werden«, schreibt er. Methodische Antworten sind nicht mehr angemessen. Statt dessen sollte der Schwerpunkt darauf liegen, Fragen zu stellen (das letzte Kapitel des Buches lautet »Die Frage ist die Antwort«). »›Strategische‹ Planung stellt bestenfalls Fragen und versucht nicht, sie zu beantworten«, meint Pascale.

Er ist der Meinung, daß erfolgreiche Unternehmen sich in einem ständigen Erneuerungsprozeß befinden. (Dieses Thema entwickelte er später weiter und forderte »die Transformation der Unternehmen«.) Um dies zu erreichen, ist die Bereitschaft entscheidend, ständig Fragen zu stellen und Konflikte zum Wohl des Unternehmens auszunutzen, durch Systeme, die das Fragenstellen fördern. Unternehmen müssen zu »Fragemaschinen« werden.

Das Problem ist, daß Manager schlecht darauf vorbereitet sind, mit Konflikten umzugehen, die entstehen, wenn grundsätzliche Fragen gestellt werden. Wenn wir erfolgreich »auf Messers Schneide« managen sollen, dann ist »Konfliktmanagement entscheidend, um auftretende Spannungen zu beseitigen«. Der amerikanische Untertitel des Buches lautet »Wie die cleversten Unternehmen Konflikte nutzen, um an der

Spitze zu bleiben«, und Pascale schätzt, daß die Hälfte der Konfliktfälle geradegebogen und vermieden wird. »Die Kräfte, die wir aus historischer Sicht zu ständiger Opposition verurteilt hielten, erweisen sich aus anderer Sicht oder gemäß einem anderen Paradigma als nur scheinbare Gegensätze, die weitere Untersuchungen und Anpassungsreaktionen in Gang bringen«, schreibt Pascale. »Der Grund dafür ist, daß jeder Gesichtspunkt eine Facette der Wirklichkeit darstellt und diese Wirklichkeiten dazu tendieren, sich gegenseitig herauszufordern und Fragen aufzuwerfen. Die neue Definition des Jobs eines Managers lautet also, er solle der Debatte ein konstruktives Niveau geben, womit wir im Grunde die Organisation in Frage stellen. Das führt zur Identifizierung blinder Flecken.« Die Wahrheit – persönlich und auf das Unternehmen bezogen – liegt in der Offenheit heftiger Diskussionen, und, wie Pascale schreibt: »Organisationen sind letzten Endes Interaktionen zwischen Menschen ...«

Managen auf Messers Schneide war für einen großen Teil der Managementtheorie des Jahrzehnts tonangebend. Die These von der Notwendigkeit ständigen Wandels wurde seitdem von Pascale weiterentwickelt. Er meint nun, daß die Aufgabe, die Art und Weise des Sichänderns in die Hand zu nehmen, eher eine Kompetenz als eine von Zeit zu Zeit auftretende Notwendigkeit ist. Die Fähigkeit zum Wandel ist in sich selbst eine Kernkompetenz.

Tom Peters, Robert Waterman

35 Auf der Suche nach Spitzenleistungen

In Search of Excellence 1982

Hamel über Peters und Waterman

»Unterschätzen wir nie den Markt für Hoffnung. *Auf der Suche nach Spitzenleistungen* erschien in den USA ein Jahr nach *Geheimnis und Kunst des japanischen Managements*, als das Selbstvertrauen der westlichen Industrieunternehmen seinen Tiefpunkt erreicht hatte. Auch Sie können groß sein, lautete die Botschaft – kein Wunder, daß sie ein Massenpublikum fand. Zwischen einfachen Wahrheiten und vereinfachenden Rezepten verläuft immer nur eine schmale Linie. Peters und Waterman vermieden weitgehend Oberflächlichkeiten und Tautologien. Die Konzentration auf Operations Research, ausgeklügelte Planungssysteme und (angeblich) gründliche Finanzanalyse hatte in vielen Unternehmen das Management seiner Seele beraubt – und mit Sicherheit den Fokus vom Kunden abgelenkt. Peters und Waterman erinnerten Manager daran, daß Erfolg häufig daraus resultiert, gewöhnliche Dinge ungewöhnlich gut zu machen.«

Tom Peters und *Robert Waterman* waren Berater bei McKinsey, als sie das Buch schrieben. Peters verließ das Unternehmen vor dessen Veröffentlichung und Waterman zwei Jahre später.

Seitdem haben beide sehr verschiedene Wege eingeschlagen. Peters (1942 geboren) wurde zu einem populären Management-Guru, der um die Welt reist und Bücher schreibt, die als »charismatische Schocker« beschrieben wurden, unter anderem: *Leistung aus Leidenschaft* (mit Nancy Austin, 1993), *Kreatives Chaos* (1988), *Jenseits der Hierarchien* (1993) und die neueren Sammlungen *Das Tom Peters Seminar. Management in chaotischen Zeiten* (1995; auch als Audiobook) und *Der Wow!-Effekt. 200 Ideen für herausragende Erfolge* (1995; ebenfalls als Audiobook). Tom Peters hat ein eigenes Unternehmen, die Tom Peters Group, mit Sitz in Palo Alto, aber er verbringt heute den größten Teil seiner Zeit auf seiner Farm in Vermont.

Waterman (1936 geboren) ist weit weniger profiliert und produziert gelegentlich gedankenvolle Bücher, aber er zieht es vor, seine Zeit mit Malen zu verbringen anstatt auf dem Seminarkarussell. Er hat ein Beratungsunternehmen mit Sitz in Kalifornien. Seit *Auf der Suche nach Spitzenleistungen* hat Waterman *Leistung durch Innovation* (1988) und *Die neue Suche nach Spitzenleistungen* (1994) geschrieben.

Auf der Suche nach Spitzenleistungen ist das populärste Managementbuch unserer Zeit. Sein weltweiter Absatz nähert sich der Sechs-Millionen-Grenze.

Die Analyse der Gründe, warum das Buch ein solcher Erfolg ist, ist Thema zahlloser Zeitschriftenartikel in aller Welt. Peter Drucker meinte 1987, die Einfachheit des Buches erkläre seine Anziehungskraft: »Die Stärke des Buchs von Peters liegt darin, daß es einen zwingt, auf die Grundlagen zu schauen. Seine große Schwäche – eine Stärke im Hinblick auf seinen Erfolg – ist, daß es Management so unglaublich einfach klingen läßt. Man braucht das Buch nur unter das Kopfkissen zu legen, und alles klappt wie am Schnürchen.«

Rückblickend hat Tom Peters verständlicherweise eine andere Ansicht: »*Auf der Suche nach Spitzenleistungen* war das erste Buch, das über Dinge geschrieben wurde, die funktionieren. Es war zweckgerichtet. Hayes und Abernathy warfen das amerikanische Management auf den Müll und schrieben darüber im Harvard-Manual. Zugegebenermaßen bestand die Logik des Buches darin, daß das amerikanische Management verkorkst war. Es war ein brutaler, offener Angriff auf das amerikanische Management und die Denkweise von McKinsey. Okay, zu 75 Prozent handelte es von Inseln der Hoffnung, aber das war, was diese sind: außergewöhnlich. Ich halte *Auf der Suche nach Spitzenleistungen* für ein Buch mit schlechten Nachrichten.«[1]

Für solch ein bahnbrechendes Buch ist *Auf der Suche nach Spitzenleistungen*, zumindest in der Rückschau, überraschend unumstritten. Peters und Waterman geben zu, daß das, was sie zu sagen haben, nicht sonderlich originell ist. Sie weisen aber darauf hin, daß die Ideen, die sie vertreten, von Managementtheoretikern im allgemeinen ignoriert oder übersehen worden sind.

Das Buch entstand aus den Studien, die Peters und Waterman bei McKinsey, wo beide arbeiteten, durchführten. Sie identifizierten hervorragende Unternehmen und suchten dann aus deren Verhalten und Leistung Lehren abzuleiten. Am Ende wurde die Stichprobe auf zweiundsechzig Unternehmen reduziert (mit dem Zusatz, daß sie nicht hundertprozentig repräsentativ sein sollte).

Die Auswahl war weitgehend unstrittig und nicht überraschend – es waren Unternehmen wie IBM, Hewlett-Packard, Wal-Mart und General Electric dabei. Der Schwerpunkt lag ausschließlich bei Großunternehmen.

»*Auf der Suche nach Spitzenleistungen* war ein Rundumangriff auf die Unmäßigkeit des ›rationalen Modells‹ und des ›Paradigmas der Geschäftsstrategie‹, die die Managementdenkweise der westlichen Welt beherrschten. Was das Buch damals riet, war vielmehr eine Rückkehr zu den Grundprinzipien: dem Kunden Aufmerksamkeit widmen (Kundennähe), ein bleibendes Engagement für Menschen (Produktivität durch Menschen) und die Zelebrierung des Prinzips ›Probieren geht über Studieren‹ (Primat des Handelns)«, schrieb Peters im Vorwort zu seinem späteren Buch *Jenseits der Hierarchien.* »Es spielt jedoch keine Rolle, ob Bob Waterman und ich für oder gegen das Management waren, es gibt nämlich Wichtigeres, beispielsweise den Hinweis auf einen gewaltigen Fehler, der zwischen den Zeilen versteckt lag: In *Auf der Suche nach Spitzenleistungen* wurden die Exzesse der leidenschaftslosen ›modernen Managementpraxis‹ verurteilt, auf der anderen Seite aber wurden große Fertigungsunternehmen gefeiert. Mit der Begeisterung für IBM und mehr als einer Verneigung vor General Motors haben wir das amerikanische technokratische Unternehmen ganz generell gutgeheißen – die Institutionen, die der Wirtschaftswissenschaftler John Kenneth Galbraith und der Wirtschaftshistoriker Alfred Chandler vor noch nicht allzu langer Zeit als beinahe perfekte Instrumente zur Verwirklichung des amerikanischen Wirtschaftsschicksals bezeichnet hatten. Täuschen wir uns nicht: Bob Waterman und ich sind in den fünfziger und sechziger Jahren geprägt worden, und wir gehörten zu den Nachkommen von Galbraith und Chandler!«

Auch wenn das Buch die erfolgreichen Methoden feiert, die von großen Unternehmen eingesetzt wurden, kann ein großer Teil der Methoden leichter und erfolgreicher von kleineren Firmen angewandt werden. Das erklärt auch die anhaltende Attraktivität des Buches.

Im Laufe ihrer Studien entwickelten Peters und Waterman, unterstützt von Anthony Athos und Richard Pascale von Harvard (den Autoren von *Geheimnis und Kunst des japanischen Managements*) ein Modell, das die Sieben S (oder das »mächtige Atom«) genannt wurde. Es erwies sich als äußerst einflußreich (und wird in dem Abschnitt über das oben genannte Buch – Kapitel 33 – detailliert dargestellt).

Vielleicht ist es von größerem Nutzen, die acht Merkmale zusammenzufassen, in denen nach Peters' und Watermans Ansicht das Besondere an den besonders erfolgreichen, innovativen Unternehmen zum Ausdruck kommt:

- **Primat des Handelns:** »›Do it, try it, fix it‹ (›Probieren geht über Studieren‹) ist unser liebster Grundsatz«, schreiben Peters und Waterman.
- **Nähe zum Kunden:** »Die Spitzenunternehmen sind ihren Kunden wirklich nah. Das ist alles. Andere Unternehmen reden darüber; die erfolgreichen Unternehmen machen Ernst damit«, sagen sie. In einem späteren Kapitel fügen sie die »Dummheitsregel« hinzu: »Viele Manager von heute – mit den besten Diplomen – sind zu ihrem eigenen Schaden ein wenig zu gescheit. Die Gescheiten ändern häufig den Kurs, entsprechend den neuesten Prognosen. Es sind die Manager, die mit leichter Hand mit Modellen von hundert Variablen jonglieren, komplizierte Prämiensysteme ersinnen und Matrixstrukturen austüfteln. Sie haben zweihundertseitige strategische Pläne und Marktanalysen von fünfhundert Seiten Länge – und dies ist nur der erste Schritt der Produktentwicklung. Unsere ›dümmeren‹ Freunde sind da ganz anders ... Sie können nicht begreifen, weshalb nicht jeder Kunde, sogar bei Kartoffelchips, einen persönlichen Service bekommen kann.«
- **Freiraum für Unternehmertum:** »Die innovativen Unternehmen fördern in all ihren Bereichen möglichst viele Führungstalente und Neuerer.«
- **Produktivität durch Menschen:** Peters und Waterman zitieren einen Arbeiter von General Motors, der nach 16 Jahren Pontiac-Montage entlassen wurde: »Ich nehme an, daß ich entlassen wurde, weil ich schlechte Autos baue. Aber in den ganzen sechzehn Jahren hat man mich kein einziges Mal gefragt, wie man meine Arbeit vielleicht besser machen könnte. Kein einziges Mal.«
- **Sichtbar gelebtes Wertsystem:** »Es scheint, daß die wahre Funktion des Unternehmensleiters darin besteht, die Wertvorstellungen des Unternehmens zu entwickeln und für ihre Verbreitung zu sorgen«, schlußfolgern Peters und Waterman. Führungskräfte müssen die

Wertvorstellungen pflegen und aufrechterhalten. Anstatt weit entfernte Galionsfiguren zu sein, sorgen sie dafür, daß etwas geschieht: »In den ›Unternehmen der Lippenbekenntnisse‹ bezeichnet das Wort ›Manager‹ häufig nicht jemanden, der sich die Ärmel aufkrempelt, um zusammen mit dem Arbeiter eine Sache durchzuziehen, sondern jemanden, der dafür Assistenten einstellt.«

- **Bindung an das angestammte Geschäft:** »Schuster, bleib bei deinen Leisten«: Die Spitzenunternehmen blieben auf das fixiert, worin sie gut waren, und ließen sich nicht leicht ablenken.
- **Einfacher, flexibler Aufbau:** »Die exzellenten Unternehmen haben erkannt, wie wichtig es ist, dem überwältigenden Sog zu mehr Komplexität zu widerstehen und möglichst vieles möglichst einfach zu halten«, schreiben Peters und Waterman.
- **Straff-lockere Führung:** Hier sind Peters und Waterman wahrscheinlich am schwächsten und undeutlichsten. Die Diskussion, wie man locker und straff wird (Kontrolle ausübt und gleichzeitig Verantwortung abgibt; groß und dennoch klein ist), beherrscht einen großen Teil der nachfolgenden Schriften über Management. In jüngerer Zeit neigt man dazu, es als die im Prinzip paradoxe Natur des Managements zu erklären. »Wir müssen unserem Managementvokabular weitere Begriffe hinzufügen, wie temporäre Strukturen, Ad-hoc-Gruppen, fließende Organisationen, small is beautiful, Inkrementalismus, Experimentieren, Handlungsorientierung, Imitationen, Versuche, irreguläre Abweichungen, interner Wettbewerb, Verspieltheit, Technologie der Dummheit, Produktführer, F&E-Gruppen, Cliquen und Schattenorganisationen. Jeder dieser Begriffe dreht gegenüber konventioneller Weisheit den Spieß um. Jeder bedeutet das Fehlen eindeutiger Richtungen und die gleichzeitige Notwendigkeit zu handeln«, schreiben Peters und Waterman.

Man kann die Rezepte, die dem Buch zugrunde liegen, kritisieren. Die Kriterien für die Auswahl der Unternehmen sind anfechtbar, wie alle Kriterien, und setzten Peters und Waterman der Kritik aus, als ihre Spitzenunternehmen in Schwierigkeiten gerieten. Das geschah früher, als sie hätten voraussehen können, und 1984 enthüllte die Titelgeschichte der *Business Week* (unter der Überschrift »Oops!«) hämisch, daß einige der Spitzenunternehmen rasch in die Mittelmäßigkeit zurückgefallen und in einigen Fällen sogar erbärmlich gescheitert waren. Die gute Nachricht war die Achillesferse des Buches, obwohl Peters und Waterman eine Warnung aussprechen: »Wir werden immer gefragt, woher wir wissen, daß die Unternehmen, die wir als innovativ bezeichnet haben, innovativ bleiben werden. Die Antwort ist: Wir wissen es nicht.«

Der Wert des Buches ist unmöglich meßbar. Sein Ruhm und Erfolg haben objektive Beurteilungen seiner Verdienste überholt. Man kann sagen, daß es die Flut der Managementbücher ausgelöst und dazu beigetragen hat, in der Unternehmenswelt die Kundenbetreuung als Hauptfaktor der Differenzierung und des Marktvorteils zu etablieren.

Tom Peters

36 Jenseits der Hierarchien

Liberation Management 1992

Hamel über Peters

»Auch wenn man Tom Peters vorwerfen könnte, eher Journalist als Denker zu sein, sah *Jenseits der Hierarchien* viele der Themen voraus, die Managementtheoretiker in den neunziger Jahren beschäftigen. Man hätte dennoch gewünscht, daß das Verhältnis von Erkenntnissen zu Daten etwas größer wäre und daß es weniger Fallstudien und etwas mehr konzeptionelle Struktur gäbe. Nichtsdestoweniger bleibt das Buch eine gute, wenn auch überlange Einführung in die Managementphilosophie des neuen Zeitalters.«

Dick, weitschweifig und überschwenglich anekdotisch ist *Jenseits der Hierarchien* ein riesiges Kompendium von Tom Peters' Denken über Management in den »Nanosekunden-Neunzigern«.

Das erste Manuskript hatte einen Umfang von 1900 Seiten und wurde erst dadurch auf eine handhabbare Größe reduziert, daß ein Drittel des Materials gestrichen wurde. Das Buch ist, wie der Organisationsforscher Karl Weick meinte, in »Hypertext« geschrieben. Die Sprache ist farbig – »Daher sind auch die ›Middle Manager‹, wie wir sie kennen, mausetot«; »Die Festlegung aller Produkte und Dienstleistungen hängt«; »Weich, weicher, am weichsten werden. Unbeständig, kurzlebig, Mode werden« – und manchmal undurchdringlich, wenn Peters' Leidenschaft seine Prosa überrollt. *Jenseits der Hierarchien* erhielt die besten und schlechtesten Rezensionen von Peters' sechs Büchern.

Das Buch stellt eine wichtige Entwicklung in Peters' Karriere dar. Es entstand aus einer intensiven Beschäftigung mit Alfred Chandler und Friedrich August von Hayek und ist das erste seiner Bücher nach *Auf der Suche nach Spitzenleistungen*, das gründliche Analysen einzelner Unternehmen enthält.

Seine zentrale Botschaft spiegelt eine erhebliche Änderung des Schwerpunktes im Vergleich zu seinen früheren Werken wider (*Auf der Suche nach Spitzenleistungen*, *Leistung aus Leidenschaft* und *Kreatives Chaos*). Zehn Jahre nach *Auf der Suche nach Spitzenleistungen* ist Peters der Auffassung, seine früheren Arbeiten hätten darunter gelitten, daß er der vieldiskutierten Frage der Organisationsstruktur zu wenig Aufmerksamkeit geschenkt habe.

Peters versteht Struktur nicht im traditionellen hierarchischen und funktionalen Sinn. Seine Beispiele für die neue Organisationsstruktur sind tatsächlich wegen des scheinbaren Fehlens der Struktur bemerkenswert. Und darauf kommt es Peters an. Unternehmen wie CNN, ABB und Body Shop florieren, weil sie hochflexible Strukturen entwickelt haben, die sich je nach den momentanen Erfordernissen ändern können. Flüchtig, unmöglich zu fixieren oder aufzuzeichnen, einfach und doch komplex – das sind die paradoxen Strukturen der Zukunft. »Die effiziente ›Organisation‹ von morgen wird jeden Tag aufs neue hervorgezaubert«, sagt Peters.

Nur mit solchen dynamischen Strukturen werden Unternehmen in der Lage sein, den Service zu leisten, den Peters in seinen früheren Büchern propagierte, und nur mit solchen dynamischen Organisationsformen können sie überleben. Peters hat die Orientierung an Kundenbedürfnissen nicht aufgegeben: »Wie Kunden ihre Beziehung zu Ihrem Unternehmen wahrnehmen, entscheidet darüber, ob Sie einen lebenslangen Kunden haben oder nicht. Es ist offensichtlich, wird aber fast immer ignoriert.«

Der Schlüssel für die neuen Unternehmensstrukturen, die Peters sich vorstellt, sind Netzwerke aus Kunden, Zulieferern und buchstäblich jedem anderen, der dem Unternehmen helfen kann, seine Produkte oder Dienstleistungen zu liefern. »Angesichts dieser Entwicklungen sollten alte Vorstellungen über Größe in der Versenkung verschwinden. ›Neugroß‹ – und das kann durchaus riesig groß bedeuten – steht für die ›Netzgröße‹. Das heißt: Die Größe – gemessen zum Beispiel an der Marktposition – ist eine Funktion der gesamten zu einem Unternehmen gehörigen Familie von zeitweiligen oder quasipermanenten Gruppen. Sie ist nicht eine Funktion dessen, was das Unternehmen besitzt und direkt kontrolliert.«

Und die Netzwerke müssen sich rasch bewegen. Der zentrale Begriff des Buches ist der der Mode: »Wir alle sind in der Alta Moda Mailands und der Filmbranche Hollywoods tätig«, schreibt Peters. »Dieses Buch ist von einem einzigen Begriff beseelt: Mode. Die Lebenszyklen von Computern und Mikroprozessoren sind von Jahren auf Monate zusammengeschrumpft.« Das neue Modellunternehmen bewegt sich schnell und tut dies permanent, nach neuen Bereichen suchend, die ihm auf den Märkten eine einzigartige Position sichern.

Das erfordert natürlich völlig andere Managementfähigkeiten als die, die traditionellerweise von Managern erwartet wurden. Peters sagt, daß die neuen Organisationsformen, die er beschreibt, schwierig zu begreifen und ausgesprochen qualvoll zu managen sind. Die neuen Fähigkeiten sind inzwischen vertraut. Peters verabschiedet Befehl und Kontrolle und läßt eine neue Ära anbrechen, die durch »Neugier, Initiative und Vorstellungskraft« gekennzeichnet ist. Es ist für die meisten Unternehmen ein Schritt ins Unbekannte, aber auch eine Rückkehr zu Grundprinzipien: »Die letzten hundert Jahre ... haben wir angenommen, daß es einen ganz bestimmten Platz für Fachwissen geben müsse: bei den ›Expertenstäben‹ in den Unternehmensbereichen, Gruppen, Sektoren oder in den Zentralen. Und einen anderen, davon deutlich unterschiedlichen Platz, an dem ›bloß die Arbeit getan wird‹. Die neue Organisationsform bringt das Fachwissen wieder dorthin zurück, wo etwas passiert – wie es in den handwerksorientierten, vorindustriellen Zeiten der Fall war. Das heißt, wir ignorieren Fachwissen überhaupt nicht. Wir ändern nur seinen Platz, verleihen ihm neue Geltung und erkennen an, daß in einer schnellebigen, modischen Welt *jeder ein Experte* sein muß.«

In seinen zwei nachfolgenden Büchern – *Das Tom Peters Seminar* und *Der Wow!-Effekt* – hat Peters seine Ideen aus *Jenseits der Hierarchien* weiterentwickelt, und er propagiert völliges Engagement für dynamische, freibewegliche Organisationsstrukturen. Peters bezeichnet *Jenseits der Hierarchien* als das beste seiner Bücher. Seine Verdienste – und Nachteile – liegen in den endlosen Beispielen. Interessanterweise wurden zahlreiche Unternehmen, die Peters dargestellt hat, in einer Vielzahl späterer Bücher ebenfalls als Beispiele herangezogen.

Michael Porter

37 Wettbewerbsstrategie. Methoden zur Analyse von Branchen und Konkurrenten

Competitive Strategy. Techniques for Analyzing Industries and Competitors, 1980

Hamel über Porter

»In *Wettbewerbsstrategie* leistete Michael Porter eine hervorragende Arbeit in der Zusammenführung dessen, was Ökonomen über die Bestimmungsgrößen der Rentabilität von Branchen und Unternehmen wissen. Während das Buch keine große Hilfe bei der Entdeckung profitabler Strategien ist, ist es ein unfehlbarer Führer bei der Entscheidung, ob eine bestimmte Strategie voraussichtlich zu einem nennenswerten Gewinn führen wird. Was das Buch von vielen anderen Managementbüchern unterscheidet, ist seine starke konzeptionelle Fundierung. Jeder MBA-Absolvent kann sich an die ›Fünf Kräfte‹ erinnern. Wie viele können sich der acht Regeln für Spitzenleistung entsinnen?«

Michael Porter (1947 geboren) hat einen Doktortitel in Betriebswirtschaftslehre und einen MBA-Abschluß. Vielseitig talentiert, studierte er außerdem in Princeton Flugzeugbau, wurde mit sechsundzwanzig Jahren Mitglied der Fakultät von Harvard und könnte ein Profigolfspieler sein (jetzt gibt er sich mit einigen Runden mit dem Präsidenten der USA zufrieden). Er ist heute Professor an der Harvard Business School und die führende Autorität auf dem Gebiet der Wettbewerbsstrategie. Porter ist Autor von zwölf Büchern und zahlreichen Artikeln. Seine einflußreichsten Bücher waren (neben *Wettbewerbsstrategie*): *Wettbewerbsvorteile. Spitzenleistungen erreichen und behaupten* (1986), *Globaler Wettbewerb* (1989) und *Nationale Wettbewerbsvorteile. Erfolgreich konkurrieren auf dem Weltmarkt* (1991). »Wenn jemand in der Lage ist, Managementtheorie in eine respektable wissenschaftliche Disziplin zu verwandeln, dann ist es Michael Porter«, stellte *The Economist* fest.[1]

Porter hat als Berater für Wettbewerbsstrategie für zahlreiche führende US-amerikanische und internationale Unternehmen gearbeitet und spielt eine aktive Rolle in Fragen der Wirtschaftspolitik beim US-Kongreß und bei Unternehmensgruppen sowie als Berater fremder Regierungen. Er arbeitet auch für den Führungsausschuß des amerikanischen Wettbewerbsrats, einer privaten Gruppe aus Unternehmensleitern, Gewerkschaftsführern und Wissenschaftlern, die 1986 gegründet worden war.

Michael Porters Buch *Wettbewerbsstrategie* ist die Lösung eines Rationalisten für ein seit langem bestehendes strategisches Problem. Wie bei vielen anderen Managementproblemen gibt es ein Spektrum mit zwei entgegengesetzten Endpunkten. Am einen Ende stehen die Pragmatiker, die der Meinung sind, Unternehmen müßten auf ihre spezifische Situation reagieren. Für sie entsteht ein Wettbewerbsvorteil aus großer Reaktionsfähigkeit. Da jede Situation einzigartig ist, gibt es kein Patentrezept, nach dem ein dauerhafter Wettbewerbsvorteil erreicht werden kann. Am anderen Ende des Spektrums steht die Ansicht, die unter anderem von der Boston Consulting Group vertreten wird, daß Marktkenntnis von überragender Bedeutung ist. Jedes Unternehmen, das die Feinheiten eines bestimmten Marktes gut genug kennt, wird sich gut plazieren, um die Preise senken und den Marktanteil vergrößern zu können.

Porter schlägt einen logischen Kompromiß vor und vertritt die Meinung, daß es drei »Strategietypen« gibt, »alternative, gangbare Möglichkeiten, um mit den Wettbewerbskräften fertigzuwerden«. Strategie reduziert sich in Porters Sicht auf die Entscheidung, *wie* man konkurrieren will. (Interessanterweise sagte Porter, die Idee der Strategietypen sei eine spätere Ergänzung des Buches gewesen.)

Die erste Strategie ist umfassende Kostenführerschaft, die darin besteht, »durch eine Reihe von Maßnahmen einen umfassenden Kostenvorsprung innerhalb einer Branche zu erlangen«. Qualität und Kundendienst sind nicht unwichtig, aber die Kostensenkung steht im Mittelpunkt. Der zweite Strategietyp ist Differenzierung, also das Konkurrieren auf der Basis eines zusätzlichen Wertes für die Kunden (z.B. Qualität, Service), so daß die Kunden einen Zuschlag zahlen müssen, um die höheren Kosten abzudecken. Konzentration auf Schwerpunkte ist die dritte Strategie: Unternehmen mit einer eindeutigen Strategie übertreffen jene, deren Strategie unklar ist oder die sowohl Differenzierung als auch Kostenführerschaft zu erreichen suchen. »Gelegentlich kann ein Unternehmen Erfolg dabei haben, mehr als einen Ansatz als Hauptziel zu verfolgen, wenngleich dies selten möglich ist …«, sagt Porter. »Die effektive Umsetzung irgendeiner dieser Strategietypen erfordert in der Regel vollen Einsatz wie auch unterstützende organisatorische Maßnahmen, die leicht verwässert werden, wenn es mehr als *ein* Hauptziel gibt.«

Wenn ein Unternehmen sich nicht auf eine dieser drei Strategien konzentriert, wird es wahrscheinlich auf Probleme stoßen: »Das bedeutet ..., daß ein Unternehmen, dem es nicht gelingt, seine Strategie zumindest in eine dieser drei Richtungen zu entwickeln – das also ›zwischen den Stühlen sitzt‹ –, in einer äußerst schlechten strategischen Situation ist. Für die Kostenführerschaft fehlen diesem Unternehmen der Marktanteil, Kapitalinvestitionen und zudem die nötige Entschlossenheit; um aber die Notwendigkeit niedriger Kosten zu umgehen, mangelt es ihm an der branchenweiten Differenzierung; und um einen Kostenvorsprung oder Differenzierung im Hinblick auf ein begrenztes Marktsegment zu schaffen, fehlt ihm die nötige Konzentration. Einem Unternehmen zwischen den Stühlen ist eine niedrige Rentabilität fast sicher. Es verliert entweder die großen Mengenabnehmer, die niedrige Preise fordern, oder es muß auf seine Gewinne verzichten, um diese Aufträge nicht an Billiganbieter zu verlieren. Es verliert aber zugleich die besonders profitablen Aufträge – die Crème – an diejenigen Unternehmen, die sich auf hochprofitable Objekte spezialisiert oder die sich insgesamt differenziert haben. Schließlich leidet das Unternehmen zwischen den Stühlen wahrscheinlich auch an einer verschwommenen Unternehmenskultur und an einem inkonsistenten Organisations- und Motivationssystem.«

Als *Wettbewerbsstrategie* 1980 in den USA erschien, boten Porters Strategietypen eine rationale und einfache Methode für Unternehmen, die der strategischen Verwirrung ein Ende bereitete. Das Gefühl der Sicherheit erwies sich jedoch als kurzlebig. Weniger als ein Jahrzehnt später mußten Unternehmen auf allen Ebenen konkurrieren. Sie mußten sich durch verbesserten Service oder schnellere Entwicklung von anderen Unternehmen unterscheiden und gleichzeitig Kostenführer, das heißt billiger als ihre Konkurrenten sein.

Ein anderer Beitrag Porters in *Wettbewerbsstrategie* hat sich als dauerhaft gültig erwiesen. »In jedem Unternehmen, egal, ob es einheimisch oder international ist oder Produkte oder Dienstleistungen anbietet, sind die Wettbewerbsregeln in fünf Wettbewerbskräften verkörpert.«

1. **Markteintritt:** Neue Wettbewerber erzwingen irgendeine Reaktion, die unvermeidlich einen Teil Ihrer Ressourcen aufbraucht und so den Gewinn reduziert.
2. **Gefahr durch Ersatzprodukte:** Wenn es auf dem Markt brauchbare Alternativen zu Ihrem Produkt oder Ihrer Dienstleistung gibt, werden die Preise, die Sie verlangen können, begrenzt sein.
3. **Verhandlungsstärke von Kunden:** Wenn Kunden Verhandlungsmacht besitzen, werden sie sie einsetzen. Das wird Ihre Gewinnspannen reduzieren und folglich die Rentabilität beeinträchtigen.
4. **Verhandlungsstärke von Lieferanten:** Zulieferer, die Macht über Sie haben, werden ihre Preise erhöhen und dadurch Ihre Rentabilität verringern.
5. **Rivalität unter den bestehenden Wettbewerbern:** Wettbewerb führt zu der Notwendigkeit, in Marketing, Forschung und Entwicklung oder Preissenkung zu investieren, was Ihre Gewinne reduzieren wird.

»Alle fünf Wettbewerbskräfte zusammengenommen bestimmen die Wettbewerbsintensität und Rentabilität der Branche, wobei die stärkste(n) dieser Kräfte ausschlaggebend ist (sind), ... Natürlich sind die entscheidenden Kräfte nicht in allen Branchen die gleichen«, schreibt Porter.

Die in *Wettbewerbsstrategie* umrissenen fünf Kräfte sind ein Instrument, mit dessen Hilfe ein Unternehmen seine Branche allmählich verstehen kann. Anfangs wurden sie als gültige Aussagen über die Tatsachen des Wettbewerbs interpretiert. Jetzt werden sie dagegen häufiger als die Spielregeln angesehen, die geändert und in Frage gestellt werden müssen, wenn ein Unternehmen auf einem bestimmten Markt irgendeinen Einfluß ausüben will.

Michael Porter

38 Nationale Wettbewerbsvorteile

The Competitive Advantage of Nations, 1990

Hamel über Porter

»Auch wenn *Nationale Wettbewerbsvorteile* eine gute Darstellung der Gründe liefert, warum sich bestimmte Branchen-›Cluster‹ in bestimmten Ländern und nicht in anderen bildeten, ist das Buch im wesentlichen rückwärts gewandt. In einer Welt offener Märkte und mobilen Kapitals, mobiler Technologie und mobilen Wissens muß kein Unternehmen das Produkt seines geographischen Raumes sein. Die Tatsache, daß ein deutsches Unternehmen, SAP, in der Software-Branche Erfolg haben, ein japanisches Unternehmen, Yamaha, Weltmarktführer in Konzertflügeln sein und ein koreanisches Unternehmen, Samsung, zur Nummer eins in Speicherhalbleitern werden kann, legt nahe, daß die Nationalität eines Unternehmens immer weniger mit seiner Wettbewerbsfähigkeit zu tun hat. *Nationale Wettbewerbsvorteile* ist eine wunderbare historische Untersuchung und sicher nützlich für Regierungen, um eine Politik zur Förderung der Wettbewerbsfähigkeit einheimischer Firmen zu entwerfen.«

Michael Porters *Nationale Wettbewerbsvorteile* ist eines der ehrgeizigsten Bücher unserer Zeit. Tom Peters, der sich kaum mit dem ultrarationalen Porter zusammentun würde, nannte es »maßgeblich«. Im Zentrum steht eine radikal neue Sicht der Rolle und der Daseinsberechtigung von Nationen. Von militärischen Kraftwerken wurden sie zu ökonomischen Einheiten, deren Wettbewerbsfähigkeit der Schlüssel zur Macht ist.

Das Buch entstand aus Porters Arbeit in Ronald Reagans Regierungsausschuß für industrielle Wettbewerbsfähigkeit. »Das Buch, durch das Mr. Porter in die Stratosphäre katapultiert wurde, von angehenden Intellektuellen und verzweifelnden Politikern in der ganzen Welt gelesen, war *Nationale Wettbewerbsvorteile*«, schrieb *The Economist*. »Das Buch kann auf drei Arten gelesen werden: als allgemeine Untersuchung dessen, was Volkswirtschaften erfolgreich macht, als detaillierte Studie der acht wichtigsten modernen Volkswirtschaften der Welt und als eine Sammlung von Rezepten, was Regierungen tun sollten, um die Wettbewerbsfähigkeit ihres Landes zu verbessern.«[1]

Porters Forschung bezieht tatsächlich zehn Länder ein: Dänemark, Deutschland (damals Westdeutschland), Großbritannien, Italien, Japan, Korea, Schweden, die Schweiz, Singapur und die USA. Porter bemüht sich, auf den Ideen seiner vorherigen Bücher aufzubauen, um zu untersuchen, was die Unternehmen und Branchen eines Landes auf globalen Märkten konkurrenzfähig macht, und was der Wirtschaft eines ganzen Landes Vorteile verschafft. »Warum können Unternehmen, die in einem bestimmten Land operieren, auf einem bestimmten Gebiet einen Wettbewerbsvorteil gegenüber den weltbesten Konkurrenten erzielen und bewahren? Und warum ist ein Land oft die Heimat so vieler Branchenführer der Welt?« fragt Porter. »Warum ist die kleine Schweiz die Heimat international führender Pharma-, Schokolade- und Handelsunternehmen? Warum sitzen die führenden Hersteller von schweren Lastwagen und Bergbaumaschinen in Schweden?«

Porter kehrt zu den Grundprinzipien zurück, ein bei der Natur des nationalistischen Minenfelds, in das er sich hineinwagt, an sich schon ehrgeiziger Schritt: »Das wichtigste wirtschaftliche Ziel eines Landes ist es, für einen hohen und steigenden Lebensstandard seiner Bürger zu sorgen. Die Fähigkeit hierzu hängt nicht von dem schwer greifbaren Begriff ›Wettbewerbsfähigkeit‹ ab, sondern von der Produktivität, mit der die Ressourcen eines Landes (Arbeit und Kapital) eingesetzt werden … Die Produktivität ist auf lange Sicht der entscheidende Faktor für den Lebensstandard eines Landes …«

Im Gegensatz zu Kenichi Ohmae, der das »Ende des Nationalstaates« propagiert, führt Porters Forschung zu anderen Schlußfolgerungen. Er stößt auf ein zentrales Paradox: Unternehmen und Branchen sind in ihrem Wachstum und ihren Bestrebungen global und internationaler geworden als je zuvor. Das scheint, zumindest bei oberflächlicher Betrachtung, nahezulegen, daß das Land seine Rolle für den internationalen Erfolg seiner Unternehmen verloren hat. »Die Unternehmen haben die Länder überwunden, so scheint es auf den ersten Blick. Doch was ich bei dieser Untersuchung gelernt habe, widerspricht dieser Schlußfolgerung«, schreibt Porter. Und an anderer Stelle fährt er fort: »Es könnte den Anschein haben, als machte die Globalisierung des Wettbewerbs das Land unwichtiger, doch offenbar wertet sie es noch auf. Mit weniger Handelshindernissen zum Schutz nichtwettbewerbsfähiger einheimischer Firmen und Branchen gewinnt das Heimatland immer mehr an Bedeutung, weil es der Ursprung jener Qualifikation und Technologie ist, die den Wettbewerbsvorteil untermauern.«

Porter stellt auch eine Forderung auf, vielleicht für sich selbst, ein anderes Geheimnis zu lüften: »Man weiß viel darüber, was der Wettbewerbsvorteil ist und wie er durch bestimmte Maßnahmen erzeugt beziehungsweise zerstört wird. Weit weniger weiß man darüber, *warum* ein Unternehmen bei der Suche nach Grundlagen für einen Wettbewerbsvorteil eine gute statt einer schlechten Wahl trifft, und warum einige Unternehmen dabei offensiver vorgehen.«

Porters Schlußfolgerung daraus ist, daß die Intensität des Wettbewerbs im eigenen Land häufig den Erfolg auf der globalen Bühne vergrößert.

Um die Dynamik hinter der nationalen oder regionalen Stärke einer bestimmten Branche zu verstehen, entwickelte Porter den nationalen »Diamanten«. Er besteht aus vier Faktoren, die den nationalen Wettbewerbsvorteil bestimmen:

1. **Faktorbedingungen:** Diese haben früher aus den natürlichen Ressourcen und einem reichen Angebot an Arbeitskräften bestanden; heute umfassen sie Kommunikation, Hochschulforschung und die Verfügbarkeit von Wissenschaftlern, Ingenieuren oder Experten in einem bestimmten Bereich.
2. **Nachfragebedingungen:** Wenn eine große Inlandsnachfrage nach einem Produkt oder einer Dienstleistung besteht, kann dies der Branche einen Vorsprung im globalen Wettbewerb verschaffen. Die USA stehen zum Beispiel dank der starken Binnennachfrage auf dem Gebiet der medizinischen Leistungen an der Spitze.
3. **Verwandte und unterstützende Branchen:** Das sind Branchen, die in bestimmten Ländern stark und oft von verwandten Branchen umgeben sind.
4. **Unternehmensstrategie, Struktur und Wettbewerb:** Der inländische Wettbewerb fördert das Wachstum und die Wettbewerbsstärke der Unternehmen.

Edgar H. Schein

39 Unternehmenskultur. Handbuch für Führungskräfte

Organizational Culture and Leadership
1985

Hamel über Schein

»Es ist unmöglich, in einem großen Unternehmen Veränderungen zu bewirken, ohne zuerst dessen Kultur verstanden zu haben. Ed Schein ermöglicht uns einen tiefen Einblick in das, was ein Unternehmen zu dem macht, was es ist, und liefert so die Grundlage für jede erfolgreiche ›Transformation‹ oder jeden ›Wandel‹. *Unternehmenskultur* bleibt eine wichtige Lektüre für alle angehenden ›Agenten des Wandels‹.«

Edgar H. Schein studierte in Stanford und Harvard Sozialpsychologie. Er ist jetzt Professor für Management am MIT. Die Ursprünge seines Denkens lassen sich auf frühe Einflüsse von Douglas McGregor, Warren Bennis und Chris Argyris zurückführen. Schein lehrte und beeinflußte unter anderen Charles Handy.

In jüngster Zeit erregte seine Arbeit über den »psychologischen Vertrag« und sein Konzept des »Karriereankers« Aufmerksamkeit. Schein glaubt, daß wir einen einzigen »Karriereanker« haben, einen fundamentalen Karrierewert, den wir nicht aufgeben wollen.

Edgar Scheins Buch *Unternehmenskultur* ebnete einer Fülle von Studien zur Unternehmenskultur den Weg. Schein wird manchmal sogar als Erfinder dieses Begriffs angesehen, zumindest als einer seiner Initiatoren.

Schein definiert Unternehmenskultur als »ein Muster aus gemeinsamen Grundprämissen, das die Gruppe bei der Bewältigung ihrer Probleme externer Anpassung und interner Integration erlernt hat, das sich bewährt hat und somit als bindend gilt; und das daher an neue Mitglieder als rational und emotional korrekter Ansatz für den Umgang mit diesen Problemen weitergegeben wird«. Anstatt alles, was ein Unternehmen tut, als Teil seiner Kultur anzusehen, nimmt Schein einen mehr psychologischen Standpunkt ein. Scheins »Grundprämissen« werden von anderen Autoren auf verschiedene Art neu formuliert und interpretiert; der Begriff, der ihnen vielleicht am nächsten kommt, ist »Theorien in Umsetzung« von Chris Argyris.

Diese Grundprämissen können sich nach Schein zu sechs »Kategorien der abstrakteren Ebene« herausbilden:

1. **Das Wesen von Wirklichkeit und Wahrheit:** »Gemeinsame Prämissen, die definieren, was wirklich ist und was nicht, was im materiellen und im gesellschaftlichen Bereich Tatsachen sind …«
2. **Das Wesen der Zeit:** »Gemeinsame Prämissen, die das Grundkonzept der Zeit in der Gruppe, … ihre verschiedenen Formen und ihre Bedeutung innerhalb der Kultur definieren.«
3. **Das Wesen des Raums:** »Gemeinsame Grundannahmen über den Raum und seine Verteilung, … die Bedeutung des Raums für die Definition bestimmter Beziehungsaspekte …«
4. **Das Wesen des Menschen:** »Gemeinsame Prämissen, die das menschliche Dasein und die immanenten Eigenschaften des Menschen definieren …«
5. **Das Wesen menschlicher Handlungen:** »Gemeinsame Grundannahmen, die … richtiges Handeln des Menschen im Verhältnis zu seiner Umwelt definieren.«
6. **Das Wesen menschlicher Beziehungen:** »Gemeinsame Prämissen, die die gültige Form der Beziehungen zwischen Menschen und der

Verteilung von Macht und Liebe definieren. ... Stützt sich die Autorität auf eine traditionelle Hierarchie, moralischen Konsens, Gesetze oder Charisma?«

Der Schlüssel für die Schaffung und Entwicklung einer Unternehmenskultur sind die Wertvorstellungen des Unternehmens. Schein geht davon aus, daß eine einzelne Person diese Wertvorstellungen und damit eine ganze Unternehmenskultur formen kann. (Diese These weckte das Interesse an den heroischen Schöpfern von Unternehmenskulturen von Henry Ford bis Thomas Watson von IBM.) Nach Schein lassen sich in der Entwicklung einer Unternehmenskultur drei Stufen unterscheiden:

In der ersten Stufe, »frühes Wachstum«, kann die Kultur vom Firmengründer beherrscht werden. Sie wird als Quelle der Identität des Unternehmens betrachtet, als Bindemittel, das es gegen externe Kräfte schützt.

In der nächsten Stufe, der »mittleren Entwicklungsphase«, wird die ursprüngliche Kultur wahrscheinlich verwässert und untergraben, da neue Kulturen entstehen, und das ursprüngliche Gefühl für Identität geht verloren. In dieser Stufe besteht die Gelegenheit, die grundlegende Kultur neu auszurichten und zu ändern.

Wenn das nicht geschieht, tritt die Kultur in die letzte Stufe ein, »Reife und potentieller Niedergang«, wo die Kultur eine Last ist. Sie ist mit sentimentalen Gefühlen verbunden. Die Mitarbeiter hängen stark an Traditionen und handeln nach der Devise »So haben wir das schon immer gemacht«. Sie sind nicht bereit, über Veränderungen nachzudenken. Auf dieser Stufe ist das Unternehmen am schwächsten, da die Kultur von einer Quelle des Wettbewerbsvorteils und der Differenzierung zu einem Hindernis im Markt geworden ist. Das Unternehmen wird nur mit Hilfe aggressiver Maßnahmen überleben.

Es ist wichtig zu beachten, daß jede Stufe der Entwicklung der Kultur eine andere Form des Wandels erfordert. Wenn die Kultur die Strategie eines Unternehmens unterstützen soll, muß es nach Scheins Überzeugung einen Konsens geben, der fünf Bereiche abdeckt:

- zentrale Mission beziehungsweise Hauptaufgabe,
- die Ziele,

- die Mittel zur Erreichung der Ziele,
- die Bewertung der Leistungsfähigkeit,
- die geeigneten Abhilfe- und Verbesserungsstrategien, wenn die Ziele erreicht werden.

Schein betrachtet den Wandel der Unternehmenskultur als eine ungeheure Herausforderung, die die Führungskräfte in starken Kulturen oft überfordert. Die Ausnahmemanager, die einen Wandel aus der Kultur heraus erreichen, mit der sie stark identifiziert werden (wie Jack Welch von General Electric), sind Einzelfälle und werden von Schein als kulturelle »Hybriden« bezeichnet.

Unternehmenskultur klärte den gesamten Bereich der Unternehmenskultur auf eine Weise, die vorher niemandem gelungen war. Das Verständnis von Unternehmenskultur als sich ständig wandelnde Kraft im Unternehmensleben bleibt gültig, wenn auch beunruhigend – man bekommt das Gefühl, als ob die Unternehmenskultur ein eigenständiges Leben führte und nur außergewöhnliche Menschen oder Maßnahmen ihre Wirkung schwächen könnten.

Ricardo Semler

40 Das Semco-System. Management ohne Manager

Maverick. The Success Story Behind the World's Most Unusual Workplace, 1993

Hamel über Semler

»Nur wenige der berühmten Managementbücher, die in diesem Band versammelt sind, wurden von praktizierenden Managern geschrieben. Warum ist das so? Vielleicht, weil Manager selten die Zeit oder die Distanz haben, ihre eigenen Erfahrungen zu verallgemeinern. Bücher von Lee Iacocca, Harold Geneen oder anderen Managementikonen sind typischerweise so ungewöhnlich, wie sie unterhaltsam sind. Auch wenn die Management-»Lösungen«, für die Ricardo Semler eintritt, nicht universal anwendbar sein mögen, so werden die Überzeugungen, die seinen besonderen Ansatz mit Leben erfüllen, doch verständlich dargelegt und können sachlich diskutiert werden. Semlers Buch erhebt sich über das Genre, weil es mehr ist als eine Aneinanderreihung von ihren Erzähler beweihräuchernden Anekdoten; es behandelt, auf gänzlich neuartige Weise, tiefsinnige Fragen des Managements.«

Ricardo Semler – Mehrheitseigner des Fertigungsunternehmens Semco S/A in São Paulo, dessen Produktpalette von der Schiffsausrüstung (z.B. Pumpen für Öltanker), Maschinen und Geräten für die Gastronomie (u.a. Spülmaschinen) bis zu Anlagen für die Nahrungsmittelindustrie (ganze Keksfabriken) reicht – wurde 1990 und noch einmal 1992 in einer Befragung von 52000 brasilianischen Managern zum Unternehmensleiter des Jahres gewählt. Sein Buch *Das Semco-System* ist ein internationaler Bestseller. In Brasilien stand es 200 Wochen lang auf der Bestsellerliste.

Semler studierte an der Harvard Business School und hat Artikel für die *Harvard Business Review* geschrieben. Er war Vizepräsident des Bundesverbandes der Industrie in Brasilien und ist Mitglied der Geschäftsleitung von SOS Atlantic Forest, Brasiliens führender Umweltorganisation.

Semlers Buch *Das Semco-System* ist einer der überraschendsten Managementbestseller der jüngsten Zeit. Vor seiner Veröffentlichung war der Gedanke, von einem brasilianischen Unternehmen etwas über Management zu lernen, lachhaft. Heute, bei einer Million verkaufter Exemplare des Buches, haben Manager überall in der Welt Semlers einzigartigen Managementstil kennengelernt.

Semler übernahm 1980 von seinem Vater das Familienunternehmen Semco. Es war hinsichtlich Leistung und Management nichts Besonderes. Zwei bis drei Wochen hatte er Zeit, um etwas zu ändern, und Semler machte sich daran, das Unternehmen auf dramatische und revolutionäre Weise umzustrukturieren. An einem einzigen Tag entließ er 60 Prozent des Topmanagements. Er gründete seine Revolution auf drei Werte: Die Einbeziehung der Mitarbeiter, Gewinnbeteiligung und offene Informationssysteme. »Im Zeitalter des Schlagworts der neuen Weltordnung glaubt fast jeder, daß alle Menschen ein Recht darauf haben, die zu wählen, welche sie führen sollen, zumindest im öffentlichen Bereich«, schreibt Semler. »Aber noch hat die Demokratie nicht Einzug in die Arbeitswelt gehalten. Noch immer können in den Büros und Fabriken auf der ganzen Welt Diktatoren und Despoten schalten und walten.«

Sehen wir uns Semlers Reaktion auf eine dramatische Situation an: 1990 beschlagnahmte die brasilianische Finanzministerin 80 Prozent des Bargelds des Landes. Die Wirtschaft geriet in einen Zustand chaotischer Paralyse. Bei Semco ging der Absatz auf Null zurück. Das Unternehmen hatte Produkte im Wert von vier Millionen Dollar, die seine Kunden einfach nicht bezahlen konnten. In dem Versuch, sich über Wasser zu halten, wurden die Kosten radikal gesenkt. Dann wurden in Personalversammlungen mögliche Lösungen diskutiert. Die Beschäftigten stimmten schließlich einer Lohn- und Gehaltskürzung von 30 Prozent zu, wenn sie neben der regulären Gewinnbeteiligung von 23 Prozent eine Sondergewinnbeteiligung von 15 Prozent erhielten und die Manager eine 40-prozentige Gehaltskürzung akzeptierten. Das letzte Element des Abkommens war, »daß alle Strategien, unternehmenspolitischen Überlegungen und Investitionen – sogar jeder Scheck – sowohl von den Bossen wie von den Arbeitern abgesegnet werden mußten«.

Man kann sich nur schwer vorstellen, daß so ein Abkommen in einem anderen Unternehmen in Betracht gezogen, geschweige denn akzeptiert würde. Semler benutzte es, um das Tempo der Umstrukturierungen zu beschleunigen. Wenn Semcos 850 Mitarbeiter so engagiert waren und in einer Krise so bereitwillig nach phantasievollen Lösungen für die Probleme des Unternehmens suchten – warum konnte ihr Einfallsreichtum nicht auch weiterhin genutzt werden?

Semco hat jetzt nur noch vier Hierarchieebenen. Die Aufgabe des Firmenchefs wird sechs Monate lang von sechs Topmanagern wahrgenommen (Semler ist einer von ihnen). Die Manager bestimmen ihre Gehälter und Bonuszahlungen selbst und werden von ihren engeren Mitarbeitern beurteilt. Die Beschäftigten legen ihre Arbeitszeit selbst fest, setzen sich Quoten und verbessern Produkte und Prozesse. »Das Unternehmen ist so organisiert – na ja, vielleicht ist das nicht ganz das richtige Wort für uns –, daß es nicht allzusehr von einem einzelnen abhängt, besonders nicht von mir«, schreibt Semler. »Ich bin ganz stolz darauf, daß ich schon zweimal nach meinen langen Reisen ein anderes Büro bekommen habe – und jedesmal war es kleiner. Meine Rolle besteht darin, eine Art Katalysator zu sein. Ich versuche, ein Milieu zu schaffen, in dem andere Entscheidungen treffen können. Erfolg zu haben bedeutet nicht, daß ich sie selbst treffen muß.«

Obwohl Semcos Botschaft in den Medien enorme Beachtung fand, waren nur wenige Unternehmen mutig genug, seinem Weg zu folgen. Typisch für die ablehnende Reaktion der normalen Unternehmensleiter ist die des ehemaligen BTR-Chefs Sir Owen Green, der meinte, Semler sei »kein Einzelgänger, sondern ein Exzentriker«. Charles Handy sieht das positiver: »Die Art, wie Ricardo Semler sein Unternehmen leitet, ist unmöglich, abgesehen davon, daß es funktioniert, und zwar für alle außerordentlich gut.«

Das Semco-System ist eine Ausnahme unter den üblichen Büchern erfolgreicher Manager. Es hat nichts gemeinsam mit dem verbreiteten Unternehmensheroismus, sondern ist ein Plädoyer für die Auffassung, daß Management heißt, andere zu befähigen, anstatt sie zu kontrollieren.

Peter M. Senge

41 Die Fünfte Disziplin. Kunst und Praxis der lernenden Organisation

The Fifth Discipline. The Art and Practice of the Learning Organization 1990

Hamel über Senge

»Wie Michael Porter ist Peter Senge ein Meister der Synthese. Wie Chris Argyris und Ed Schein behandelt er die tieferliegenden Schichten der Probleme, nicht ihre oberflächlichen Symptome. Während Professor Argyris das Lernen von Organisationen auf die Tagesordnung des Managements setzte, verknüpfte Peter Senge es mit Systemdenken und schuf eine Sprache und einen Ansatz, die die ganzen Ideen für Manager zugänglich machen. Peter Senge ist kein bloßer Theoretiker, sein Organizational Learning Center am MIT hat mitgeholfen, Tausende von Lernexperimenten in Unternehmen durchzuführen. *Die Fünfte Disziplin* würde sicher auf meiner Liste der sechs besten Managementbücher der letzten fünfundzwanzig Jahre stehen.«

Peter M. Senge (1947 geboren) ist Leiter des Center of Organizational Learning am Massachusetts Institute of Technology (MIT). Er studierte in Stanford Ingenieurwissenschaft, bevor er am MIT über die Gestaltung sozialer Systeme promovierte.

Senge untersucht, wie Unternehmen und andere Organisationen in einer Welt zunehmender Komplexität und raschen Wandels Anpassungsfähigkeiten entwickeln können. In seinem Buch *Die Fünfte Disziplin* gibt er Managern Instrumente und konzeptionelle Archetypen an die Hand, um ihnen zu helfen, die Strukturen und die Dynamik zu verstehen, die den Problemen ihrer Organisation zugrunde liegen.

Peter Senges Buch *Die Fünfte Disziplin* verbreitete das Konzept der lernenden Organisation.

»Da die Welt immer mehr zusammenwächst und das Wirtschaftsleben immer komplexer und dynamischer wird, muß Lernen eine zunehmende Priorität im Arbeitsleben bekommen«, schreibt Senge. »Es genügt nicht mehr, eine Person im Unternehmen zu haben, die lernt – ein Ford oder Sloan oder Watson. Es ist einfach nicht mehr möglich, es an der Spitze ›herauszufinden‹, und alle anderen folgen den Anweisungen des ›großen Strategen‹. Die Unternehmen, die in Zukunft wirklich eine herausragende Rolle spielen, werden jene sein, die entdecken, wie sie auf allen Ebenen das Engagement und die Lernfähigkeit ihrer Mitarbeiter nutzen können.«

Senge vertritt die Meinung, Manager sollten ihre Mitarbeiter ermutigen, für neue Ideen offen zu sein, freimütig miteinander zu kommunizieren, die Funktionsweise ihres Unternehmens gründlich zu verstehen, eine gemeinsame Vision zu entwickeln und bei der Erreichung der Unternehmensziele zusammenzuarbeiten. Im lernenden Unternehmen werden Manager zu Forschern und Designern, statt Kontrolleure und Aufseher zu sein.

Obwohl Senges Buch ein Bestseller war und die Idee der lernenden Organisation in Mode kam, basiert es auf umfangreichen Studien. Senge und sein Team am Center for Organizational Learning an der Sloan School of Management am MIT arbeiten bereits seit geraumer Zeit an dem Thema. »In den letzten fünfzehn Jahren oder sogar noch länger bemühen sich viele von uns um das Verständnis dessen, worum es bei der ›lernenden Organisation‹ geht, und wie wir ein Stück weiter kommen, Unternehmen auf diesen Weg zu bringen. Aus diesen Bemühungen, glaube ich, werden wir einige Erkenntnisse gewinnen«, sagt Senge in dem von mehreren Autoren geschriebenen Nachfolgewerk *Das Fieldbook zur Fünften Disziplin* (1996).

In *Die Fünfte Disziplin* beschreibt Senge fünf Komponenten einer lernenden Organisation:

1. **Systemdenken:** Senge führt die Idee der Systemarchetypen ein, was in der Praxis Managern helfen kann, sich wiederholende Muster zu erkennen, zum Beispiel, wie bestimmte Problemtypen wiederkeh-

ren oder welche inneren Wachstumsgrenzen Systeme haben können. Senge propagiert das Systemdenken, da er erkennt, daß die Dinge miteinander verbunden sind. Er betrachtet Unternehmen als komplexe Systeme. Das hat zahlreiche Managementtheoretiker angeregt, über die Komplexitätstheorie nachzudenken, und zahlreiche Publikationen sind zu diesem Thema erschienen, auch wenn sie kaum über die grundlegende Metapher hinausgehen. (Ralph Staceys *Unternehmen am Rande des Chaos: Komplexität und Kreativität in Organisationen* ist eine der wenigen, die tatsächlich auf Senges Ideen aufbauen. Stacey meint, Kreativität »ist unvermeidlich unordentlich«, und »diese Unordnung zu beseitigen, indem man uns inspiriert, einer gemeinsamen Vision zu folgen, die gleiche Kultur zu teilen und am gleichen Strang zu ziehen, bedeutet, kreativer Aktivität ... die Basis zu entziehen«.)

2. **Persönliche Meisterschaft:** Senge gründet diese Idee auf den vertrauten Kompetenzen und Fähigkeiten, die mit Management verbunden sind, berücksichtigt aber auch geistiges Wachstum – sich einer fortschreitend tieferen Realität öffnen – und Leben von einem kreativen anstatt reaktiven Standpunkt aus. Diese Disziplin bezieht zwei Entwicklungen ein: kontinuierliches Lernen, um immer klarere Vorstellungen von der Realität zu bekommen, und die Erzeugung kreativer Spannung – aus der Lernen entsteht – zwischen den Polen Vision und Realitätswahrnehmung. »Vereinfacht ausgedrückt ist eine lernende Organisation eine Gruppe von Menschen, die kontinuierlich ihre Fähigkeit verbessern, ihre Zukunft zu gestalten«, sagt Senge. »Die ursprüngliche Bedeutung des Wortes ›Lernen‹ umfaßt viel mehr als nur ›Informationen aufnehmen‹. Es handelt von der Veränderung von Personen, so daß sie Ergebnisse hervorbringen, an denen sie interessiert sind, und etwas zustande bringen, das für sie wichtig ist.«[1]
3. **Mentale Modelle:** Bei dieser Komponente geht es im wesentlichen um die treibenden Kräfte und die grundlegenden Wertvorstellungen und Prinzipien des Unternehmens. Senge weist Manager auf die Macht der Denkmuster auf Unternehmensebene hin und auf die Bedeutung dessen, diese Muster aus einer selbstkritischen Distanz in Frage stellen zu können.

4. **Gemeinsame Vision:** Hier betont Senge die Bedeutung der Beteiligung anderer an der Formulierung einer Vision und meint, daß eine gemeinsame Vision nur auf einer persönlichen Vision beruhen kann. Eine gemeinsame Vision ist gegeben, wenn die Aufgabe, die aus der Vision entsteht, von den Teammitgliedern nicht mehr als von ihrer Person getrennt angesehen wird.
5. **Teamlernen:** Die Disziplin des Teamlernens bezieht zwei Praktiken ein: Dialog und Diskussion. Ersterer ist dadurch gekennzeichnet, daß eine Idee weiterentwickelt wird, letztere durch den entgegengesetzten Prozeß des Einengens auf die beste Alternative für die Entscheidungen, die getroffen werden müssen. Beide ergänzen sich, aber der Nutzen ihrer Kombination ergibt sich nur dann, wenn man sie vorher getrennt hat. Den meisten Teams fehlt die Fähigkeit, zwischen beiden Praktiken zu unterscheiden und sich bewußt zwischen ihnen zu bewegen.

In der Praxis sind Unternehmenstraditionen schwer zu überwinden. »Ich kenne Leute, die ihren Job verloren, weil sie diese Theorien vertraten«, gab Senge später zu. »Dennoch werden sie weiterbestehen. Ein Mann erzählte mir, daß er durch die Übernahme des Modells der lernenden Organisation ›karrierehemmende Entscheidungen‹, wie er sie nannte, getroffen habe. Was er meinte, war, daß er im Unternehmen hätte schneller aufsteigen können, wenn er meine Theorien abgelehnt und sich an die Linie des Unternehmens gehalten hätte. Aber was hätte ihm das gebracht? Vielleicht eine höhere Rente und mehr Aktien. Aber darauf kommt es nicht an.«[2]

Unternehmen in lernende Organisationen zu verwandeln hat sich als äußerst problematisch erwiesen. Der Hauptgrund dafür liegt darin, daß Manager ihre traditionellen Macht- und Kontrollbereiche aufgeben müssen. Sie müssen die Macht an diejenigen Mitarbeiter abgeben, die lernen, und wenn Menschen lernen sollen, müssen sie experimentieren und Fehler machen dürfen. In einer Kultur, in der Schuldzuweisungen üblich sind, erfordert das eine erhebliche Änderung der Einstellung.

Senges Konzept der lernenden Organisation verlangt Vertrauen und Beteiligung der Mitarbeiter. Beides fällt gewöhnlich im Unternehmen dadurch auf, daß es fehlt. »Echtes Engagement ist in heutigen Unternehmen selten. Unserer Erfahrung nach handelt es sich in neunzig Prozent der Fälle, die für Engagement gehalten werden, um Fügsamkeit«, schreibt Senge.

»Vielleicht besteht das Problem darin, daß die lernende Organisation, obwohl sie sich wie ein Produkt anhört, in Wirklichkeit ein Prozeß ist. Und Prozesse lassen sich nicht mit einem Mal aufdecken, so daß alle sie sehen können«, sagt Phil Hodgson vom Ashridge Management College in Großbritannien. »Wissenschaftliche Definitionen, egal, wie präzise sie sind, können in der realen Welt nicht sofort angewandt werden. Manager müssen das Lernen fördern, so daß es allmählich als wesentlicher Bestandteil der Unternehmenskultur entsteht. Vom Nutzen der lernenden Organisation überzeugt zu sein ist normalerweise keine Frage einer plötzlichen Bekehrung.«

Dennoch hat sich *Die Fünfte Disziplin* als sehr einflußreich erwiesen. Obwohl die lernende Organisation selten Wirklichkeit geworden ist, hat ihre Idee die Diskussion über selbstbestimmte Entwicklung und den Einsatz der Mitarbeiter angeheizt sowie die Entlohnungs- und Belohnungsstrategien vieler Unternehmen beeinflußt.

Alfred P. Sloan

42 Meine Jahre mit General Motors

My Years with General Motors 1963

Hamel über Sloan

»Kann man groß und gleichzeitig flexibel sein? Die Frage ist heute so aktuell wie damals, als Sloan die Leitung von General Motors übernahm. Trotz der Divisionalisierung und Dezentralisierung, Sloans organisatorischen Erfindungen, fiel GM seiner Größe zum Opfer – obwohl Größe vielleicht nur eine Metapher für Erfolg war. War es die Größe, die GM verwundbar machte, oder die Arroganz und das Gefühl der Unbesiegbarkeit, die sich in den Jahren des Erfolgs entwickelt hatten? Eins ist sicher, der Konzernüberbau, der entstanden war, um die unabhängigen Bereiche zu leiten, war erfolgreicher in der Erzeugung von Bürokratie als in der Nutzung von Synergien zwischen den Bereichen. Nicht nur GM, sondern auch viele andere Großunternehmen haben die Herausforderung, einerseits Bereichsautonomie und Flexibilität zu erreichen und andererseits die Vorteile der Größe und Koordination zu nutzen, nicht gemeistert.«

Alfred P. Sloan (1875-1966), der legendäre Chef von General Motors, war einer der ersten Manager, der ein wichtiges theoretisches Werk geschrieben hat.

Sloan war mit vierundzwanzig Jahren Geschäftsführer der Hyatt Roller Bearing Company und wurde ihr President, als das Unternehmen mit United Motors fusionierte, das wiederum 1917 Teil von General Motors wurde. Anfangs Director und Vice-President, wurde Sloan 1946 CEO von GM, und von 1956 bis zu seinem Tod war er Ehrenvorsitzender.

Meine Jahre mit General Motors ist Alfred P. Sloans Bericht über seine bemerkenswerte Karriere. Er ist jedoch ein häufig schwülstig geschriebenes Zeugnis für Sloans Leistungen. »Sein Buch ist eine Sache, was er bei GM tat, eine ganz andere«, sagt Sumantra Ghoshal von der London Business School. »Sloan schuf eine neue Organisationsform – die Mehrbereichsstruktur –, die zu einer Managementdoktrin wurde. Heute wird sie ihm nicht zugeschrieben, aber Sloan war ihr Initiator.«

Als Sloan die Leitung von General Motors übernahm, wurde der junge Automarkt von Ford beherrscht. Unter Henry Ford war das Unternehmen zu einem Pionier der Massenfertigungsverfahren geworden. Ford stellte 1920 pro Minute ein Auto her, und das berühmte Modell T deckte 60 Prozent des Marktes ab. General Motors schaffte es gerade, sich etwa 12 Prozent zu erkämpfen.

Da Ford den Massenmarkt monopolisierte, war man allgemein der Ansicht, daß die einzige Alternative für Konkurrenten im Luxusmarktsegment lag, das von vernachlässigbarer Größe war. Sloan dachte anders und konzentrierte GMs Aufmerksamkeit auf das – noch nicht existierende – mittlere Marktsegment. Sein Ziel war ein Auto für »jeden Geldbeutel und jeden Zweck«.

Zu der Zeit war GM ein schwerfälliger Unternehmensverband mit acht Modellen, die sich grundsätzlich sowohl gegenseitig als auch Ford Konkurrenz machten. Sloan reduzierte die acht Modelle auf fünf und beschloß, die Konkurrenz der Modelle untereinander zu beenden und jedes Modell auf ein bestimmtes Marktsegment auszurichten. Die fünf GM-Marken – Chevrolet, Oldsmobile, Pontiac, Buick und Cadillac – sollten regelmäßig verbessert und verändert werden und in mehr als einer Farbe lieferbar sein. Ford bot weiterhin funktionale, zuverlässige Autos an, GM dagegen Wahlmöglichkeiten.

Dies alles machte ökonomisch gesehen Sinn, aber Sloan hatte ein Unternehmen übernommen, das für seine Vorhaben ungeeignet war. GM war durch den regelmäßigen und anscheinend willkürlichen Erwerb kleiner Unternehmen aufgebaut worden. Man hatte offensichtlich überhaupt nicht an die Entwicklung einer Art übergeordneter Unternehmenskultur, Struktur oder Richtung gedacht, im wesentlichen deshalb nicht, weil es noch nie vorher gemacht worden war.

Sloan machte sich daran, aus seiner kunterbunten Sammlung ein zusammenhängendes Unternehmen zu schaffen. Im Mittelpunkt dieser Bemühung stand seine »Organisationsstudie«, die, wie ein Beobachter meinte, »1919 und 1920 völlig in seinem Kopf entstanden« zu sein schien. Anfang der zwanziger Jahre organisierte Sloan das Unternehmen in acht Bereiche – fünf Autobereiche und drei Komponentenbereiche. Im Managementjargon (fünfzig Jahre später erfunden) waren sie strategische Unternehmenseinheiten.

Jeder Bereich war für seine gesamten Operationen verantwortlich und hatte seine eigenen Entwicklungs-, Fertigungs- und Verkaufsabteilungen, wurde aber von der Zentrale kontrolliert, die für die übergeordnete Politik und die Finanzen verantwortlich war. Die operativen Einheiten waren halbautonom und hatten die Verantwortung für die Erhaltung des Marktanteils und der Rentabilität in ihrem Bereich. Alfred Chandler beschreibt das System in *Strategy and Structure*: »Die Verantwortung des Leiters jedes Betriebsbereichs soll in keiner Weise begrenzt sein. Jeder Bereich soll in jeder notwendigen Funktion vollständig sein und seine Initiativen verwirklichen und seine logische Entwicklung nehmen können.« In einem besonders innovativen Schritt verkauften die Komponentenbereiche ihre Produkte nicht nur an andere GM-Unternehmen, sondern auch an Fremdfirmen.

Diese Politik der, wie Sloan sie nannte, »föderalen Dezentralisation« bedeutete die Erfindung des dezentralisierten, in Geschäftsbereiche oder Sparten gegliederten Unternehmens. (Auch wenn das seine erste dauerhafte praktische Anwendung war, kann Sloans Idee bis auf Henri Fayols funktionalen Ansatz zurückverfolgt werden.) »Alfred Sloan tat für die oberen Managementebenen, was Henry Ford für die Fabrik getan hatte: er verwandelte sie in einen zuverlässigen, effizienten, maschinenähnlichen Prozeß«, bemerkte vor kurzem *The Economist*.[1]

Die Mehrbereichsform ermöglichte es Sloan, die Größe des Unternehmens auszunutzen, ohne es unhandlich zu machen. Die Führungskräfte hatten mehr Zeit, sich auf strategische Fragen zu konzentrieren, und operative Entscheidungen wurden von Personen an der Front anstatt in der entfernten Zentrale getroffen. Das erforderte einen ständigen Balanceakt. »Bei praktisch all unseren Tätigkeiten scheinen wir unter der Trägheit zu leiden, die ein Ergebnis unserer Größe ist«, kommentierte Sloan in den dreißiger Jahren. »Es sind so viele Personen beteiligt, und es ist ein so enormer Aufwand erforderlich, um etwas Neues einzuführen, so daß eine neue Idee im Vergleich zu dem Aufwand, der für ihre Umsetzung notwendig ist, womöglich als unbedeutend angesehen wird ... Manchmal drängt sich mir die Schlußfolgerung auf, daß General Motors so groß und seine Trägheit so überwältigend ist, daß es für uns unmöglich ist, Marktführer zu sein.«

1925 hatte GM, mit seiner neuen Organisation und seinen jährlichen Modelländerungen, Ford überholt, das weiterhin sein zuverlässiges altes Modell T anbot. Sloans Marktsegmentierung veränderte die Struktur der Autoindustrie – und lieferte das Vorbild für andere Branchen, das gleiche zu tun.

Das Interesse an Menschen in *Meine Jahre mit General Motors* ist begrenzt. Die seinerzeit mächtigen Gewerkschaften werden ignoriert, ebenso Schlüsselpersonen wie Charles Kettering (der den Selbstanlasser erfand) und William Olds (von Oldsmobile). Auf den ersten Blick sind solche Auslassungen nicht überraschend. Sloans System wollte so weit wie irgend möglich die Schwächen und Exzentrizitäten des Managerverhaltens eliminieren. »Es sind vielleicht die unpersönlichsten Memoiren, die je geschrieben wurden«, meinte Peter Drucker in seinem Buch *Das Großunternehmen*. »Und das war eindeutig beabsichtigt. Sloans Buch ... kennt nur eine Dimension: die der Leitung eines Unternehmens, so daß es effektiv produzieren, Arbeitsplätze zur Verfügung stellen, Märkte und Absatz erzeugen und Gewinn erzielen kann.«

Und doch war Sloan dem verpflichtet, was damals als progressives Personalmanagement betrachtet worden wäre. 1947 richtete er GMs Mitarbeiterforschungsgruppe ein, die die Ansichten und Einstellungen der Mitarbeiter untersuchen sollte, und er wandte viel eigene Zeit auf, um die richtigen Leute dafür zu finden – Sloan wählte persönlich jede Führungskraft von den Managern bis zu den Mechanikermeistern aus, und obwohl er bereit war, Politikmeetings zu verpassen, nahm er immer an Personalversammlungen teil.

Sloan etablierte GM als Maßstab für Unternehmensmacht, als Symbol für Amerikas Stärke und Erfolg: »Was für GM gut ist, ist für Amerika gut«, lautete der populäre Slogan. Peter Drucker und Alfred Chandler priesen Sloans Ansatz. Sein Vermächtnis hatte zweifellos

Bestand, zumindest innerhalb von GM. Als Rosabeth Moss Kanter für *The Change Masters* ihre Fallstudie von GM durchführte, wurde ihr vom damaligen Chairman Roger Smith gesagt, sein Ziel sei, »das Unternehmen wieder so zu leiten, wie Sloan es vorgehabt hatte«.

Solche Nostalgie war Selbsttäuschung. Die Schwächen von Sloans Modell wurden nach der Veröffentlichung seines Buches allmählich offenbar. Das zeigte sich ganz deutlich in GMs Niedergang. Die von Sloan aufgebaute dezentralisierte Struktur bewegte sich um eine Infrastruktur aus hierarchischen Beziehungen und Ausschüssen, die letzten Endes schwerfällig wurde. Im Laufe der Zeit wurden immer mehr Ausschüsse gebildet. Strenge Zielvorgaben und exakte Erfolgsmessungen lähmten die Initiative.

Sumantra Ghoshal und Christopher Bartlett wiesen darauf hin, daß der nach innen gerichtete Charakter von Sloans Ansatz gleichzeitig einer seiner größten Nachteile war. »Sloans Organisation war entworfen worden, um die Begrenzungen der funktionalen Struktur in der Leitung großer, etablierter Unternehmen zu überwinden. Das gelang zwar ganz gut, zumindest für eine Weile, verhinderte aber, intern neue Geschäftsfelder zu eröffnen und zu entwickeln. Diese Unfähigkeit zu einer organischen Expansion in neue Tätigkeitsbereiche wurde durch zahlreiche Faktoren verursacht. Mit in erster Linie operativen Verantwortlichkeiten und von einem Meßsystem geleitet, das sich auf Gewinn und Marktanteil in bedienten Märkten richtete, wurde von den Managern der in vorderster Front stehenden Unternehmenseinheiten im divisionalisierten Konzern nicht erwartet, nach neuen Chancen zu suchen und aus den Kästchen im Organigramm auszubrechen, die ihr Produkt oder ihren geographischen Einzugsbereich definierten – und sie konnten es auch nicht tun. Außerdem konnten kleine neue Vorhaben, wie organische Entwicklungen zu Beginn normalerweise waren, nicht die hohen Gemeinkosten der Zentrale absorbieren und dazu noch die Gewinne einbringen, die nötig waren, um die finanziellen und Personalinvestitionen zu rechtfertigen.«

Ende der sechziger Jahre war die delikate Balance zwischen Zentralisation und Dezentralisation, die Sloan hervorragend bewahrt hatte, verloren – der Finanzbereich wurde zur dominanten Funktion –, und GM wurde durch das paralysiert, was es einst groß gemacht hatte.

Alfred P. Sloan ist einer der wenigen, die zweifellos die Welt des Managements verändert haben. Henry Ford betrachtete Manager als reine Kontrolleure. Im Gegensatz dazu waren bei GM den Topmanagern drei Schlüsselfunktionen übertragen: Sie hatten die Verantwortung für die Unternehmensstrategie, sie entwarfen deren Struktur, und sie wählten das Kontrollsystem aus. Alles stützte sich auf eine ständige, gleichmäßige Versorgung mit Informationen von der Basis. Es ist ein Modell, das zahlreiche Nachahmer gefunden hat.

Adam Smith

43 Der Wohlstand der Nationen

The Wealth of Nations
1776

Hamel über Smith

»Bürger von Prag über Santiago und Kanton bis Jakarta verdanken einen großen Teil ihres jungen Wohlstands dem Triumph der ökonomischen Ideale von Adam Smith. Er legte die philosophischen Grundlagen für die moderne Industriewirtschaft. Damit ist genug gesagt.«

Adam Smith (1723-1790), in Kirkcaldy, Schottland, geboren, begann im Alter von vierzehn Jahren seine Studien an der Universität von Glasgow. Stark vom dort lehrenden Professor für Moralphilosophie beeinflußt, wechselte er 1740 zum Balliol College in Oxford und konzentrierte sich auf Moralphilosophie. Er kehrte 1746 nach Schottland zurück und wurde 1751 an der Glasgower Universität Professor für Logik und später auch für Moralphilosophie.

Seine Schriftstellerkarriere begann in den fünfziger Jahren des achtzehnten Jahrhunderts, und 1759 veröffentlichte er seine *Theory of Moral Sentiments* (die deutsche Ausgabe erschien 1926 unter dem Titel *Theorie der ethischen Gefühle*). Nachdem er 1763 die Universität verlassen hatte, reiste er durch Frankreich, wo er die führenden Köpfe der Physiokraten und andere Denker, einschließlich Voltaire, kennenlernte. Es gibt Anzeichen dafür, daß er sein Werk *Inquiry into the Nature and Causes of the Wealth of Nations* in Toulouse zu schreiben begann. Der größte Teil wurde jedoch nach seiner Rückkehr nach Schottland verfaßt. 1773 nahm er sein Manuskript nach London mit, wo er sich niederließ. Als das Buch 1776 veröffentlicht wurde, hatte es sofort Erfolg. Die Budgets von Lord North von 1777 und 1778 waren von Smith beeinflußt.

Er kehrte nach Schottland zurück, wo er 1778 Mitglied der obersten Zollbehörde in Edinburgh wurde. Er überwachte die Vernichtung des größten Teils seiner Papiere, bevor er 1790 nach langer Krankheit starb.

Adam Smith nimmt in der Unternehmens- und Wirtschaftsgeschichte einen einzigartigen Platz ein. Er wird als der Vertreter der Marktkräfte, als Patron des freien Unternehmertums angesehen. Seine Reputation wurde aber von Politikern mißbraucht.

Wissenschaftler und Ökonomen stehen Smiths Vermächtnis zunehmend skeptisch gegenüber. Murray Rothbard nimmt in seiner zweibändigen Geschichte des ökonomischen Denkens *Economic Thought before Adam Smith and Classical Economics* der Smith-Mythologie einen großen Teil ihres Nimbus. Er bezeichnet Smiths Werttheorie als »totales Desaster« und seine Arbeitswertlehre als »kolossalen Fehler«.

In *Der Wohlstand der Nationen* vertritt Smith die Meinung, daß der Wert eines Gutes oder einer Dienstleistung durch die Herstellungskosten bestimmt wird. Wenn etwas teuer zu produzieren ist, dann ist sein Wert entsprechend hoch. »Was jemand gegen Geld kauft oder gegen andere Güter eintauscht, erwirbt er mit ebensoviel Arbeit wie etwas, zu dem er durch eigene Mühe gelangt. In der Tat ersparen uns dieses Geld und diese Güter eine solche Anstrengung. Beide enthalten den Wert einer bestimmten Menge Arbeit, die wir gegen etwas tauschen, von dem wir annehmen, es enthalte zu dieser Zeit dem Wert nach die gleiche Arbeitsmenge,« schreibt Smith.

Diese Vorstellung vom ökonomischen Wert gilt heute als Relikt einer vergangenen Epoche. Im Zeitalter des Wissensarbeiters ist Arbeit ein irreführender und schwer faßbarer Begriff. In den modernen Fertigungsunternehmen entfallen auf die Arbeit etwa 10 bis 12 Prozent der Gesamtkosten und 50 Prozent auf das Material. Smith ignoriert auch die weniger quantifizierbare und geheimnisvolle Bewertung von Gütern und Dienstleistungen durch die Konsumenten. (Er übersieht die Rolle der Verbraucher nicht völlig und stellt in einem modern klingenden Abschnitt fest: »Der Vorwand, Zünfte seien notwendig, um ein Gewerbe besser zu überwachen und zu lenken, entbehrt jeder Grundlage. Die wirkliche und wirksame Aufsicht über einen Handwerker übt nicht seine Zunft sondern seine Kunden aus.«)

Interessanterweise kann Smiths Theorie als Sprungbrett zum Marxismus angesehen werden. Marx stellte die Frage: »Was ist also der Wert der Arbeitskraft? Wie der jeder andern Ware ist der Wert bestimmt durch das zu ihrer Produktion notwendige Arbeitsquantum.«

Wenn der Wert, der durch ein Produkt oder eine Dienstleistung erzeugt wird, in direkter Beziehung zu der Arbeit steht, die in seine Erzeugung eingeht, dann wird die Arbeit zum entscheidenden Faktor in der Ökonomie und sollte gepflegt statt ausgebeutet werden. Das wird von Smith anerkannt (wenn auch nicht notwendigerweise von seinen modernen Anhängern): »Die reichliche Entlohnung der Arbeit ist somit nicht nur Folge, sondern zugleich natürliches Kennzeichen eines zunehmenden Wohlstandes, während andererseits die schlechte Versorgung der ärmeren Arbeiterschicht ein untrügliches Zeichen für eine Stagnation ist. Hungern gar die Armen, so drückt dies aus, daß sich die Wirtschaft rasch zurückentwickelt.«

In bezug auf das Management legte *Der Wohlstand der Nationen* die theoretische Grundlage für das Werk Frederick Taylors ein Jahrhundert später. Wenn die Arbeit letztendlich den Wert bestimmt, sind Kontrolle und Messung der Arbeit wichtig und stellen die Hauptmöglichkeit zur Erhöhung der Rentabilität dar. Smith schreibt: »Sobald aber die Teilung der Arbeit in einem Gewerbe möglich ist, führt sie zu einer entsprechenden Steigerung ihrer Produktivität. In diesem Vorteil dürfte der Grund zu suchen sein, daß es überhaupt zu verschiedenen Gewerben und Berufen kam.«

Smith wollte sagen, daß die Mitarbeiter wahrscheinlich produktiver werden, wenn man sie dazu bringen kann, sich auf die durchzuführende Aufgabe zu konzentrieren: »Jemand, der ausschließlich mit einem einzelnen Gegenstand befaßt ist, wird wahrscheinlich eher einfachere und geeignetere Methoden entdecken, um ein bestimmtes Ziel zu erreichen, als wenn seine Aufmerksamkeit auf viele Dinge gerichtet ist.«

Smiths Vermächtnis wird immer noch diskutiert und neuerdings in Frage gestellt. In *Business Reengineering* schreiben Michael Hammer und James Champy: »Zweihundert Jahre lang folgten die Menschen bei der Gründung und beim Aufbau von Unternehmen der brillanten Entdeckung von Adam Smith, daß industrielle Arbeit in ihre einfachsten und grundlegendsten *Aufgaben* zerlegt werden sollte. Im postindustriellen Zeitalter, an dessen Schwelle wir uns heute befinden, wird hinter der Gründung und Gestaltung von Unternehmen der Gedanke stehen, diese Aufgaben wieder zu kohärenten *Unternehmensprozessen* zusammenzuführen.«

In *Der Wohlstand der Nationen* hat Smith wenig für Manager übrig, und für ihn gilt das Prinzip, daß deren Motivation ausschließlich egoistisch ist. Paradoxerweise werden das Wohl und die Verbesserung der Gesellschaft als Ganzes, obwohl Manager und Unternehmen ihr Eigeninteresse verfolgen, durch die »unsichtbare Hand« der Wirtschaft aufrechterhalten.

Der beste Kommentar zu Smiths Werk stammt möglicherweise von seinem Landsmann John Stuart Mill, der in seinem Vorwort zu *Grundsätze der politischen Ökonomie* (1851/52) schrieb: »Von bloßen Detailfragen abgesehen gibt es vielleicht kein einziges praktisches Problem – selbst diejenigen nicht ausgenommen, die am ehesten einen rein wirtschaftlichen Charakter zu besitzen scheinen –, welches sich aufgrund wirtschaftlicher Voraussetzungen allein entscheiden ließe. Diese Wahrheit hat Adam Smith nie aus den Augen verloren, und bei seinen Anwendungen der Volkswirtschaft verweist er fortwährend auf andere und häufig viel bedeutendere Erwägungen, als die reine Volkswirtschaft darbietet. Darum empfängt der Leser auch jenen Eindruck sicherer Herrschaft über die Prinzipien der Wissenschaft zum Behufe ihrer praktischen Anwendung, dem der ›Volkswohlstand‹ es verdankt, daß er allein unter den Werken über Volkswirtschaft nicht nur bei dem allgemeinen Lesepublikum beliebt geworden, sondern auch auf Geschäftsleute und Staatsmänner einen nachhaltigen Eindruck gemacht hat.« Trotz des ganzen Geredes über Unternehmens- und Managementrevolution wäre die Aussage zutreffend, daß *Der Wohlstand der Nationen* weiterhin auf viele Menschen einen starken Eindruck macht.

Frederick W. Taylor

44 Die Grundsätze wissenschaftlicher Betriebsführung

The Principles of Scientific Management, 1911

Hamel über Taylor

»Die Entwicklung der modernen Managementtheorie ist die Geschichte zweier Bestrebungen: das Management wissenschaftlicher und menschlicher zu machen. Es ist falsch, letztere für aufgeklärter als die erste zu halten. Beide sind das Yin und Yang der Unternehmenstätigkeit. Die zuvor nie dagewesene Fähigkeit der Industrie des zwanzigsten Jahrhunderts, Wohlstand zu erzeugen, gründet auf der Arbeit von Frederick Winslow Taylor. Auch wenn manche Taylor ablehnen, zeigen seine rationalen, deterministischen Impulse bis heute ihre Wirkung. Das Reengineering der neunziger Jahre ist tatsächlich nichts anderes als der Taylorismus des ausgehenden zwanzigsten Jahrhunderts. Obwohl beim Reengineering statt der individuellen Aufgabe der Prozeß im Mittelpunkt steht, ist die Motivation die gleiche: zu vereinfachen, unnötigen Aufwand zu beseitigen und mit weniger mehr zu leisten.«

Frederick W. Taylor (1856-1917), ein Quäker aus Philadelphia, war der Inbegriff des brillanten Viktorianers. Seine Interessen waren vielfältig, und in nahezu allem war er äußerst erfolgreich. Er war Tennischampion, änderte die Baseballregeln, und er erhielt für seine zahlreichen Ideen über einhundert Patente. Sein Erfindergeist und sein Lebenswerk wurden von einem fundamentalen, manchmal blinden Glauben an Effizienz und Meßbarkeit geleitet.

Taylor stammte aus einer großen Familie und ging in Frankreich und Deutschland zur Schule. Er arbeitete in den siebziger Jahren des vorigen Jahrhunderts als Lehrling bei Enterprise Hydraulic Works in Philadelphia und dann bei der Midvale Steel Company. Dort wurde er Oberingenieur und später Geschäftsführer der Papierfabriken der Manufacturing Investment Company in Maine. 1893 zog er nach New York und war dort als beratender Ingenieur tätig.

Auch ein Jahrhundert nach Taylor ist sein Einfluß auf unsere Art zu arbeiten und Arbeit wahrzunehmen noch immer von unleugbarer Bedeutung. Robert Waterman, Koautor von *Auf der Suche nach Spitzenleistungen*, glaubt, daß die meisten Manager im Herzen Tayloristen geblieben sind.

Taylor war der Begründer dessen, was als »Wissenschaftliches Management« bekannt wurde – und *Die Grundsätze wissenschaftlicher Betriebsführung* ist seine Bibel. Das wissenschaftliche Management entstand aus Taylors Arbeit bei der Midvale Steel Company, wo er Oberingenieur war. Seine »Wissenschaft« beruhte auf der minuziösen Untersuchung einzelner Tätigkeiten. Nach der Bestimmung jeder einzelnen Bewegung und jedes Handgriffs konnte Taylor die optimale Zeit bestimmen, die für die Durchführung einer Aufgabe notwendig war. Mit dieser Information bewaffnet konnte der Manager erkennen, ob jemand seine Arbeit gut machte. »In seinem Kern bedeutet das wissenschaftliche Management eine völlige mentale Revolution auf seiten der Arbeiter – gleich, in welchem Unternehmen oder Industriezweig sie beschäftigt sind – im Hinblick auf ihre Pflichten gegenüber ihrer Arbeit, ihren Kollegen und ihren Mitarbeitern«, schreibt Taylor.

»Zu der Zeit, als Taylor mit seiner Arbeit begann, bestand am Management eines Unternehmens als getrennte und identifizierbare Aktivität geringes Interesse«, meint der britische Vertreter des wissenschaftlichen Managements, Lyndall Urwick (1956). »Man betrachtete es gewöhnlich als mit einem besonderen Fertigungszweig, dem technischen Know-how, wie man Würste, Stahl oder Hemden herstellt, verbunden und auf dem Wissen der Vertrautheit mit dieser Branche und dem Know-how basierend ... Die Idee, daß ein Mann eine Schulung oder formale Ausbildung braucht, um ein kompetenter Manager zu werden, war noch niemandem in den Sinn gekommen.«

Das wissenschaftliche Management hielt in der ganzen Welt Einzug. Ein japanischer Ingenieur übersetzte Taylors Buch (der japanische Titel lautete *Geheimnisse der Beseitigung überflüssiger Arbeit und der Steigerung der Produktion*). Das Buch wurde ein Bestseller – ein Vorgeschmack auf die Bereitschaft der Japaner, das jüngste westliche Denken zu übernehmen. Sogar Lenin zählte zu Taylors Bewunderern: »Wir sollten jeden wissenschaftlichen und progressiven Vorschlag im Taylorsystem ausprobieren«, meinte der Kommunistenführer.

Das Vermächtnis von Taylors Arbeit ist noch in Unternehmen lebendig, die eine Vorliebe für die Betonung der Quantität vor der Qualität haben, und es wurde von Henry Ford in der Entwicklung der Massenfertigungsverfahren begeistert aufgenommen.

Auch wenn Taylors Konzepte jetzt gewöhnlich in einem negativen Licht gesehen werden, wird die Originalität und Bedeutung seiner Erkenntnisse kaum angezweifelt. »Aber kaum jemand hat sich systematisch mit der menschlichen Arbeit beschäftigt, bis Frederick W. Taylor um 1885 damit begann. Die Arbeit wurde als etwas Gegebenes hingenommen; und es steht fest, daß man nicht sieht, was man als gegeben hinnimmt. So war die Wissenschaftliche Betriebsführung eine der großen befreienden und bahnbrechenden Erkenntnisse«, meint Peter Drucker in *Die Praxis des Management*.

Drucker benennt dann zwei fundamentale Schwächen des wissenschaftlichen Managements. Erstens verneint es Integration: »Der erste dieser ›Blindflecke‹ ist die irrige Meinung, daß, weil wir die Arbeit in ihre einfachsten Bestandteile zerlegen, wir sie auch als eine Reihenfolge einzelner Bewegungen organisieren müssen, deren jede möglichst von einem anderen Arbeiter ausgeführt wird.« »Der zweite ›Blindfleck‹ ist die Trennung des Denkens vom Tun.«

Die offensichtlichste Konsequenz des wissenschaftlichen Managements ist eine entmenschlichende Abhängigkeit von Messungen. Taylor sah keinen Raum für individuelle Initiative oder Vorstellungskraft vor. Menschen waren Arbeitskräfte, die mechanisch eine bestimmte Aufgabe erfüllten. Robert McNamara hat über das Endergebnis nachgedacht: »Das System entrechtete jene, die in den Anfangsstadien der amerikanischen Industrialisierung so wichtig waren – die Vorarbeiter und Fabrikleiter. Anstatt Schöpfer und Innovatoren zu sein, wie in früheren Zeiten, waren sie nun gezwungen, Produktionsquoten zu erfüllen. Sie verloren jedes Interesse daran, das Fließband anzuhalten und Probleme dann zu lösen, wenn sie auftraten; sie verloren jedes Interesse an Innovationen oder Änderungen.«[1]

Die positive Seite von Taylors Arbeit wurde von Tom Peters, einem unerwarteten Verbündeten, umrissen: »Auf seine eigene Weise hat Frederick Taylor, der Mann der Bewegungs-Zeit-Studien, die menschliche Freiheit vergrößert. Sein System der objektiven Bestimmung des ›besten Verfahrens‹ für jeden vorstellbaren Job half den Fabrikarbeitern, sich von der unberechenbaren Befehlsgewalt der unwissenschaftlichen Vorarbeiter der Jahrhundertwende zu befreien.« Die Tatsache, daß Taylors vorweggenommene Revolution zwei Seiten besaß, wird tatsächlich leicht vergessen: »Es [das wissenschaftliche Management] bezieht die gleichfalls vollständige mentale Revolution auf seiten des Managements ein – der Vorarbeiter, des Betriebsleiters, des Firmeneigners, des Board of Directors –, eine vollständige mentale Revolution auf ihrer Seite bezüglich ihrer Pflichten gegenüber ihren Kollegen im Management, ihren Arbeitern und allen Tagesproblemen. Und ohne diese vollständige mentale Revolution auf beiden Seiten gibt es kein wissenschaftliches Management.«

Die Grundsätze wissenschaftlicher Betriebsführung ist ein historisches Dokument. Die in dem Buch enthaltenen Ideen leben jedoch weiter.

Alvin Toffler

45 Die Zukunftschance. Von der Industriegesellschaft zu einer humaneren Zivilisation

The Third Wave
1980

Hamel über Toffler

»Die postindustrielle Gesellschaft ist da! Und Alvin Toffler sah sie 1980 kommen. Ich glaube nicht, daß es so etwas wie Futuristen gibt, höchstens Leute, die eine feinere Antenne haben oder die die mittelfristigen Implikationen von Dingen, die sich bereits in ihrer Umgebung verändern, besser verstehen. Eine der Herausforderungen für jeden, der Toffler oder irgendeinen anderen Seher liest, besteht darin, daß es keine patentrechtlich geschützten Daten über die Zukunft gibt – Ihre Konkurrenten lesen ebenfalls Toffler, Naisbitt und Negroponte! Die wahre Herausforderung liegt darin, aus öffentlich zugänglichen Daten eine firmeneigene Zukunftsperspektive zu entwickeln! Viel Glück!«

Alvin Toffler ist Futurologe und Bestsellerautor. Seine bedeutendsten Bücher sind *Der Zukunftsschock*, *Die Zukunftschance* und *Machtbeben*. Toffler war Korrespondent in Washington und Mitherausgeber von *Fortune*, bevor er Gastprofessor an der Cornell University, Gastgelehrter der Russell Sage Foundation und Lehrkraft an der New School for Social Research wurde.

Alvin Tofflers *Die Zukunftschance* verkündet die neue technologische Ära und verabschiedet die zweite Phase der Industrialisierung. »Alte Denkweisen, alte Rezepte, Dogmen und Ideologien, egal, wie respektiert oder nützlich sie in der Vergangenheit waren, passen nicht mehr zu den Tatsachen«, schreibt Toffler. »Die Welt, die in kurzer Zeit aus dem Aufeinanderprallen neuer Wertvorstellungen und Technologien, neuer geopolitischer Beziehungen, neuer Lebensstile und Kommunikationswege entsteht, erfordert völlig neue Ideen und Analogien, Klassifikationen und Konzepte.«

Die dritte Welle ist die superindustrielle Gesellschaft – »der Untergang der Industriegesellschaft und das Entstehen einer neuen Zivilisation« –, der die Industrialisierung und die erste Welle, die agrarwirtschaftliche Phase der Entwicklung der Zivilisation, vorausgingen.

Die dritte Welle ist durch kundenspezifische Massenherstellung (mass customization) anstatt traditioneller Massenfertigung gekennzeichnet. »Charakteristisch für den Produktionsprozeß der zweiten Welle waren die langen ›Serien‹ von Millionen identischer, genormter Waren. Der Produktionsprozeß der dritten Welle dagegen zeichnet sich durch kleine Serien aus, die ganz oder teilweise auf individuelle Kundenwünsche zugeschnitten sind«, schreibt Toffler. Dieser Hinweis auf die kundenspezifische Massenherstellung wurde seitdem von zahlreichen Theoretikern aufgegriffen und existiert bereits in manchen Bereichen.

Während in der zweiten Welle Konsument und Produzent streng getrennt waren, werden nach Tofflers Vorhersage in der dritten Welle beide nahezu ununterscheidbar – wie es in der ersten Welle, der Agrargesellschaft, bereits gewesen war –, da der Kunde in den Herstellungsprozeß einbezogen wird, indem er Wahlmöglichkeiten hat und Präferenzen angibt. »Der Kunde wird so in den Produktionsprozeß integriert werden, daß es immer schwieriger wird zu sagen, wer der Kunde und wer der Hersteller ist«, sagt Toffler. Er erfindet sogar ein Wort für dieses Wesen: »prosumer« (was man mit »Prosument« wiedergeben könnte).

Das Verblüffende an *Die Zukunftschance* ist, daß das Buch erst vor kurzem geschrieben wurde und die Technologiesprünge seit seiner Veröffentlichung immens gewesen sind. Toffler muß zum Beispiel noch erklären, was ein »word processor« ist – und benutzt als alternative Bezeichnungen »die intelligente Schreibmaschine« oder »Texteditor«. Er stellt sich das Büro der Zukunft so vor: »Die eigentliche Schönheit des elektronischen Büros liegt nicht darin, daß es der Sekretärin das Abtippen und Korrigieren von Briefen erspart. Das automatische Büro kann diese Arbeitsgänge in Form elektronischer Informationseinheiten auf Magnetband oder Scheibe speichern. Schon in naher Zukunft werden Texte ›elektronische Wörterbücher‹ durchlaufen, die automatisch Rechtschreibfehler verbessern. Wenn die Computer sowohl untereinander als auch mit dem Telefonsystem gekoppelt sind, kann die Sekretärin Briefe direkt auf den Drucker oder den Bildschirm der Empfänger übertragen.« Für die überwiegende Mehrheit von Tofflers Lesern hörte sich das 1980 wie Science Fiction an. 1996 ist es für die Mehrzahl der Menschen in der industrialisierten (beziehungsweise gemäß Tofflers Sichtweise der de-industrialisierten) Welt Wirklichkeit.

Toffler sagt das Ende des Achtstundentages voraus. »Die dritte Welle bringt ein völlig neues Zeitverständnis. Während die zweite Welle das Leben dem Tempo der Maschine anglich, fordert die dritte Welle diese mechanische Synchronisierung heraus, ändert unsere einfachsten sozialen Rhythmen und befreit uns somit von der Maschine«, sagt Toffler. Die Menschen werden zu einer individuelleren Arbeitsweise befreit, sei es in Form flexibler Arbeitszeit oder der Arbeit zu Hause.

Toffler ist jedoch kein hoffnungsloser Utopist. Während die Futuristen zu Beginn der siebziger Jahre ein Zeitalter der Muße vorhersagten, das nicht gekommen ist, ist sich Toffler der umfassenden Konsequenzen der Technologie bewußt: »Zu glatt, zu konturenlos ist die Vorstellung vom Büro der Zukunft, um real zu sein, denn schon die partielle Einführung elektronischer Büros wird weltweit soziale, psychologische und wirtschaftliche Konsequenzen nach sich ziehen.« »Das kommende Wortbeben bedeutet mehr als neue Geräte. Es verspricht auch, alle zwischenmenschlichen Beziehungen und Rollen im Büro umzugestalten.«

Es ist das Bewußtsein für den immensen Einfluß der technologischen Änderungen auf alle Lebensbereiche, das *Die Zukunftschance* kennzeichnet. Andere Untersuchungen der Zukunft unseres Arbeitslebens neigen dazu, sich kopfüber in Verherrlichungen der Wunder der Technologie zu stürzen und nur zaghafte Versuche zu unternehmen, die Auswirkungen auf den Menschen zu verstehen. Für Toffler ist die menschliche Seite des Wandels von überragender Bedeutung. Die dritte Welle, sagt er voraus, wird »in den Büros Furcht und Unruhe hervorrufen. Neue Organisationsformen und neue Strukturen werden entstehen. Manche werden auch eine Art Wiedergeburt in neuen Karrieren mit neuen Chancen erfahren. Die neuen Systeme werden auch die alten Privilegien des Managements, die Hierarchien und die Rollenverteilung der Geschlechter in Frage stellen.« Durch Reengineering, Downsizing, Empowerment und kreatives Management sowie zahlreiche andere Trends können die von Toffler beschriebenen neuen Systeme heute bereits als existent angesehen werden.

Toffler sagt auch zutreffend die Ausbreitung des Regionalismus und das Überangebot lokaler Medien voraus. Das ist, in einem weiteren von Tofflers merkwürdigen Begriffen, die »Demassierung« unserer Kultur.

Toffler untersucht auch die weitreichenden Implikationen für die Unternehmen. »Statt weiterhin an scharf abgegrenzten wirtschaftlichen Spezialfunktionen festzuhalten, wird der Konzern, angetrieben von Kritikern, Gesetzgebern und weitsichtigen Vertretern des eigenen Managements, zu einer Vielzweckeinrichtung.« Fünf Faktoren drängen das Unternehmen zu einer Neudefinition:

1. **Änderungen in der Biosphäre:** Die Unternehmen müssen größere Verantwortung für die Wirkungen ihrer Betriebe auf die Umwelt übernehmen.
2. **Änderungen im »gesellschaftlichen Umfeld« der Unternehmen:** Die Maßnahmen von Unternehmen haben jetzt einen größeren Einfluß auf andere Organisationen wie Schulen, Universitäten, Bürgergruppen und politische Interessengruppen.
3. **Änderungen in der Rolle der Informationen:** »Je wichtiger Informationen für die Produktion werden und je mehr Infomanager sich in der Industrie breitmachen, desto stärker beeinflußt das Unternehmen notwendigerweise auch die Infosphäre«, schreibt Toffler.
4. **Änderungen in der staatlichen Organisation:** Die Überfülle staatlicher Behörden bedeutet, daß diese die Welt der Unternehmen und

der Politik in einem weit größeren Ausmaß als je zuvor beeinflussen.

5. **Änderungen in der Moral:** Ethik und Wertvorstellungen von Unternehmen werden enger mit denen der Gesellschaft verbunden. »Verhaltensweisen, die einst als ›normal‹ galten, werden neu interpretiert und plötzlich als korrupt, unmoralisch oder skandalös angesehen«, schreibt Toffler. »Immer mehr gilt das Unternehmen als ›Produzent‹ von Moral.«

Das Unternehmen der Zukunft wird sich gemäß Tofflers Vorstellung um ökologische, moralische, politische, rassische, sexuelle und soziale Probleme kümmern, genauso wie um die traditionellen wirtschaftlichen Probleme. Interessanterweise ist Tofflers Bild der Zukunft in diesen Aspekten weitgehend nicht Wirklichkeit geworden. Auch wenn die Art und Weise der Organisation der Arbeit in den Unternehmen und die Arbeitsplätze selbst sich radikal geändert, in manchen Fällen revolutioniert haben, haben sich die Unternehmen erheblich langsamer fortentwickelt.

Die Zukunftschance geht weit über den Einfluß der künftigen Zivilisation auf die Arbeit und die Unternehmen hinaus. Das Buch zeichnet ein äußerst genaues Bild der Zukunft, das weitgehend Wirklichkeit geworden ist. Seine Ideen, wie die der Zunahme der Heimarbeit, wurden seitdem von anderen weiterentwickelt, vor allem von Charles Handy.

Robert Townsend

46 Hoch lebe die Organisation

Up the Organization 1970

Hamel über Townsend

»Respektlosigkeit, Pietätlosigkeit und Nonkonformismus sind für die Vitalität von Unternehmen wesentlich. Das waren auch die Ingredienzien, die *Hoch lebe die Organisation* zu einer wichtigen Lektüre für Bilderstürmer der siebziger Jahre machten. Das ist *Liberation Management* fünfundzwanzig Jahre bevor die Leute wußten, sie müßten befreit werden. Die eigentliche Frage ist, warum solche Bücher etwa alle zwanzig Jahre auftauchen. Wir nehmen uns selbst wirklich zu ernst!«

Robert Townsend (1920 geboren) war President von Avis, bevor das Unternehmen vom ITT-Imperium geschluckt wurde. Er ist Autor von *Hoch lebe die Organisation* und dessen Nachfolgewerk *Further Up the Organization*.

Die Managementliteratur ist nicht gerade für ihren Humor berühmt. Wissenschaftliche Strenge wird höher bewertet als witzige Aphorismen. Und dennoch hat jede Generation einen humoristischen Bestseller hervorgebracht, der den Managementmythos und die hochgeistige Ernsthaftigkeit der Theoretiker ihres Nimbus beraubte. In den fünfziger Jahren gab es *Parkinsons Gesetz* und Ende der Sechziger Robert Townsends *Hoch lebe die Organisation* (der Untertitel der amerikanischen Ausgabe lautete: »Wie man Unternehmen davon abhält, die Mitarbeiter weiter zu unterdrücken und die Gewinne abzuwürgen«). Robert Heller nannte das Buch »den ersten Popbestseller über das Management«, der »einen großen Teil seines Erfolges Townsends spöttischem Titel verdankte«.

Der Ton von *Hoch lebe die Organisation* wird gleich zu Beginn eingeführt, in einer Anweisung, wie man das Buch benutzen soll. »Drei Dinge haben die Botenjungen, der Generaldirektor, die Direktoren und die Stenotypistinnen einer Durchschnittsfirma gemein: Sie sind willig, gelangweilt und abgestumpft. Sie stecken in den Klauen von Organisationsplänen. Sie wurden zu Sklaven von Herrschaftssystemen, die gedankenlos angewendet werden, weil sie niemand mehr ändern kann.«

Townsend reist dann von A bis Z durch das moderne Unternehmen. Er ist abwechselnd neckisch, entrüstet, kritisch und praktisch. Den größten Spott hat er für die Harvard Business School reserviert: »Man stelle niemand ein, der die Harvard Business School absolviert hat«, rät er. »Dieser Elite fehlen meines Erachtens ganz notwendige Bedingungen für den Erfolg: Die Demut, die Achtung vor den Mitarbeitern in der vordersten Linie, wirkliches Verständnis für den Charakter des Unternehmens und jene Mitarbeiter, die sich daran freuen, wenn sie es zum Blühen bringen, der Nachweis von Saft und Kraft, Fleiß, Loyalität, Urteilskraft, Fairneß und Ehrlichkeit auch unter Druck.«

Nützlicher, wenn auch immer noch reichlich abwegig, ist Townsends Bemerkung: »Unter Super- oder Topmanagement (den Direktoren) stellte man sich einen Schwarm von Eulen vor, die warnend aufheulen, wenn das Management sich im Wald verläuft. Ich bin noch immer nicht davon überzeugt, daß diese ›Topmanager‹ wissen, wo der Wald ist.«

Es gibt trotzdem viel Vernünftiges in dem Buch. Townsend hat zum Beispiel nichts für die übertriebene Ausstattung von Managerbüros übrig, und auf seiner Abschußliste stehen außerdem: reservierte Parkplätze, Briefpapier besonderer Qualität für den Chef und seine Elite, musikalische Dauerberieselung, Klingeln und Summer, Betriebspsychiater, Aufsichtsratsposten in anderen Firmen und Treuhandschaften für den Unternehmensleiter (»Geben sie all diese Nichtjobs auf. Sie können nicht einmal Ihr eigenes Unternehmen leiten, Sie Dummkopf«) und der Firmenjet. Er predigt in der Tat die Bevollmächtigung und Beteiligung der Mitarbeiter, womit er seiner Zeit zwanzig Jahre voraus war.

»Es zeigt sich immer wieder, daß in unserem Lande nichts grundsätzlich von Übel ist, außer der Tatsache, daß die Chefs aller unserer großen Organisationen von falschen Annahmen ausgehen«, schreibt Townsend. »Wir stecken in diesem Dilemma, weil uns in den letzten zweihundert Jahren die Katholische Kirche und die Legionen Cäsars als organisatorische Vorbilder gedient haben. Und bis vor vierzig oder fünfzig Jahren hatte das Sinn. Der durchschnittliche Gläubige, Soldat und Fabrikarbeiter besaß keinerlei Erziehung und war von den Befehlen der Oberen abhängig. Autorität hatte Gewicht, weil Ungehorsam die Todesstrafe und ähnliches Ungemach mit sich brachte.«

Hoch lebe die Organisation ist ein Kind seiner Zeit – respektlos, humorvoll und skeptisch gegenüber dem akzeptierten Verhalten der Unternehmensgesellschaft. Obwohl nahezu dreißig Jahre seit seiner Veröffentlichung vergangen sind, hat das Buch seine Frische und Originalität bewahrt, und seine Einsichten in die Schwächen von vielen Unternehmen haben bedauerlicherweise ihre Gültigkeit bis heute behalten.

Fons Trompenaars

47 Handbuch Globales Managen

Riding the Waves of Culture 1993

Hamel über Trompenaars

»Also, die Amerikaner werden nie ›fremde‹ Kulturen verstehen ... Merkwürdig, daß ausgerechnet amerikanische Unternehmen ihre europäischen Konkurrenten in Asien und Lateinamerika abhängen. Nennen sie eine Region der Welt, die ihre Managementinspiration in Europa sucht. (Halt, Entschuldigung, ich darf nicht engstirnig sein!) Worin ich Trompenaars zustimme, ist, daß die Zukunft den Kosmopoliten gehört.«

Fons Trompenaars (1952 geboren) ist Koautor (mit Charles Hampden-Turner) von *The Seven Cultures of Capitalism* (1994). Sein Ruf beruht auf seiner Arbeit über die kulturellen Aspekte des modernen Managements. Sein Interesse daran schreibt er der Tatsache zu, daß er von einer französischen Mutter und einem holländischen Vater erzogen wurde. Er studierte an der Wharton University in den USA und ist jetzt Geschäftsführer des Centre for International Business Studies in Amstelveen, Niederlande.

»Dieses Buch handelt von kulturellen Unterschieden und wie sie die Praxis des Wirtschaftslebens und des Managements beeinflussen«, sagt Fons Trompenaars zu Beginn seines Buches. Das *Handbuch Globales Managen* ist eine Untersuchung der Unwägbarkeiten, denen Managern im globalen Dorf gegenüberstehen. »Grundlegend für das Verständnis anderer Kulturen ist das Bewußtsein, daß Kultur aus Regeln und Verfahren besteht, die eine Gesellschaft entwickelt hat, um mit den wiederkehrenden Problemen fertigzuwerden, denen sie sich gegenübersieht. Die Regeln und Methoden sind so grundlegend geworden, daß wir – wie beim Atmen – nicht mehr darüber nachdenken, wie wir an die Probleme herangehen und sie lösen. Jedes Land und jedes Unternehmen steht Problemen gegenüber hinsichtlich der Beziehung zu Menschen und zur Zeit sowie Problemen der Beziehung des Menschen zur natürlichen Umwelt. Kultur besteht in der Art und Weise, wie Menschen Probleme lösen, die aus universalen Problemen entstehen.« Das Buch beruht auf sorgfältiger quantitativer Forschung und mehr als 900 Seminaren, die der Autor in achtzehn Ländern gehalten hat. (Im Laufe seiner fünfzehnjährigen Studien hat Trompenaars 15 000 Personen aus fünfzig Ländern befragt.)

Trompenaars lehnt das amerikanische Managementmodell ab: »Ich bin überzeugt, daß man niemals andere Kulturen ganz verstehen kann … Ich begann mich zu fragen, ob irgendeine der amerikanischen Managementtechniken und -philosophien, die mir in den acht Jahren meines Studiums der Wirtschaftswissenschaften an den besten und teuersten Institutionen eingetrichtert worden waren, in den Niederlanden, woher ich stamme, oder sonstwo in der Welt ebenso praktikabel seien.« Die Antwort, die er gibt, ist einfach: nein.

»Der internationale Manager muß über das Bewußtsein für kulturelle Unterschiede hinausgehen«, schreibt Trompenaars. »Er oder sie muß diese Unterschiede respektieren, die daraus entstehenden Probleme lösen und sich so die Vielfalt zunutze machen. Der internationale Manager löst kulturelle Probleme.« Der Autor stellt weniger den emotionalen Aspekt der kulturellen Vielfalt in den Mittelpunkt seiner Überlegungen, sondern die Frage, wie Kultur unser Verhalten beeinflußt und wie verschiedene Kulturen miteinander interagieren.

Seine Ergebnisse präsentiert Trompenaars in sieben Kapiteln, in denen er die Grundvoraussetzungen einer Kultur untersucht. Er stellt eine Reihe grundlegend verschiedener kultureller Sichtweisen vor, wobei er anerkennt, daß innerhalb eines Landes die Neigung zu einem bestimmten kulturellen Charakterzug sehr variiert.

Die erste dieser verschiedenen kulturellen Sichtweisen ist der Konflikt zwischen den »Universalisten« und »Partikularisten«, wie Trompenaars sie nennt. Universalisten (wie Amerikaner, Kanadier, Australier und Schweizer) vertreten »eine beste Art und Weise«, eine Reihe von Regeln, die in jeder Situation gelten. Partikularisten (Südkoreaner, Chinesen und Malaysier) betonen die besondere Natur einer bestimmten Situation.

Trompenaars untersucht die Extreme mit Hilfe archetypischer Situationen. Um den Unterschied zwischen Universalisten und Partikularisten zu erklären, präsentiert er folgendes Dilemma: Sie sitzen mit einem guten Freund in einem Auto, und dieser verursacht einen Unfall, bei dem eine andere Person verletzt wird. Sie sind der einzige Zeuge, und der Freund bittet Sie, bezüglich der Fahrgeschwindigkeit eine falsche Aussage zu machen. In einer solchen Situation würden Universalisten für ihren Freund nicht lügen, Partikularisten würden es dagegen tun. Der Unterschied wird noch deutlicher, wenn die Verletzung schwer ist. Der Universalist hält sich noch strenger an die Regeln, während das Pflichtgefühl des Partikularisten noch stärker wird. (In diesem Beispiel würden 74 Prozent der Südkoreaner ihrem Freund beistehen und lügen, im Vergleich zu gerade fünf Prozent der Amerikaner.)

Solche Ergebnisse ermöglichen es Trompenaars, Ratschläge zu geben, wie Geschäftsverhandlungen zwischen Anhängern dieser beiden Weltanschauungen funktionieren könnten. Universalisten, die mit Partikularisten Geschäfte machen, sollten zum Beispiel »auf Abschweifungen oder Nebensächlichkeiten vorbereitet sein, die anscheinend nirgendwohin führen«. Man sollte auch Unterhaltungen zum Kennenlernen nicht als Smalltalk ansehen, sie sind für Partikularisten wichtig. Partikularisten, die mit Universalisten Geschäfte machen, sollten mit »rationalen« und »professionellen« Argumenten und Demonstrationen rechnen.

Dann gibt es die »kollektivistische« (gruppenorientierte) gegenüber der »individualistischen« Einstellung. Die USA gehören wieder zur Extremkategorie, die den einzelnen über die Gruppe stellt, Länder wie Ägypten und Frankreich zur entgegengesetzten. Individualisten, die mit Kollektivisten verhandeln, müssen »Geduld aufbringen für zeitraubende Konsultationen« und einen Unterhändler tolerieren, der »nur mit Vorbehalt zustimmen und Zusagen nach Konsultation seiner Vorgesetzten zurückziehen (kann)«.

Die Unterschiede zwischen denen, die Gefühle zeigen (wie Italienern) und denen, die sie verbergen (wie den Japanern) sind ebenfalls groß. Weitere Unterscheidungsmerkmale betreffen die Art, wie jemandem Status verliehen wird (durch Leistung oder durch Ansehen aufgrund des Familienstandes, Alters usw.) und wie die Zeit betrachtet wird (Vergangenheits- gegenüber Zukunftsorientierung).

Die kulturellen Unwägbarkeiten und das breite Spektrum der grundlegenden Unterschiede in der Wahrnehmung der Welt durch verschiedene Kulturen liefern ein entmutigendes Bild der Welt voller potentieller Fallstricke. »Wer andere Kulturen (neben der eigenen) entdecken will, braucht ein gewisses Maß an Bescheidenheit und Sinn für Humor, denn es gleicht der Bereitschaft, ein dunkles Zimmer zu betreten, anzuecken und über unvertraute Möbel zu stolpern, bis der Schmerz im Schienbein einen daran gemahnt, wo etwas steht.«

Letztendlich, sagt Trompenaars, besteht der einzige positive Weg nach vorne in der Angleichung. »Unsere Hypothese ist, daß Gesellschaften, die sich besser angleichen können, auch besser Wohlstand schaffen können«, sagt er.[1] Ob sich das durch die künftigen Erfahrungen transnationaler Unternehmen bestätigt, bleibt Gegenstand weiterer Diskussion. Was man sagen kann, ist, daß die kulturellen Aspekte internationaler Unternehmensführung wahrscheinlich an Bedeutung gewinnen werden, wenn die volle Wucht der Globalisierung sich auf Branchen und Personen auswirkt.

Sun Tsu

48 Über die Kriegs-Kunst

Sun Tsu Ping Fa

5. bis 3. Jh. v. Chr.

Hamel über Sun Tsu

»Strategie begann nicht mit Igor Ansoff, auch nicht mit Machiavelli. Sie begann wahrscheinlich nicht einmal mit Sun Tsu. Strategie ist so alt wie der menschliche Konflikt – und wenn in der Unternehmenswelt viel auf dem Spiel steht, dann steht im militärischen Bereich noch viel mehr auf dem Spiel. Eines der besten Bücher über Strategie, die ich je gelesen habe, ist tatsächlich *Military Misfortune* von zwei Professoren für militärische Strategie am amerikanischen Marine-College.«

Die Autorschaft von *Über die Kriegs-Kunst* bleibt – vielleicht verständlicherweise – in ein Geheimnis gehüllt. Das Buch soll angeblich zu einer Begegnung zwischen *Sun Tsu* und Ho-Lü, dem König von Wu, geführt haben. Da Sun Tsu kein Flipchart zur Hand hatte, brachte er seine Argumente für militärische Disziplin durch die Enthauptung der zwei Lieblingsfrauen des Königs vor. Der Originaltitel des Buches lautet *Sun Tsu Ping Fa*, was wörtlich übersetzt werden könnte mit »Die militärische Methode des verehrungswürdigen Herrn Sun«.

Beispiele und Metaphern aus dem Militär haben in der Entwicklung des Managementdenkens eine bedeutende Rolle gespielt. Auch heute noch werden Militärs – wie Colin Powell oder Norman Schwarzkopf – von Führungskräften mit Begeisterung als Vorbilder genommen. Das Militär ist mit seinen Elementen von Strategie und Führung verführerisch, und die Verbindung zwischen dem Militär und der Unternehmenswelt besteht seit unvordenklichen Zeiten. Bücher wie *Vom Kriege* von Carl von Clausewitz (1832/34), *Strategy* von B. H. Liddell-Hart (1967) und *Das Buch der fünf Ringe* (1983) von Miyamoto Musashi (einem berühmten japanischen Schwertkämpfer des 16./17. Jahrhunderts) haben diese Verbindung untersucht. Der Ausgangspunkt ist, soweit sich das feststellen läßt, *Über die Kriegs-Kunst* von Sun Tsu, vor mehr als 2000 Jahren auf Bambusstreifen geschrieben.

Im allgemeinen liegt die Attraktivität der militärischen Analogie darin, daß klar ist, wer Ihr Feind ist. Wenn Ihr Feind bekannt ist, erscheint die Welt klarer, falls sie General oder Geschäftsführer sind. Sun Tsus Buch wird gewöhnlich auf diese Weise interpretiert, als aggressives Gegenstück zu der Unklarheit reiner Theorie. Das Buch geht tatsächlich weit darüber hinaus. Warum zerstören, wenn man durch List und Schlauheit gewinnen kann? »Kein Herrscher sollte eine Armee aufstellen, nur weil er wütend ist, noch sollte ein Heerführer kämpfen, wenn er Zorn hat. Obwohl ein wütender Mann sich nach einiger Zeit glücklich fühlt und ein zorniger Mann sich wieder beruhigt, kann ein einmal zerschlagener Staat nicht wiederhergestellt, noch können die Toten wieder zum Leben erweckt werden«, schreibt Sun Tsu. »Ohne jeden Kampf einen Feind zu unterwerfen ist in der Tat wahrer Genius. Im Kriege ist es von größter Wichtigkeit, die strategischen Pläne des Feindes zu durchkreuzen. Die nächstbeste Strategie ist das Zerbrechen der Bündnisse des Feindes. Die danach beste Strategie ist, die Streitkräfte des Feindes anzugreifen. Die schlechteste Lösung ist es, befestigte Städte anzugreifen.«

Sun Tsu gibt auch kluge Ratschläge, wie man seine Märkte kennenlernt: »Was man als Vorauswissen bezeichnet, kann man weder von Gespenstern noch von Göttern erfahren …, man muß es von den Leuten erfahren, die die Feindlage gut kennen.«

An anderer Stelle verfällt Sun Tsu in konfuzianische Analogien, die heute in den Ohren nüchterner Führungskräfte vermutlich merkwürdig klingen. Viele werden sie aber auch beruhigend finden. »Eine Armee kann man mit Wasser vergleichen, denn genau wie Wasser bergab läuft und Höhen meidet, muß eine Armee die feindliche Stärke umgehen und die feindlichen Schwächen angreifen. Genau wie Wasser seine Form der Umgebung anpaßt, muß sich eine Armee, um zu siegen, der Feindsituation anpassen.«

Das Buch ist am besten als der Ursprung des Konzepts der Strategie bekannt, das in den mehr als 2000 Jahren zahlreiche Neuinterpretationen erlebte. Hier ist kein Raum für Sentimentalität oder Unaufmerksamkeit: »Setz Streitkräfte ein, um die strategischen Punkte zu verteidigen; sei wachsam bei der Vorbereitung, sei nicht träge. Erforsche gründlich die wahre Situation, warte im Geheimen auf ihre Nachlässigkeit. Warte, bis sie ihre Festungen verlassen, dann nimm, was ihnen lieb ist.«

Thomas Watson Jr.

49 IBM. Ein Unternehmen und seine Grundsätze

A Business and Its Beliefs. The Ideas that Helped Build IBM 1963

Hamel über Watson Jr.

»Ändere nie deine Grundüberzeugungen, meinte Watson. Er mag recht haben, aber die Trennungslinie zwischen Überzeugungen und Dogmen ist sehr dünn. Feste Überzeugungen können der Angelpunkt sein, um den sich das Unternehmen verändert und anpaßt, oder, wenn sie unendlich ausgearbeitet, übermäßig kodifiziert und verehrt werden, die Ketten, die ein Unternehmen an die Vergangenheit fesseln.«

Der Sohn des legendären Gründers von IBM, Thomas Watson Sr., besuchte die Brown University und diente im Zweiten Weltkrieg in der Luftwaffe. *Thomas Watson Jr.* (1914-1993) kam 1946 zu IBM und arbeitete als Verkäufer. Er wurde 1956 CEO und ging 1970 in Pension. Danach war er bis 1980 US-Botschafter in Moskau.

Obwohl er immer im Schatten seines Vaters stand, erreichte IBM unter ihm die Spitze der technologischen Revolution. Er investierte große Summen in die Entwicklung des 360er Systems, das die Grundlage des Erfolgs von IBM in den sechziger und siebziger Jahren bildete. Watson Jr. schrieb außerdem eine Autobiographie *Der Vater, der Sohn & die Firma. Die IBM-Story* (1993).

Thomas Watsons *IBM: Ein Unternehmen und seine Grundsätze* ist eine Darstellung der Unternehmensphilosophie, ein ausgedehntes Mission-Statement des Unternehmensgiganten. Obwohl das Buch im gleichen Jahr wie Alfred Sloans *Meine Jahre mit General Motors* veröffentlicht wurde, konnte es nicht unterschiedlicher sein. Während Sloan Menschen außer acht läßt, feiert Watson ihr Potential; während Sloan für Systeme und Strukturen eintritt, spricht Watson von Wertvorstellungen.

Hinter *IBM: Ein Unternehmen und seine Grundsätze* steht die Sloan ähnlichere, nüchterne Figur von Thomas Watson Sr. (1874-1956). Er war der Gründer von IBM, was sein Sohn sicher nie vergessen hat. (»Das Erfolgsgeheimnis, das mir mein Vater verriet, war: Hab Angst und denke nie, daß du es geschafft hast.«)

IBMs Ursprünge liegen in der Computing-Tabulating-Recording Company, der Watson Sr. 1914 beitrat. Unter seiner Leitung verdoppelte sich der Umsatz des Unternehmens von 4,2 Millionen auf 8,3 Millionen Dollar im Jahr 1917. Nachdem es zu Anfang alles hergestellt hatte – von Metzgerwaagen bis zu Fleischschneidemaschinen –, konzentrierten sich seine Aktivitäten allmählich auf Tabelliermaschinen, die mit Hilfe von Lochkarten Informationen mechanisch verarbeiteten. Watson hatte jedoch Größeres vor. »...als Vater aus dem Büro nach Hause kam und stolz verkündete, die Computing-Tabulating-Recording Company werde künftig den großartigen Namen International Business Machines tragen«, erinnert sich Watson Jr. in seiner Autobiographie. »Ich stand in der Tür zum Wohnzimmer und dachte bei mir: ›Der kleine Laden?‹ Dad hatte wohl die IBM der Zukunft im Sinn gehabt. Die Firma, die er damals leitete, bestand immer noch aus zigarrerauchenden Burschen, die Kaffeemühlen und Fleischerwaagen verkauften.«

IBMs Entwicklung wurde durch den »Wages-Hours Act« von 1937 gefördert, nach dem die US-Unternehmen die geleisteten Arbeitsstunden und ausgezahlten Löhne registrieren mußten. Die vorhandenen Geräte waren dafür nicht geeignet, und Watson begann, an einer Lösung zu arbeiten. 1944 wurde Mark I eingeführt, 1947 gefolgt von dem »Selective Sequence Electronic Calculator«. Da betrugen die Erlöse IBMs 119 Millionen Dollar, und das Unternehmen stand kurz davor, zum größten Computer-Hersteller der Welt zu werden.

Thomas Watson Jr. übernahm ein überaus erfolgreiches Unternehmen mit einer starken Unternehmenskultur, die auf der Kunst des Verkaufens und der Kundenbetreuung beruhte. In *Jenseits der Hierarchien* bemerkt Tom Peters, daß Thomas Watson Sr. »größten Wert auf Menschen und Service (legte) – es war schon fast eine fixe Idee ... Kurzum, IBM war ein Star im *Service*bereich, in einer Zeit, als die Maschinen noch alles andere als hundertprozentig waren, und es funktionierte – und wie!«

In *IBM: Ein Unternehmen und seine Grundsätze* stellt Thomas Watson Jr. dar, wofür IBM eintritt. Im Mittelpunkt stehen die zentralen Überzeugungen des Unternehmens. »Ich bin davon überzeugt, daß Erfolg und Versagen eines Unternehmens sehr häufig auf die Frage zurückgeführt werden kann, wie gut ein Betrieb die Leistungsbereitschaft und Talente seiner Mitarbeiter anzusprechen versteht. Was tut der Betrieb, um diesen Menschen die sie alle verbindende, gemeinsame Sache nahezubringen? Und wie kann er die gemeinsame Sache und die Orientierung im Lauf der vielen, von einer Generation zur anderen sich ergebenden Änderungen beibehalten?«

Als Antwort sagt Watson: »Ich glaube, daß jede Organisation, um zu überleben und Erfolg zu erzielen, in vieler Hinsicht feste Grundsätze haben muß, auf die sie ihre Politik und ihr Handeln begründet. Ich glaube weiter, daß der bedeutendste Faktor für den Erfolg eines Unternehmens die Konsequenz ist, mit der es diesen Prinzipien entsprechend handelt.« »Überzeugungen müssen immer vor Politiken, Praktiken und Zielen kommen. Letztere müssen immer geändert werden, wenn sie gegen fundamentale Überzeugungen verstoßen.«

Grundsätze und Überzeugungen, sagt Watson, ändern sich nie. Ändere alles andere, aber niemals die grundlegenden Wahrheiten, auf denen das Unternehmen beruht: »Und schließlich glaube ich, daß eine Organisation im Verlauf ihrer Entwicklung als Unternehmen, das den Anforderungen einer wechselnden Umwelt gerecht wird, zur Änderung aller ihrer Eigenschaften bereit sein muß – ausgenommen dieser Prinzipien.« »Die einzige heilige Kuh in einem Unternehmen sollte seine Philosophie der Geschäftstätigkeit sein.«

In dem Buch macht Watson Jr. die aufschlußreiche Bemerkung: »Die Grundsätze, die große Organisationen formen, ergeben sich häufig aus dem Charakter, der Erfahrung und den Ansichten einer einzigen Person.« In IBMs Fall war diese Person Thomas Watson Sr. Die Watsons schufen eine Unternehmenskultur, die die Zeit überdauerte. IBM – »Big Blue« – wurde zum archetypischen modernen Unternehmen und seine Manager zum vollendeten Klischee – mit ihren vorgeschriebenen dunklen Anzügen, weißen Hemden, einfarbigen Krawatten, Verkaufseifer und Firmensong. Dahinter steht jedoch der Glaube an einen starken Wettbewerb und eine besondere Qualität der Kundenbetreuung. Später beklagten sich Konkurrenten, daß IBM allein aufgrund seiner Größe Aufträge erhielt. Das traf nur teilweise zu. Seine Größe verdeckte eine starke Verpflichtung zur Kundenbuchhaltung, zur Kundenbetreuung, zum Aufbau von Beziehungen und zu den Wertvorstellungen, die Watson in *IBM: Ein Unternehmen und seine Grundsätze* darstellte.

Max Weber

50 Wirtschaft und Gesellschaft. Grundriß der verstehenden Soziologie

1922

Hamel über Weber

»Jedes Unternehmen kämpft mit zwei konfligierenden Notwendigkeiten: der Notwendigkeit, um der ökonomischen Effizienz willen zu optimieren, und der Notwendigkeit, um des Wachstums und der Erneuerung willen zu experimentieren. Autoritäre Bürokratien der Art, wie sie die japanische Wirtschaft nach dem Krieg wiederaufgebaut haben, dienen dem Ziel der Optimierung sehr gut – wenn es dort Experimente gibt, dann in engen Grenzen. Anarchische Netzwerke der Art, wie sie in der italienischen Modebranche herrschen, ermöglichen unbeschränktes Experimentieren, sie sind aber immer disziplinierteren Konkurrenten gegenüber verwundbar. Weber vertrat die eine Seite der These, Tom Peters die andere. Wie immer ist eine Synthese erforderlich.«

Max Weber (1864-1920) war ein vielseitig talentierter Wissenschaftler, dem man mit der Beurteilung nicht gerecht wird, er sei bloß der Vater der Bürokratie gewesen. Nach dem Studium der Rechts- und Wirtschaftsgeschichte war er Professor an den Universitäten in Berlin, Freiburg, Heidelberg und München.

Er widmete sich der Religionssoziologie und schrieb in diesem Bereich sein bekanntestes Werk: *Die protestantische Ethik und der Geist des Kapitalismus*. In der politischen Soziologie untersuchte er die Beziehung zwischen sozialen und wirtschaftlichen Organisationen.

Gegen Ende seines Lebens entwickelte Weber politische Interessen und war Mitglied des Ausschusses, der 1918 die Verfassung der Weimarer Republik entwarf.

In bezug auf die Managementtheorie ist Max Weber so etwas wie ein *bête noir*, der soziologische Zwilling von Frederick Taylor. Weber »tat charismatische Führung verächtlich ab und liebte abgöttisch die Bürokratie; deren von Regeln geleitete, unpersönliche Form, sagte er, war die einzige Möglichkeit, langfristiges Überleben sicherzustellen«, bemerken Peters und Waterman in *Auf der Suche nach Spitzenleistungen*.

Weber vertritt in *Wirtschaft und Gesellschaft* den Standpunkt, daß die effizienteste Organisationsform einer Maschine gleicht. Sie ist durch strikte Regeln, Kontrollen und Hierarchien gekennzeichnet und wird bürokratisch geleitet. Weber nennt sie den »rational-legalen Typ«. An den Extremen befinden sich der »charismatische« und der »traditionale« Typ, bei dem alles so gemacht wird, wie es schon immer gemacht wurde – wie in Familienunternehmen, in denen die Macht von einer Generation zur nächsten weitergegeben wird.

»Die rein bureaukratische, also die bureaukratisch-monokratische aktenmäßige Verwaltung ist nach allen Erfahrungen die an Präzision, Stetigkeit, Disziplin, Straffheit und Verläßlichkeit, also Berechenbarkeit für den Herrn wie für die Interessenten, Intensität und Extensität der Leistung, formal universeller Anwendbarkeit auf alle Aufgaben, rein *technisch* zum Höchstmaß der Leistung vervollkommenbare, in all diesen Bedeutungen formal *rationalste*, Form der Herrschaftsausübung«, schreibt Weber.

Weber umreißt die »Grundkategorien der rationalen Herrschaft« in sieben Punkten:

1. ein kontinuierlicher regelgebundener Betrieb von Amtsgeschäften;
2. ein vorgegebener Kompetenzbereich;
3. das Prinzip der Amtshierarchie;
4. die Regeln, nach denen verfahren wird, können technische Regeln oder Normen sein. Für deren Anwendung ist in beiden Fällen, zur vollen Rationalität, Fachschulung nötig;
5. das Prinzip der vollen Trennung des Verwaltungsstabs von den Verwaltungs- und Beschaffungsmitteln;
6. im rationalen Typ fehlt jede »Appropriation« der Amtsstelle an den Inhaber;

7. das Prinzip der Aktenmäßigkeit der Verwaltung, auch da, wo mündliche Erörterung tatsächlich Regel oder geradezu Vorschrift ist.

Es wäre sehr leicht, Weber als autoritäre Stimme aus einer anderen Ära abzutun, aber das wäre unfair. Er war über die Auswirkungen seines rationalen bürokratischen Modells auf die Menschheit abwechselnd irritiert und besorgt. Seine Intention ging jedoch weit darüber hinaus. Im Zentrum seiner Arbeit stand die Suche nach einem Verständnis der Beziehung zwischen Wissenschaft, Politik, Wissen und Handeln.

Obwohl er das charismatische Modell als langfristige Lösung ablehnte, war Weber der erste, der seine Existenz anerkannte und seine Konsequenzen untersuchte. Die Geschichte hat Webers These bestätigt: Eine Organisation, die auf einer einzigen charismatischen Person beruht, ist langfristig nicht von Bestand.

Die von Weber dargestellte bürokratische Welt ist in einem bestimmten Umfang Wirklichkeit geworden. Auch wenn es einfach ist, den entmenschlichenden Einfluß solcher übermächtiger Bürokratien zu kritisieren, darf ihre Rolle bei der Entwicklung von Unternehmen zu Anfang des zwanzigsten Jahrhunderts nicht unterschätzt werden.

Fünfzig weitere wichtige Managementbücher

Keine Liste kann je vollständig oder allumfassend sein. Unter den Büchern, die wir für *Die ultimative Managementbibliothek* in Erwägung gezogen hatten, waren die folgenden fünfzig:

1
Louis Allen
Professional Management. New Concepts and Proven Practices
1973

Nach zwanzig Jahren der Forschung schlägt Allen in *Professional Management* vier Managementfunktionen vor, die auf der Überzeugung beruhen, daß Manager rational denken und handeln: Planung, Organisation, Führung und Kontrolle. Diese werden dann weiter unterteilt in neunzehn Managementaktivitäten.

2
Chris Argyris
Personality and Organization
1957

In diesem klassischen Werk der Verhaltenswissenschaft vertritt Argyris die Meinung, daß Unternehmen grundlegend von Menschen abhängen. Das Buch geht der Frage nach, wie die persönliche Entwicklung zur Arbeit in Beziehung gesetzt und auf sie bezogen werden kann. Nach Meinung des Autors besteht das Problem in vielen Unternehmen darin, daß sie selbst die Menschen daran hindern, ihr Potential auszuschöpfen. Das Unternehmen hat die Aufgabe sicherzustellen, daß die Motivation der Mitarbeiter gesteigert sowie ihr Potential genutzt und in die richtige Richtung gelenkt wird.

3
Charles Babbage
On the Economy of Machinery and Manufactures
1832

Charles Babbage (1792-1871) schrieb mit seiner Untersuchung britischer Fabriken vielleicht den ersten Managementbestseller. Seine Arbeit und seine Beobachtungen sind nur einen Schritt von denen Frederick Taylors Ende des neunzehnten Jahrhunderts entfernt (auch wenn es keinen Beweis dafür gibt, daß Taylor Babbage gelesen hat). »Es ist von großer Bedeutung, die genauen Ausgaben für jeden Prozeß sowie für die Abnutzung der Maschinen, die dadurch verursacht wird, zu kennen«, schrieb Babbage. Taylor widmete sich mit der gleichen Begeisterung der Messung der menschlichen Leistung.

4
Warren Bennis
The Temporary Society
1968

Als Kind der sechziger Jahre stellt dieses Buch des Futurologen und Gesellschaftskommentators Bennis den Höhepunkt seines Denkens dar. Bennis beschreibt darin Unternehmen als »Adhocratien« – das direkte Gegenteil von Bürokratien –, befreit von den Fesseln der Hierarchie und sinnlosen Papierkrams. Alvin Toffler benutzte in *Zukunftsschock* den Begriff und machte ihn berühmt.

5
Robert Blake und Jane Mouton
Verhaltenspsychologie im Betrieb. Das Verhaltensgitter, eine Methode zur optimalen Führung in Wirtschaft und Verwaltung
(The Managerial Grid)
1964

Die *Managerial-Grid*-Methode der Bestimmung verschiedener Führungsstile zeigt, wie ein Manager gleichzeitig die Produktion maximieren und das Personalmanagement optimieren kann. Das Buch identifiziert vier Extreme des Managementstils und mißt sie an den zwei Dimensionen Produktion und Mitarbeiterführung.

6
Kenneth Blanchard und Spencer Johnson
Der Minuten-Manager
(The One Minute Manager)
1982

Ein vielverspottetes Konzept und Buch, aber es wurde zu einem Bestseller, der eine ganze Reihe ähnlicher Bücher nach sich zog und den Anstoß für die Selbsthilfebewegung gab, deren bemerkenswertester Exponent Stephen Covey ist. Blanchard und Johnson hoffen, daß die Leser des Buches »sich eines gesünderen, glücklicheren und produktiveren Lebens erfreuen werden«.

7
Edward de Bono
Laterales Denken. Ein Kurs zur Erschließung Ihrer Kreativitätsreserven
(The Use of Lateral Thinking)
1967

Edward de Bono (1933 geboren) hat aufgrund des Erfolges dieses Buches Karriere gemacht. Laterales Denken befaßt sich mit dem diskontinuierlichen Denken, das die Ideen auf den Kopf stellt.

8
Richard Boyatzis
The Competent Manager. A Model for Effective Performance
1982

Die Untersuchung, die Boyatzis Buch zugrunde liegt, umfaßt Interviews mit mehr als 2000 Managern, die einundvierzig verschiedene Jobs in zwölf unterschiedlichen öffentlichen und privaten Organisationen innehatten. Das Ergebnis war ein Gattungsmodell der Managementkompetenzen, das auf verschiedene Kontexte und Organisationstypen anwendbar ist. Es umfaßt zwölf Kompetenzen, eingeteilt in sechs Gruppen.

9
E. F. L. Brech (Hrsg.)
The Principles and Practice of Management
1953

Brech war ein britischer Vertreter der ersten Managementtheoretiker. Sein Buch ist eine umfassende Darstellung der Geschichte des wissenschaftlichen Managements und der ersten Pioniere der Managementtheorie.

10
Tom Burns und G. M. Stalker
The Management of Innovation
1961

Warren Bennis bezeichnete das Buch als »bedeutenden Klassiker«. Der Soziologe Burns und der Psychologe Stalker beschrieben das »organische« Unternehmen, das durch Netzwerke, eine gemeinsame Vision, gemeinsame Wertvorstellungen sowie Teamarbeit gekennzeichnet ist. Damit nahmen sie Konzepte zahlreicher zeitgenössischer Theoretiker vorweg.

11
Jan Carlzon
Alles für den Kunden. Jan Carlzon revolutioniert ein Unternehmen (Moments of Truth)
1987

Jan Carlzon, Leiter der skandinavischen Fluggesellschaft SAS, beschrieb seinen Ansatz für Management und Kundenbetreuung in seinem Buch *Moments of Truth*, das deshalb so genannt wurde, weil, wie er sagt, es ein Augenblick der Wahrheit ist, wenn ein Kunde einem Vertreter des Unternehmens begegnet. Das Buch, das im Schwedischen den Titel *Riv Pyramiderna*! (»Flacht die Pyramiden ab!«) lautet, schildert, wie Carlzon die verlustreiche Fluggesellschaft zur Airline des Jahres machte.

12
James Collins und Jerry Porras
Built to Last. Successful Habits of Visionary Companies
1995

Eine Untersuchung von achtzehn Unternehmen, die langfristig erfolgreich waren – das Durchschnittsalter liegt bei über neunzig Jahren. Ihr Erfolg beruht auf charismatischer Führung, die eine dynamische Unternehmenskultur hervorbringt, die auf zentralen Wertvorstellungen beruht.

13
Philip Crosby
Quality is Free
1979

Philip Crosbys Qualitätsevangelium war populistisch und populär. Mit der Behauptung, daß »die Senkung der Kosten der Qualitätssicherung eine Gelegenheit zur Steigerung der Gewinne ohne Erhöhung des Absatzes, der Beschaffung neuer Ausrüstung oder der Einstellung neuer Mitarbeiter ist«, erwies sich Crosby in der Anfangszeit des Wiedererstehens der Qualitätsphilosophie als Wanderprediger in der Provinz.

14
Robert Cyert und James March
A Behavioral Theory of the Firm
1963

Das Duo von der Carnegie-Mellon University erforschte die Rationalität der Entscheidungsprozesse bei Managern. Im Gegensatz zu anderen kamen Cyert und March zu dem Schluß, daß Entscheidungen nicht immer rational sind, und sie traten für kreative Entscheidungsfindung ein. Diese könne durch Experimentieren erreicht werden, was sie als »Technologie der Dummheit« bezeichneten. Sie meinten, Unternehmen seien eine »Interessenkoalition«.

15
Terence Deal und Allan Kennedy
Unternehmenserfolg durch Unternehmenskultur
(Corporate Cultures. The Rites and Rituals of Corporate Life)
1982

Deal und Kennedy sind der Meinung, daß starke Unternehmenskulturen zu starken Unternehmen führen. Sie glauben, daß Kulturen von Wertvorstellungen, Helden, Rollen und Ritualen geprägt werden.

16
Peter F. Drucker
Neue Management-Praxis
(Management. Tasks, Responsibilities, Practices)
1974

Drucker vertritt nachdrücklich und überzeugend die Sache des Managements: »Management bedeutet Aufgaben. Management bedeutet eine Wissensdisziplin. Aber Management bedeutet auch Menschen. Jeder Erfolg des Managements ist der Erfolg eines Managers. Jedes Versagen ist das Versagen eines Managers. Es sind Menschen, die führen, nicht ›Kräfte‹ oder ›Fakten‹. Die Vision, Hingabe und Integrität von Managern entscheiden darüber, ob Management oder Mißmanagement vorliegt.« Dieses umfangreiche Buch gilt als eine auf den neusten Stand gebrachte Version seines Klassikers von 1954 *Die Praxis des Management* (siehe Kapitel 12).

17
Fred Fiedler und Martin Chemers
Leadership and Effective Management
1974

Eine theoretische Untersuchung der Probleme der Führung, die drei Fragen anspricht: wie man zu einer Führerpersönlichkeit wird, wie sich Führer verhalten und was einen Führer effektiv macht. Die Autoren entwickeln aus der Situationstheorie Kontingenzansätze, die Situationsvariable auswählen, die auf die beste Weise den für eine bestimmte Situation geeignetsten Führungsstil zu bestimmen suchen. Fred Fiedler stellte zum Beispiel fest, daß die entscheidenden Faktoren einer Führungssituation in der Beziehung zwischen Führer und Gruppenmitgliedern, der Aufgabenstruktur und der Positionsmacht des Führers bestehen.

18
Charles Garfield
Erfolg aus Passion
(Peak Performers: The New Heroes in Business)
1986

Garfields Studie über die Spitzenmanager gab dem zunehmenden Trend Auftrieb, das Verhalten und die Persönlichkeit erfolgreicher Führungskräfte zu untersuchen. Garfield bezieht sich auf die Hauptfähigkeit des Selbstmanagements – die Entwicklung von Fähigkeiten und die Suche nach Chancen innerhalb des Unternehmens, die die persönliche Entwicklung fördern – und gelangt zu dem Schluß, daß Entwicklung bei dem einzelnen beginnen muß.

19
Harold Geneen und Alvin Moscow
Manager müssen managen
(Managing)
1985

Harold Geneen, das Urbild eines tyrannischen Managers, machte ITT zu einem schlagkräftigen Unternehmen. Seine Taktiken waren einfach: harte Arbeit und eine anscheinend sklavische Hingabe an Zahlen: »Geschäfte zu machen ist besser als tägliches Golfspielen«, sagte Geneen. Nach seinem Weggang zerfiel ITT sehr rasch, aber *Manager müssen managen* gewährt einen seltenen Einblick in einen Managertyp, der anderswo kaum diskutiert wird.

20
Frank Gilbreth
Bewegungsstudien
(Motion Study)
1911

Frank Gilbreth (1868-1924) und seine Frau Lilian (1878-1972) waren innovative und unternehmerische Exponenten des wissenschaftlichen Managements. Durch intensive Untersuchungen dessen, was Arbeiter wirklich taten, entwickelten sie Taylors Ideen weiter. »Die Beseitigung unnötiger Entfernungen, die die Hände und Arme des Arbeiters zurücklegen müssen, wird an einem Arbeitstag Meilen von Bewegungen pro Arbeiter beseitigen«, schlußfolgert Gilbreth.

21
Michael Goold und Andrew Campbell
Strategies and Styles
1987

In diversifizierten Unternehmen ist das Problem, ein Gefühl für das gemeinsame Unternehmensziel zu vermitteln, oft sehr groß. In dem Buch untersuchen die Autoren die Rolle der Unternehmenszentrale in solchen Unternehmen. Auf der Grundlage vierjähriger Forschung treten sie für Strategien ein und gelangen zu dem Schluß, daß es drei dominante Stile gibt: strategische Planung, strategische Kontrolle und Finanzkontrolle. Der beste Stil für ein bestimmtes Unternehmen hängt von dessen Natur und seinen langfristigen strategischen Zielen ab.

22
Charles Handy
Understanding Organizations
1976

Handys erstes Buch ist ein klar geschriebenes Lehrbuch über Organisationstheoretiker und -theorien. Es klärte seine eigene Sichtweise bezüglich des Untersuchungsgegenstandes, dient aber auch dazu, die der Leser zu klären. »Ich möchte alle dazu ermuntern, das Buch nach dem Lesen zu verbrennen und ihr eigenes zu schreiben – es ist die einzige Möglichkeit, sich die Konzepte wirklich zu eigen zu machen«, sagt Handy.

23
Charles Handy
Die Fortschrittsfalle. Der Zukunft neuen Sinn geben
(The Empty Raincoat)
1994

Dieser Bestseller entwickelt viele der Ideen, die Handy zuerst in *The Age of Unreason* behandelte. In *Die Fortschrittsfalle* tritt er für das »föderale« Unternehmen ein, »eine alte Idee, deren Zeit vielleicht gekommen ist«. Das föderale Unternehmen erlaubt den Einheiten und Bereichen individuelle Unabhängigkeit, bewahrt jedoch die Geschlossenheit des Unternehmens. Handy glaubt, daß das moderne Unternehmen durch den Föderalismus einige der Zielkonflikte, denen es ständig gegenübersteht, lösen kann – zum Beispiel die Notwendigkeit, gleichzeitig global und lokal zu sein.

24
Robert Hayes und Stephen Wheelwright
Restoring Our Competitive Edge
1984

Das Harvard-Duo war an der Spitze derer, die Anfang der achtziger Jahre Amerikas Wettbewerbsfähigkeit untersuchten. In ihrem Buch vertreten sie die Meinung, daß gut geleitete Fabriken überall in der Welt Ähnlichkeiten aufweisen. Es zerstört den Mythos der japanischen Produktionsverfahren und tritt für eine konkurrenzfähige und in der Praxis eingeführte Fertigungsstrategie ein. Die Ursprünge des Buchs könnten in dem berühmten Artikel »Managing our way to economic decline« von Hayes und Bill Abernathy gesehen werden, der 1981 in der *Harvard Business Review* erschien.

25
Paul Hersey
Situatives Führen – die anderen 59 Minuten
(Situational Leadership)
1984

Nach der Situationstheorie ist Führung eher situationsabhängig als an einen bestimmten Persönlichkeitstypus gebunden. Sie beruht auf der plausiblen Vorstellung, daß verschiedene Umstände unterschiedliche Formen der Führung verlangen. Zu den Vertretern dieser Theorie gehören Paul Hersey und Kenneth Blanchard. Herseys einflußreiches Buch *Situatives Führen* stellt das Manifest der Situationalisten dar.

26
Elliott Jacques
A General Theory of Bureaucracy
1976

Die Theorien von Elliott Jacques entstanden aus einem umfangreichen Forschungsprojekt in der Glacier Metal Company, das er zwischen 1948 und 1965 durchführte. Seine neuartige Schlußfolgerung wurde als »Zeitspanne des Ermessens« (time span of discretion) bezeichnet, wonach Managementebenen entsprechend dem Zeitraum eingerichtet werden sollten, in dem die dort getroffenen Entscheidungen überprüft werden können, und die Mitarbeiter sollten entsprechend dieser Zeitspanne bezahlt werden.

27
Rosabeth Moss Kanter
When Giants Learn to Dance
1989

Das Buch führte das Konzept der »nachunternehmerischen« Firma ein, die die traditionellen Stärken eines großen Unternehmens mit der flexiblen Schnelligkeit eines kleineren Unternehmens kombiniert.

28
John Kotter
A Force for Change
1990

Kotter vertritt die Meinung, daß »Führung Veränderungen hervorruft. Das ist ihre Hauptfunktion.« Er untersucht dann die Rolle der Führung bei der Realisierung dieser Änderungen im Unternehmen. Er sagt, Führung sei durch das Vorgeben einer Richtung, die Vermittlung übergeordneter Ziele, das Motivieren und Inspirieren der Mitarbeiter sowie das Herbeiführen von Änderungen gekennzeichnet. Im Gegensatz dazu beschäftigt sich Management mit Planung und Budgetierung, Organisation, Personaleinstellung, Kontrolle und Problemlösung und erzeugt ein bestimmtes Maß an Vorhersagbarkeit und Ordnung.

29
Charles Kepner und Benjamin Tregoe
The Rational Manager
1965

»Die Fähigkeit, systematisch zu denken, ist zweifellos eine Grundvoraussetzung für jeden Manager«, meinen Kepner und Tregoe und bieten »einen systematischen Ansatz für Problemlösung und Entscheidungsfindung an«. Die in diesem Buch detailliert dargestellten Methoden schufen die Grundlage für den dauerhaften Erfolg des Beratungsunternehmens der beiden Autoren und wurden in *The New Rational Manager* auf den neuesten Stand gebracht.

30
Rensis Likert
Neue Ansätze der Unternehmensführung
(New Patterns of Management)
1961

Likert (1903-1981) entwickelte vier Arten des Managementstils – die Systeme 1 bis 4. Der erste ist ausbeuterisch und autoritär, der zweite eine »wohlwollende Autokratie«, der dritte »konsultativ« und der vierte »partizipativ«. Letzteren sah Likert als die beste Option an – sowohl in Unternehmen als auch im persönlichen Bereich. Er schlug außerdem System 5 vor, bei dem es keine formale Autorität gibt.

31
Konosuke Matsushita
Quest for Prosperity. The Life of a Japanese Industrialist
1988

Von Henry Ford inspiriert, gründete Matsushita (1894-1989) ein Unternehmen, das zum größten Konsumelektronikkonzern der Welt wurde. Obwohl er mit neun Jahren die Schule verließ, wurde er der gütige Patriarch der japanischen Unternehmenswelt. Er leistete Pionierarbeit für das japanische Management und dessen soziales Gewissen, die Kundenbetreuung und die Just-in-Time-Philosophie. Matsushita teilte später einige seiner Erkenntnisse Richard Pascale mit.

32
Elton Mayo
Probleme industrieller Arbeitsbedingungen
(The Human Problems of an Industrial Civilization)
1933

Elton Mayo (1880-1949) ist eher aufgrund seines wissenschaftlichen Beitrags als durch seine veröffentlichten Werke bekannt. Seine Rolle bei den »Hawthorne Studies«, die zwischen 1927 und 1932 bei Western

Electric durchgeführt wurden, war für die Entwicklung der »Human-Relations«-Schule entscheidend, die später entstand. Sein Eintreten für Teamarbeit sowie informale Organisation und Kommunikation wird erst jetzt anerkannt.

33
James Mooney und Alan Reiley
Onward Industry
1931

Die Untersuchung organisatorischer Prinzipien von Mooney und Reiley war die erste systematische Studie der Organisation auf wissenschaftlicher Grundlage.

34
Ann Morrison, Randall White und Ellen Van Velsor
Breaking the Glass Ceiling
1992

Dieses Buch von einem Wissenschaftler und zwei Wissenschaftlerinnen, die damals am Center for Creative Leadership tätig waren, führte den Begriff »Glasdecke« in das Vokabular des Personalwesens ein. Es untersuchte auf der Grundlage einer dreijährigen Studie weiblicher Führungskräfte die Faktoren, die für den Erfolg oder das Scheitern von Frauen in Unternehmen ausschlaggebend sind.

35
John Naisbitt
Megatrends. Zehn Perspektiven, die unser Leben verändern werden (Megatrends)
1982

In diesem Bestseller sieht Naisbitt viele der Trends und Probleme voraus, denen Unternehmen im letzten Jahrzehnt dieses Jahrhunderts gegenüberstehen. Er antizipiert das Informationszeitalter, das durch Selbständigkeit und das Fehlen konventioneller Hierarchien gekennzeichnet ist. »Wir werden in eine freie Gesellschaft mit Mehrfachoption katapultiert«, prophezeit Naisbitt.

36
Kenichi Ohmae
Macht der Triade. Die neue Form weltweiten Wettbewerbs
(Triad Power. The Coming Shape of Global Competition)
1985

Die von Ohmae beschriebene Triade besteht aus den USA, Japan und dem Pazifik sowie Europa. Ohmae ist der Ansicht, daß der Weg zu globaler Wettbewerbsfähigkeit darin besteht, in jedem Gebiet der Triade präsent zu sein, mit tiefen Wurzeln in der lokalen Kultur. Unternehmen müssen auch ihr Engagement, ihre Kreativität und ihre Wettbewerbsfähigkeit einsetzen.

37
William Ouchi
Theory Z. How American Business Can Meet the Japanese Challenge
1981

Ouchis Buch trug erheblich zu der Faszination bei, die in den achtziger Jahren vom japanischen Management ausging. Der Ausgangspunkt des Buches ist Douglas McGregors unvollendete Betrachtung der Theorie jenseits der Theorien X und Y. Ouchi fand in der japanischen Praxis der lebenslangen Beschäftigung und in den Unternehmenswertvorstellungen reiches Anschauungsmaterial, das viele der zuerst von McGregor dargestellten Ideen widerspiegelt.

38
David Packard
Die Hewlett-Packard-Story.
Wie Bill Hewlett und ich unser Unternehmen aufbauten
(The HP Way. How Bill Hewlett and I Built Our Company)
1995

Mit nur 538 Dollar und einer gemieteten Garage in Palo Alto schufen Hewlett und Packard eines der erfolgreichsten Unternehmen der Welt. Ihr Geheimnis, sagt Packard, liegt in der Einfachheit ihrer Methoden.

39
Laurence Peter und Raymond Hull
Das Peter-Prinzip oder Die Hierarchie der Unfähigen
(The Peter Principle)
1969

Ironisch aber wahr besteht das Peter-Prinzip darin: »In einer Hierarchie neigt jeder Beschäftigte dazu, bis zur Stufe seiner Inkompetenz aufzusteigen.« Das Buch enthält ein wichtiges Glossar, in dem unter anderem »Tabulator-Gigantismus: Leidenschaft für große Schreibtische« aufgeführt ist.

40
Tom Peters
Kreatives Chaos. Die neue Management-Praxis
(Thriving on Chaos)
1987

Mit *Kreatives Chaos* begann die zweite Phase von Tom Peters' Karriere. Nach dem Erfolg von *Auf der Suche nach Spitzenleistungen* und dem geschichtenreichen Buch *Leistung aus Leidenschaft* erweitert Peters seinen Horizont. Er erkennt auch die Schwächen seiner zwei vorherigen Bücher an und proklamiert »Spitzenleistung RIP«.

41
Reg Revans
Action Learning
1979

Der Brite Reg Revans ist als Gründer und langzeitiger Vertreter des »Handeln-Lernens« unbesungen und ohne Vorboten. Nach der Theorie ist zu handeln lernen einfach, trügerisch einfach. Es geht darum zu lernen, wie man durch Tun lernt (»to learn by doing«), ein Prozeß, für den Revans eine einfache Gleichung erfand: L = W + F, das heißt, Lernen (L) erfolgt durch eine Kombination aus programmiertem Wissen (W) und der Fähigkeit, kluge Fragen zu stellen (F). *Action Learning* ist ein umfangreiches, weitgehend unbeachtetes Buch – Revans kaufte am Ende den größten Teil der Exemplare auf.

42
Richard Schonberger
Building a Chain of Customers
1990

Aus der Weiterentwicklung früherer Arbeiten vertritt Schonberger die Meinung, daß jede Funktion in einem Unternehmen als Kunde betrachtet werden sollte. Diese Sichtweise war die Grundlage für das, was als Reengineering berühmt werden sollte.

43
E. Fritz Schumacher
Small is Beautiful. Die Rückkehr zum menschlichen Maß (Small is Beautiful)
1973

E. Fritz Schumacher (1911-1977) propagierte Produktion im kleinen Maßstab, wobei mit der Natur gearbeitet und »angepaßte Technologie« eingesetzt werden sollte. »Small is beautiful« war ein Gegenmittel gegen die vorherrschende Unternehmensmentalität. Das Buch wurde überraschenderweise zu einem Bestseller, seine Ideen werden jedoch erst in den letzten fünf Jahren umgesetzt – und auch nur partiell.

44
Herbert Simon
Administrative Behavior
1947

»*Administrative Behavior* wurde aus der Annahme heraus geschrieben, daß Entscheidungsprozesse den Schlüssel für das Verstehen organisatorischer Phänomene darstellen«, sagt Simon, der auf dieser These aufbauend die Grenzen der Rationalität erforscht.

45
George Stalk und Thomas Hout
Zeitwettbewerb. Schnelligkeit entscheidet auf den Märkten der Zukunft
(Competing Against Time)
1990

Mit diesem Buch führten Stalk und Hout von der Boston Consulting Group den jetzt modischen Begriff »Zeitwettbewerb« ein. »Wenn man Zeit reduziert, wächst der Marktanteil« lautet die grundlegende und einfache Botschaft.

46
Lyndall Urwick
Scientific Principles of Organization
1938

Lyndall Urwick war der britische Vertreter der Managementtheorie und -ausbildung in der ersten Hälfte des zwanzigsten Jahrhunderts. Er war ein eifriger Verfechter von Frederick Taylors wissenschaftlichem Management und engagierte sich sehr für die Veröffentlichung der Theorien von Taylor und Henri Fayol. In *Scientific Principles of Organization* entwickelt und erweitert er die Ideen seiner beiden Inspiratoren.

47
William Whyte
The Organization Man
1956

Wenn Arthur Millers *Tod eines Handlungsreisenden* das klassische Drama der fünfziger Jahre ist, das die Leiden des Verkäufers porträtiert, dann ist William Whytes *The Organization Man* der weniger dramatische Begleitband dazu, der die geisttötende Banalität des Lebens beschreibt, das an den Schreibtisch gefesselt und durch rigide Unternehmensregeln und -hierarchie begrenzt ist.

48

J. P. Womack, D. T. Jones und D. Roos

Die zweite Revolution in der Autoindustrie

(The Machine that Changed the World)

1990

Eine Einführung in die neue Industriewelt, in der die kundenspezifische Massenfertigung die traditionelle Massenfertigung abgelöst hat und der Schwerpunkt auf der »schlanken Produktion« liegt. Das Buch benutzt die Autoindustrie als historisches und zeitgenössisches Beispiel für einen Wandel in der Fertigung.

49

Abraham Zaleznik

Führen ist besser als managen

(The Managerial Mystique: Restoring Leadership in Business)

1990

Die Unterschiede – und Ähnlichkeiten – zwischen Führung und Management haben zu zahlreichen Diskussionen und wenigen Schlußfolgerungen geführt. Zaleznik vertritt die Meinung, daß wir »kompetente Manager benötigen und uns nach großen Führern sehnen«, und er analysiert die Unterschiede zwischen beiden, die zum Teil genauso etymologisch bedingt sind wie alles andere.

50

Shoshana Zuboff

In the Age of the Smart Machine

1988

Zuboff proklamiert Lernen als neue Quelle des Wettbewerbsvorteils und rät Unternehmen »to informate« – eine wenig verlockende, aber richtige Kombination aus informieren und kommunizieren (»inform« und »communicate«). Obwohl das Buch kein Bestseller war, hat es sich als einflußreich erwiesen.

Danksagung

Die Idee zu diesem Buch stammt von Mark Allin vom Verlag Capstone in Oxford. Sie war so naheliegend, daß ich dachte, ein solches Buch müsse es schon geben. Aber, wie so oft sind es die einfachen Ideen, auf die man nur schwer kommt.

Ich bin ebenfalls Liza Jones und den Mitarbeitern des Henley Management College zu Dank verpflichtet. Sie gewährten mir großzügig Zugang zu ihren hervorragenden Einrichtungen und erlaubten mir die Benutzung ihrer Bibliothek.

Die Auswahl der Bücher wurde einer Reihe von Personen in Großbritannien und den USA zur Beurteilung vorgelegt. Ihre Meinungen und Vorschläge waren für die Zusammenstellung der Liste außerordentlich nützlich. Für alle Auslassungen ist jedoch der Autor verantwortlich.

Ich danke der *Harvard Business Review* für die Erlaubnis, folgende Artikel zu verwenden:

»Teaching smart people how to learn« von Chris Argyris, *Harvard Business Review*, Mai-Juni 1991,

»Reengineering work: don't automate, obliterate« von Michael Hammer, *Harvard Business Review*, Juli-August 1990,

»Marketing myopia« von Ted Levitt, *Harvard Business Review*, Juli-August 1960,

»Musings on management« von Henry Mintzberg, *Harvard Business Review*, Juli-August 1996,

»Beyond Theory Y« von John Morse und Jay Lorsch, *Harvard Business Review*, Mai-Juni 1970.

Anmerkungen

Einführung

1 Zitiert von Christopher Lorenz in »Uphill struggle to become horizontal«, *Financial Times*, 5. November 1993.
2 Diese Untersuchung mit dem Titel *Re-engineering: The Critical Success Factors* wurde von Business Intelligence, London, 1995 durchgeführt.
3 Interview mit Stuart Crainer vom 23. Juli 1996.
4 Korrespondenz mit dem Autor vom 9. November 1995.
5 John Kay »Handy guide to corporate life«, *Financial Times*, 17. August 1995.
6 Zitiert von Stuart Crainer in »Doing the right thing«, *The Director*, Oktober 1988.

6

1 Zitiert in Stuart Crainer »Doing the right thing«, *The Director*, Oktober 1988.

11

1 »Good guru guide«, *The Economist*, 25. Dezember 1993 – 7. Januar 1994.
2 »Peter Drucker, salvationist«, *The Economist*, 1. Oktober 1994.

12

1 Interview mit Stuart Crainer am 30. Juli 1996.

13

1 Zitiert in »The corporate sages«, *Business*, September 1988.
2 Ebenda.

14

1 Zitiert von Pauline Graham (Hrsg.) in: *Mary Parker Follett: Prophet of Management* (1994).

16

1 Robin Buchanan, »Practical Parenting«, *The Observer*, 23. Oktober 1994.

22

1 »Moss Kanter, corporate sociologist«, *The Economist*, 15. Oktober 1994.
2 Zitiert in Tim Dickson, »An interview with Rosabeth Moss Kanter«, *Financial Times*, 17. Mai 1996.
3 *The Economist*, a. a. O.

28

1 Tom Peters, »Strategic planning, RIP«, 25. März 1994.

33

1 Interview mit Stuart Crainer am 23. Juli 1996.

35

1 Interview mit Stuart Crainer am 17. Juni 1996.

37

1 »Professor Porter PhD«, *The Economist*, 8. Oktober 1994.

38

1 »Professor Porter PhD«, *The Economist*, 8. Oktober 1994.

41

1 Zitiert in K. Napuk, »Live and learn«, *Scottish Business Insider*, Januar 1994.
2 Zitiert in V. Griffith, »Corporate fashion victim«, *Financial Times*, 12. April 1995.

42

1 »The changing nature of leadership«, *The Economist*, 10. Juni 1995.

44

1 Zitiert in Deborah Shapley, *Promise and Power: The Life and Times of Robert McNamara*, Little, Brown, Boston 1993.

47

1 Zitiert in V. Houlder, »Interview with Fons Trompenaars«, *Financial Times*, 26. Juli 1996.

Literatur

Allen, L.: *Professional Management. New Concepts and Proven Practices*, McGraw Hill, New York 1973

Andrews, K. R.: »Introduction to the Anniversary Edition«, in: *The Functions of the Executive*, Harvard University Press, Cambridge, Mass., 1968

Ansoff, H. I.: *Corporate Strategy. An Analytic Approach to Business Policy for Growth and Expansion*, McGraw Hill, New York 1965; dt.: *Management-Strategie*, verlag moderne industrie, München 1966

Ansoff, H. I.: *Strategic Management*, McMillan, London 1979

Ansoff, H. I.: *Implanting Strategic Management*, Prentice-Hall, London 1984

Ansoff, H. I.: *New Corporate Strategy*, John Wiley, New York 1989

Ansoff, H. I.: »A profile of intellectual growth«, in: *Management Laureates*, JAI Press, London 1994

Argyris, C.: *Personality and Organisation*, Harper & Row, New York 1957

Argyris, C.: *Understanding Organizational Behavior*, Dorsey Press, Homewood, Ill., 1960

Argyris, C.: *Overcoming Organizational Defenses*, Allyn & Bacon, Boston 1990

Argyris, C.: »Teaching smart people how to learn«, *Harvard Business Review*, Mai-Juni 1991

Argyris, C.: *On Organizational Learning*, Blackwell, Cambridge 1993

Argyris, C.: *Knowledge for Action*, Jossey-Bass, San Francisco 1993; dt.: *Wissen in Aktion*, Klett-Cotta, Stuttgart 1997

Argyris, C., Schon, D.: *Theory in Practice: Increasing Professional Efficiency*, Addison-Wesley, Reading, Mass., 1974

Argyris, C., Schon, D.: *Organizational Learning: A Theory of Action Perspective*, Addison-Wesley, Reading, Mass., 1978

Babbage, C.: *On the Economy of Machinery and Manufactures*, C. Knight, London 1832

Barnard, C.: *The Functions of the Executive*, Harvard University Press, Cambridge, Mass., 1938

Barnard, C.: *Organization and Management*, Harvard University Press, Cambridge, Mass., 1948

Bartlett, C., Ghoshal, S.: *Managing Across Borders*, Harvard Business School Press, Boston 1989; dt.: *Internationale Unternehmensführung. Innovation, globale Effizienz, differenziertes Marketing*, Campus, Frankfurt 1990
Belbin, M.: *Management Teams: Why they Succeed or Fail*, Butterworth Heinemann, Oxford 1984; dt.: *Managementteams: Erfolg und Mißerfolg*, Bergander, Wörrstadt 1996
Belbin, M.: *Team Roles at Work*, Butterworth Heinemann, Oxford 1993
Belbin, M.: *The Coming Shape of Organization*, Butterworth Heinemann, Oxford 1996
Bennis, W.: *The Temporary Society*, Harper Collins, New York 1968
Bennis, W.: *The Planning of Change* (mit Benne, K. D. und Chin, R.), Holt, Rinehart & Winston, 2. Aufl. 1970; dt.: *Änderung des Sozialverhaltens*, Klett, Stuttgart 1975
Bennis, W., Nanus, B.: *Leaders: The Strategies for Taking Charge*, Harper & Row, New York 1985; dt.: *Führungskräfte. Die vier Schlüsselstrategien erfolgreichen Führens*, Campus, Frankfurt, 5. Aufl. 1992
Bennis, W.: *On Becoming a Leader*, Addison-Wesley, Reading, Mass., 1989; dt.: *Führen lernen: Führungskräfte werden gemacht, nicht geboren*, Campus, Frankfurt 1990
Bennis, W.: *Why Leaders Can't Lead*, Jossey-Bass, San Francisco 1989
Bennis, W.: *An Invented Life: Reflections on Leadership and Change*, Addison-Wesley, Reading, Mass., 1993; dt.: *Schlüsselstrategien erfolgreichen Führens: Das Beste von Mr. Leadership*, Econ, Düsseldorf 1994
Bennis, W.: *Organizing Genius: The Secrets of Creative Collaboration*, Addison-Wesley, Reading, Mass., 1997
Binney, G., Williams, C.: *Leaning into the Future*, Nicholas Brealey, London 1995
Blake, R., Mouton, J.: *The Managerial Grid*, Gulf Pub., Houston 1964; dt.: *Verhaltenspsychologie im Betrieb. Das Verhaltensgitter, eine Methode zur optimalen Führung in Wirtschaft und Verwaltung*, Econ, Düsseldorf 1968
Blanchard, K.: *The One Minute Manager*, William Morrow, New York 1982; dt.: *Der Minuten-Manager*, Rowohlt, Reinbek bei Hamburg 1996
De Bono, E.: *The Use of Lateral Thinking*, Cape, London 1967; dt.: *Laterales Denken. Ein Kurs zur Erschließung Ihrer Kreativitätsreserven*, Rowohlt, Reinbek bei Hamburg 1971
Boyatzis, R.: *The Competent Manager. A Model for Effective Performance*, John Wiley, New York 1982
Brech, E. F. L. (Hrsg.): *The Principles and Practice of Management*, Longman, London 1953
Burns, J. M.: *Leadership*, Harper & Row, New York 1978
Burns, T., Stalker, G. M. (Hrsg.): *The Management of Innovation*, Tavistock, London 1961
Byrne, J.: »Corporate anorexia: a lack-of-foresight saga«, *Business Week*, 19. September 1994

Campbell, A.: »The point is to raise the game«, *Financial Times*, 14. September 1994
Campbell, A., Koch, R.: *Break Up!*, Capstone Publishing, Oxford 1997

Campbell, A., Devine, M., Young, D.: *A Sense of Mission*, The Economist Books/Hutchinson, London 1990; dt.: *Vision, Mission, Strategie. Die Energien des Unternehmens aktivieren*, Campus, Frankfurt 1992

Campbell, A., Luchs, K.S.: *Strategic Synergy*, Butterworth Heinemann, Oxford 1992

Carlzon, J.: *Moments of Truth*, Harper Collins, New York 1987; dt.: *Alles für den Kunden. Jan Carlzon revolutioniert ein Unternehmen*, Campus, Frankfurt 1990

Carnegie, D.: *How to Win Friends and Influence People*, Simon & Schuster, New York 1937; dt.: *Wie man Freunde gewinnt*, Bertelsmann, Gütersloh 1996 (überarb. und erg.)

Champy, J.: »Time to reengineer the manager«, *Financial Times*, 14. Januar 1994

Champy, J.: *Reengineering Management: The Mandate for New Leadership*, Harper Business, New York 1995; dt.: *Reengineering im Management: Die Radikalkur für die Unternehmensführung*, Campus, Frankfurt 1995

Chandler, A.: *Strategy and Structure*, MIT Press, Boston 1962

Chandler, A.: *The Visible Hand: The Managerial Revolution in American Business*, Harvard University Press, Cambridge, Mass., 1977

Chandler, A., Deams, H. (Hrsg.): *Managerial Hierarchies*, Harvard University Press, Cambridge, Mass., 1980

Chandler, A.: *Scale and Scope: The Dynamics of Industrial Capitalism*, Harvard University Press, Cambridge, Mass., 1990

Collins, J., Porras, J.: *Built to Last. Successful Habits of Visionary Companies*, Harper Collins, New York 1995

Crosby, P.: *Quality is Free*, McGraw Hill, New York 1979

Cyert, R., March, J.: *A Behavioral Theory of the Firm*, Prentice-Hall, New Jersey 1963

Deal, T., Kennedy, A.: *Corporate Cultures. The Rites and Rituals of Corporate Life*, Addison-Wesley, Reading, Mass., 1982; dt.: *Unternehmenserfolg durch Unternehmenskultur*, Rentrop, Bonn 1987

Deming, W.E.: *Quality, Productivity and Competitive Position*, MIT Centre for Advanced Engineering Study, MIT, Cambridge, Mass., 1982

Deming, W.E.: *Out of the Crisis*, MIT, Cambridge, Mass., 1982

Drucker, P.F.: *The New Society*, Heinemann, London 1951; dt.: *Gesellschaft am Fließband: Eine Anatomie der industriellen Ordnung*, Verlag der Frankfurter Hefte, Frankfurt 1952

Drucker, P.F.: *The Practice of Management*, Harper & Row, New York 1954; dt.: *Die Praxis des Management: Ein Leitfaden für die Führungsaufgaben in der modernen Wirtschaft*, Droemer-Knaur, München 1970

Drucker, P.F.: *Managing for Results*, Heinemann, London 1964; dt.: *Sinnvoll wirtschaften: Notwendigkeit und Kunst, die Zukunft zu meistern*, Econ, Düsseldorf 1965

Drucker, P.F.: *The Effective Executive*, Harper & Row, New York 1967, dt.: *Die ideale Führungskraft: Die hohe Schule des Managers*, Econ, Düsseldorf 1969, Neuauflage 1995

Drucker, P.F.: *The Age of Discontinuity*, Harper & Row, New York 1968; dt.: *Die Zukunft bewältigen: Aufgaben und Chancen im Zeitalter der Ungewißheit*, Econ, Düsseldorf 1969

Drucker, P. F.: *Concept of the Corporation*, New American Library, Neuausgabe 1964; dt.: *Das Großunternehmen: Sinn, Arbeitsweise und Zielsetzung in unserer Zeit*, Econ, Düsseldorf 1966
Drucker, P. F.: *Management: Tasks, Responsibilities, Practices*, Harper & Row, New York 1974; dt.: *Neue Management-Praxis* (Band 1: Aufgaben, Band 2: Methoden), Econ, Düsseldorf 1974
Drucker, P. F.: *Managing in Turbulent Times*, Harper & Row, New York 1980; dt.: *Management in turbulenter Zeit*, Econ, Düsseldorf 1980
Drucker, P. F.: *Innovation and Entrepreneurship*, Heinemann, London 1985; dt.: *Innovations-Management für Wirtschaft und Politik*, Econ, Düsseldorf 1985
Drucker, P. F.: *The Frontiers of Management*, Truman Talley Books, New York, 1986; dt.: *Die Chance des Unternehmers. Signale für das Management von morgen*, Econ, Düsseldorf 1987
Drucker, P. F.: *The New Realities*, Heinemann, London 1989; dt.: *Neue Realitäten. Wertewandel in Politik, Wirtschaft und Gesellschaft*, Econ, Düsseldorf 1990
Drucker, P. F.: *Managing the Nonprofit Organization*, Harper Collins, 1990
Drucker, P. F.: *Managing for the Future*, Truman Talley Books, New York 1992; dt.: *Die Zukunft managen*, Econ, Düsseldorf 1992
Drucker, P. F.: *Managing in Times of Great Change*, Butterworth Heinemann, Oxford 1995; dt.: *Umbruch im Management: Was kommt nach Reengineering?*, Econ, Düsseldorf 1996

Fayol, H.: *General and Industrial Management*, Pitman, London 1949
Fiedler, F., Chemers, M.: *Leadership and Effective Management*, Scott Foresman & Co., Glenview (Ill.) 1974
Follett, M. P.: *The New State: Group Organization – The Solution of Popular Government*, Longman, London 1918
Follett, M. P.: *Creative Experience*, Longman, London 1924
Follett, M. P.: *Dynamic Administration* (Hrsg.: Fox, E., Urwick, L.), Harper & Row, New York 1941
Follett, M. P.: *Freedom and Coordination*, Pitman, London 1949
Ford, H.: *My Life and Work*, Doubleday, Page & Co, New York 1923; dt.: *Mein Leben und Werk*, List, 33. Aufl., Leipzig o. J.

Garfield, C.: *Peak Performers: The New Heroes in Business*, William Morrow, New York 1986; dt.: *Erfolg aus Passion*, verlag moderne industrie, Landsberg 1987
Geneen, H., Moscow, A.: *Managing*, Doubleday, New York 1985; dt.: *Manager müssen managen*, verlag moderne industrie, Landsberg 1985
Gilbreth, F.: *Motion Study*, D. Van Nostrand, New York 1911; dt.: *Bewegungsstudien*, Julius Springer, Berlin 1921
Goold, M., Alexander, M., Campbell, A.: *Corporate-Level Strategy*, John Wiley, New York 1994
Goold, M., Campbell, A.: *Strategies and Styles*, Blackwell, Oxford 1987
Goold, M., Luchs, K. S.: *Managing the Multibusiness Company*, Routledge, London 1995

Goold, M. (mit Quinn, J. B.): *Strategic Control*, FT/Pitman, London 1990
Graham, P. (Hrsg.): *Mary Parker Follett: Prophet of Management*, Harvard Business School Press, Cambridge, Mass., 1994

Hamel, G., Heene, A. (Hrsg.): *Competence-Based Competition*, John Wiley, New York 1995
Hamel, G., Prahalad, C. K.: *Competing for the Future*, Harvard Business School Press, Boston 1994; dt.: *Wettlauf um die Zukunft: Wie Sie mit bahnbrechenden Strategien die Kontrolle über ihre Branche gewinnen und die Märkte von morgen schaffen*, Ueberreuter, Wien 1995
Hammer, M.: »Reengineering work: don't automate, obliterate«, *Harvard Business Review*, Juli-August 1990
Hammer, M., Champy, J.: *Reengineering the Corporation*, Harper Business, New York 1993; dt.: *Business Reengineering. Die Radikalkur für das Unternehmen*, Campus, Frankfurt 1994, 6. Aufl. 1996
Hammer, M. (mit Stanton, S.): *The Reengineering Revolution*, Harper Collins, New York 1995; dt.: *Die Reengineering Revolution. Handbuch für die Praxis*, Campus, Frankfurt 1995
Handy, C.: *Understanding Organizations*, Penguin Books, London 1976
Handy, C.: *Gods of Management*, Business Books, London 1978; dt.: *Management-Stile*, McGraw Hill, Hamburg 1988
Handy, C.: *The Future of Work*, Basil Blackwell, Oxford 1984
Handy, C. (mit Constable, J.): *The Making of Managers*, Longman, London 1988
Handy, C.: *The Age of Unreason*, Business Books, London 1989
Handy, C.: *Inside Organizations: 20 Ideas for Managers*, BBC Books, London 1990; dt.: *Im Bauch der Organisation. Zwanzig Einsichten für Manager und alle anderen, die etwas bewegen wollen*, Campus, Frankfurt 1993
Handy, C.: *Waiting for the Mountain to Move and other Reflections on Life*, Arrow, London 1991
Handy, C.: *The Empty Raincoat*, Hutchinson, London 1994; dt.: *Die Fortschrittsfalle: Der Zukunft neuen Sinn geben*, Gabler, Wiesbaden 1995
Handy, C.: *Beyond Certainty: The Changing World of Organizations*, Century, London 1995; dt.: *Ohne Gewähr: Abschied von der Sicherheit – mit dem Risiko leben lernen*, Gabler, Wiesbaden 1996
Hayes, R., Wheelwright, S.: *Restoring Our Competitive Edge*, John Wiley, New York 1984
Heller, R.: »Fourteen points that the West ignores at its peril«, *Management Today*, März 1994
Hersey, P.: *Situational Leadership*, Leadership Studies, 1984; dt.: *Situatives Führen – die anderen 59 Minuten*, verlag moderne industrie, Landsberg 1986
Herzberg, F. (mit Mausner, B., Snyderman, B.): *The Motivation to Work*, Wiley, New York 1959

Jacques, E.: *A General Theory of Bureaucracy*, John Wiley, New York 1976
Jay, A.: *Management and Machiavelli*, 1970

Juran, J. M.: *Quality Control Handbook*, McGraw Hill, New York 1951
Juran, J. M.: *Managerial Breakthrough*, McGraw Hill, New York 1964; dt.: *Offensive Führungstaktik: Eine systematische Methode zur Geschäftsbelebung*, verlag moderne industrie, München 1966
Juran, J. M.: *Juran on Planning for Quality*, Free Press, New York 1988; dt.: *Handbuch der Qualitätsplanung*, verlag moderne industrie, Landsberg, 3. durchges. Aufl. 1991

Kanter, R. M.: *Men and Women of the Corporation*, Basic Books, New York 1977
Kanter, R. M.: *The Change Masters*, Simon & Schuster, New York 1983
Kanter, R. M.: *When Giants Learn to Dance*, Simon & Schuster, London 1989
Kanter, R. M. (mit Stein, B., Jick, T. D.): *The Challenge of Organizational Change*, Free Press, New York 1992
Kanter, R. M.: *World Class: Thriving Locally in the Global Economy*, Simon & Schuster, New York 1995; dt.: *Weltklasse: Im globalen Wettbewerb lokal triumphieren*, Ueberreuter, Wien 1996
Kepner, C., Tregoe, B.: *The Rational Manager*, McGraw Hill, New York 1965
Kotler, P.: *Marketing Management: Analysis, Planning, Implementation and Control*, Prentice-Hall, New Jersey, 8. Aufl. 1994; dt.: *Marketing-Management. Analyse, Planung, Umsetzung und Steuerung*, Schäffer-Poeschel, Stuttgart, 8. vollst. neu bearb. und erweit. Aufl. 1995 (Koautor: Friedhelm Bliemel)
Kotter, J.: *A Force for Change*, Free Press, New York 1990

Levitt, T.: *Innovation in Marketing*, McGraw Hill, New York 1962
Levitt, T.: *The Marketing Mode*, McGraw Hill, New York 1969
Levitt, T.: *The Marketing Imagination*, Free Press, New York 1983; dt.: *Marketing imagination: Die unbegrenzte Macht des kreativen Marketing*, verlag moderne industrie, Landsberg 1984
Levitt, T.: *Thinking About Management*, Free Press, New York 1991; dt.: *Über Management*, Campus, Frankfurt 1992
Likert, R.: *New Patterns of Management*, McGraw Hill, New York 1961; dt.: *Neue Ansätze der Unternehmensführung*, Haupt, Bern 1972
Lorenz, C.: »The very nuts and bolts of change«, *Financial Times*, 22. Juni 1993

Machiavelli, N.: *Il Principe/Der Fürst*, (italienisch/deutsch), Reclam UB 1219, Stuttgart 1995
McGregor, D.: *The Human Side of Enterprise*, McGraw Hill, New York 1960; dt.: *Der Mensch im Unternehmen*, Econ, Düsseldorf 1970
Maslow, A.: *Motivation and Personality*, Harper & Row, New York 1954; dt.: *Motivation und Persönlichkeit*, Walter, Olten und Freiburg 1977
Matsushita, K.: *Quest for Prosperity. The Life of a Japanese Industrialist*, PHP Institute, Tokyo 1988
Mayo, E.: *The Human Problems of an Industrial Civilization*, Macmillan, New York 1933; dt.: *Probleme industrieller Arbeitsbedingungen*, Verlag der Frankfurter Hefte, Frankfurt 1949

Mintzberg, H.: *The Nature of Managerial Work*, Harper & Row, New York 1973
Mintzberg, H.: *The Structuring of Organizations*, Prentice-Hall, New Jersey 1979
Mintzberg, H.: *Structures in Fives: Designing Effective Organizations*, Prentice-Hall, New Jersey 1983; dt.: *Die Mintzberg-Struktur. Organisationen effektiver gestalten*, verlag moderne industrie, Landsberg 1992
Mintzberg, H.: *Power In and Around Organizations*, Prentice-Hall, New Jersey 1983
Mintzberg, H.: *Mintzberg on Management: Inside Our Strange World of Organizations*, Free Press, New York 1989; dt.: *Mintzberg über Management. Führung und Organisation, Mythos und Realität*, Gabler, Wiesbaden 1991
Mintzberg, H. (mit Quinn, J.B.): *The Strategy Process: Concepts, Contexts, Cases*, Prentice-Hall, New Jersey, 2. Aufl. 1991
Mintzberg, H.: *The Rise and Fall of Strategic Planning*, Prentice-Hall International, Hemel Hempstead 1994; dt.: *Die strategische Planung: Aufstieg, Niedergang und Neubestimmung*, Hanser, München 1995
Mintzberg, H.: »Musings on Management«, *Harvard Business Review*, Juli-August 1996
Mooney, J., Reiley, A.: *Onward Industry*, Harper & Brothers, New York 1931
Morrison, A., White, R., Van Velsor, E.: *Breaking the Glass Ceiling*, Addison-Wesley, Reading, Mass.; 1992
Morse, J., Lorsch, J.: »Beyond Theory Y«, *Harvard Business Review*, Mai-Juni 1970

Naisbitt, J.: *Megatrends*, Warner Books, New York 1982; dt.: *Megatrends. Zehn Perspektiven, die unser Leben verändern werden*, Hestia, Bayreuth 1984

Ohmae, K.: *The Mind of the Strategist*, McGraw Hill, New York 1982; dt.: *Japanische Strategien*, McGraw Hill, Hamburg 1986
Ohmae, K.: *Triad Power: The Coming Shape of Global Competition*, Free Press, New York 1985; dt.: *Macht der Triade: Die neue Form weltweiten Wettbewerbs*, Gabler, Wiesbaden 1985
Ohmae, K.: *The Borderless World*, William Collins, London 1990; dt.: *Die neue Logik der Weltwirtschaft. Zukunftsstrategien der internationalen Konzerne*, Hoffmann und Campe, Hamburg 1991
Ohmae, K. (Hrsg.): *The Evolving Global Economy*, Harvard Business School Press, Boston 1995
Ohmae, K.: *The End of the Nation State*, Harper Collins, London 1995; dt.: *Der neue Weltmarkt. Das Ende des Nationalstaates und der Aufstieg der regionalen Wirtschaftszonen*, Hoffmann und Campe, Hamburg 1996
Ouchi, W.: *Theory Z: How American Business Can Meet the Japanese Challenge*, Addison-Wesley, Reading, Mass., 1981

Packard, D.: *The HP Way. How Bill Hewlett and I Built Our Company*, Harper Collins, New York 1995; dt.: *Die Hewlett-Packard-Story. Wie Bill Hewlett und ich unser Unternehmen aufbauten*, Campus, Frankfurt 1996
Parkinson, N. C.: *Parkinson's Law*, John Murray, London 1957; dt.: *Parkinsons Gesetz und andere Untersuchungen über die Verwaltung*, Econ, Düsseldorf 1958

Pascale, R.: *Managing on the Edge*, Simon & Schuster, New York 1990; dt.: *Managen auf Messers Schneide: Spannungen im Betrieb kreativ nutzen*, Haufe, Freiburg 1991

Pascale, R., Athos, A.: *The Art of Japanese Management*, Penguin Books, London 1981; dt.: *Geheimnis und Kunst des japanischen Managements*, Heyne, München 1982

Peter, L., Hull, R.: *The Peter Principle*, William Morrow, New York 1969; dt.: *Das Peter-Prinzip oder Die Hierarchie der Unfähigen*, Rowohlt, Reinbek bei Hamburg 1984

Peters, T., Waterman, R.: *In Search of Excellence*, Harper & Row, New York und London 1982; dt.: *Auf der Suche nach Spitzenleistungen. Was man von den bestgeführten US-Unternehmen lernen kann*, verlag moderne industrie, Landsberg, 5. Aufl. 1994

Peters, T. (mit Austin, N.): *A Passion for Excellence*, Collins, London 1985; dt.: *Leistung aus Leidenschaft. Über Management und Führung*, Hoffmann und Campe, Hamburg 1993

Peters, T.: *Thriving on Chaos*, Macmillan, London 1987; dt.: *Kreatives Chaos. Die neue Management-Praxis*, Hoffmann und Campe 1988

Peters, T.: *Liberation Management*, Alfred P. Knopf, New York 1992; dt.: *Jenseits der Hierarchien – Liberation Management*, Econ, Düsseldorf 1993

Peters, T.: »Out of the ordinary«, in mehreren Zeitschriften erschienener Artikel, 23. Juli 1993

Peters, T.: »In praise of the secular corporation«, in mehreren Zeitschriften erschienener Artikel, 26. März 1993

Peters, T.: *The Tom Peters Seminar*, Vintage Books, New York 1994; dt.: *Das Tom Peters Seminar. Management in chaotischen Zeiten*, Campus, Frankfurt, 2. Aufl. 1995 (auch als Audiobook erschienen)

Peters, T.: *The Pursuit of Wow!*, Vintage Books, New York 1994; dt.: *Der Wow!-Effekt. 200 Ideen für herausragende Erfolge*, Campus, Frankfurt 1995 (auch als Audiobook erschienen)

Porter, M.: *Competitive Strategy: Techniques for Analyzing Industries and Competitors*, Free Press, New York 1980; dt.: *Wettbewerbsstrategie. Methoden zur Analyse von Branchen und Konkurrenten*, Campus, Frankfurt, 8. Aufl. 1995

Porter, M.: *Competitive Advantage: Creating and Sustaining Superior Performance*, Free Press, New York 1985; dt.: *Wettbewerbsvorteile. Spitzenleistungen erreichen und behaupten*, Campus, Frankfurt, 4. Aufl. 1996

Porter, M.: *Competition in Global Industries*, Harvard Business School Press, Boston 1986; dt.: *Globaler Wettbewerb: Strategien der neuen Internationalisierung*, Gabler, Wiesbaden 1989

Porter, M.: *The Competitive Advantage of Nations*, Macmillan, London 1990; dt.: *Nationale Wettbewerbsvorteile. Erfolgreich konkurrieren auf den Weltmärkten*, Ueberreuter, München 1993

Prahalad, C. K., Doz, Y.: *The Multinational Mission: Balancing Local Responsiveness and Global Vision*, Free Press, London 1987

Revans, R.: *Action Learning*, Blond & Briggs, London 1979
Rothbard, M.: *Economic Thought Before Adam Smith and Classical Economics*, Edward Elgar, London 1995

Schein, E. H.: *Process Consultation*, Addison-Wesley, Reading, Mass., 1969
Schein, E. H.: *Organizational Psychology*, Prentice-Hall, Engelwood Cliffs, New Jersey, 3. Aufl. 1980; dt.: *Organisationspsychologie*, Gabler, Wiesbaden, 2. Aufl. 1980
Schein, E. H.: *Organizational Culture and Leadership*, Jossey-Bass, San Francisco 1985; dt.: *Unternehmenskultur: Ein Handbuch für Führungskräfte*, Campus, Frankfurt 1995
Schon, D.: *Beyond the Stable State*, Random House, New York 1978
Schonberger, R.: *Building a Chain of Customers*, Free Press, New York 1990
Schumacher, E. F.: *Small is Beautiful*, Blond and Briggs, London 1973; dt.: *Small ist Beautiful. Die Rückkehr zum menschlichen Maß*, Rowohlt, Reinbek bei Hamburg 1997
Semler, R.: *Maverick: The Success Story Behind the World's Most Unusual Workplace*, Century, London 1993; dt.: *Das Semco-System. Management ohne Manager*, Heyne, München 1993
Senge, P. M.: *The Fifth Discipline: The Art and Practice of the Learning Organization*, Doubleday, New York 1990; dt.: *Die Fünfte Disziplin. Kunst und Praxis der lernenden Organisation*, Klett-Cotta, Stuttgart, 3. Aufl. 1996
Senge, P. M. (mit Roberts, C., Ross, R., Smith, B., Kleiner, A.): *The Fifth Discipline Fieldbook: Strategies and Tools for Building a Learning Organization*, Nicholas Brealey, London 1994; dt.: *Das Fieldbook zur Fünften Disziplin*, Klett-Cotta, Stuttgart 1996
Simon, H.: *Administrative Behavior*, Macmillan, New York 1947
Sloan, A. P.: *My Years with General Motors*, Doubleday, New York 1963; dt.: *Meine Jahre mit General Motors*, verlag moderne industrie, München 1965
Smith; A.: *The Wealth of Nations*, Modern Library, New York 1937; dt.: *Der Wohlstand der Nationen*, Deutscher Taschenbuch Verlag, München 1978 (vollständige Ausgabe nach der 5. Auflage – letzter Hand – von 1789)
Stacey, R.: *Complexity and Creativity in Organizations*, Berrett Koehler, San Francisco 1996; dt.: *Unternehmen am Rande des Chaos: Komplexität und Kreativität in Organisationen*, Schäffer-Poeschel, Stuttgart 1997
Stalk, G., Hout, T.: *Competing Against Time*, Free Press, New York 1990; dt.: *Zeitwettbewerb. Schnelligkeit entscheidet auf den Märkten der Zukunft*, Campus, Frankfurt 1992

Taylor, F. W.: *Shop Management*, Harper & Row, New York 1903
Taylor, F. W.: *The Principles of Scientific Management*, Harper & Row, New York 1911; dt.: *Die Grundsätze wissenschaftlicher Betriebsführung* (Reprint der autoris. Ausgabe, Oldenbourg, München 1913), Beltz Psychologie Verlags Union, Weinheim 1995
Toffler, A.: *Future Shock*, Bodley Head, London 1970; dt.: *Der Zukunftsschock*, Scherz, Bern 1970

Toffler, A.: *The Third Wave*, Bantam, New York 1980; dt.: *Die Zukunftschance. Von der Industriegesellschaft zu einer humaneren Zivilisation*, Bertelsmann, München 1980

Townsend, R.: *Up the Organization*, Michael Joseph, London 1970; dt.: *Hoch lebe die Organisation. Aus der Trickkiste eines Managers*, Droemer-Knaur, München 1970

Trompenaars, F.: *Riding the Waves of Culture*, The Economist Books, London 1993; dt.: *Handbuch Globales Managen: Wie man kulturelle Unterschiede im Geschäftsleben versteht*, Econ, Düsseldorf 1993

Trompenaars, F. (mit Hampden-Turner, C.): *The Seven Cultures of Capitalism*, Piatkus, London 1994

Tsu, Sun: *The Art of War*, Oxford University Press, Oxford 1963; dt.: *Über die Kriegs-Kunst*, INFO-Verlagsgesellschaft, 2. Aufl., Karlsruhe 1993

Urwick, L.: *Scientific Principles of Organization*, American Management Association, New York 1983

Urwick, L. (Hrsg.): *The Golden Book of Management*, Newman Neame, London 1956

Waterman, R.: *The Renewal Factor*, Bantam, New York 1987; dt.: *Leistung durch Innovation. Strategien zur unternehmerischen Zukunftssicherung*, Hoffmann und Campe, Hamburg 1988

Waterman, R.: *The Frontiers of Excellence*, Nicholas Brealey, London 1994; dt.: *Die neue Suche nach Spitzenleistungen. Erfolgsunternehmen im 21. Jahrhundert*, Econ, Düsseldorf 1994

Watson Jr., T.: *A Business and Its Beliefs: The Ideas that Helped Build IBM*, McGraw Hill, New York 1963; dt.: *IBM: Ein Unternehmen und seine Grundsätze*, verlag moderne industrie, München 1964

Weber, M.: *Wirtschaft und Gesellschaft. Grundriß der verstehenden Soziologie*, Studienausgabe, Erster Halbband, Kiepenheuer & Witsch, Köln/Berlin 1964

Weber, M.: *Die protestantische Ethik und der Geist des Kapitalismus*, Mohr, Tübingen, 7. Aufl. 1978

Whyte, W.: *The Organization Man*, Simon & Schuster, New York 1956

Womack, J. P., Jones, D. T., Roos, D.: *The machine that Changed the World*, Rawson Associates, New York 1990; dt.: *Die zweite Revolution in der Autoindustrie*, Campus, Frankfurt 1991

Zaleznik, A.: *The Managerial Mystique: Restoring Leadership in Business*, Harper & Row, New York 1990; dt.: *Führen ist besser als managen*, Haufe, Freiburg 1990

Zuboff, S.: *In the Age of Smart Machine*, Basic Books, 1988

Lesen bildet Meinung.
Mit uns garantiert.
Frankfurter Rundschau
Unabhängige Tageszeitung
Die Zeitung zwei Wochen zum Nulltarif.
☎ 08 00/8 666 8 66